Walter Schönert

Werbung, die ankommt

Walter Schönert

Werbung, die ankommt

199 Beispiele.
Erfolgsregeln.
Praktische Folgerungen.

7., aktualisierte und
überarbeitete Auflage

 verlag
moderne industrie

Die Deutsche Bibliothek – CIP-Einheitsaufnahme

Schönert, Walter:
Werbung, die ankommt : 199 Beispiele, Erfolgsregeln,
praktische Folgerungen / Walter Schönert – 7., aktual. und überarb.
Aufl. – Landsberg/Lech : Verl. Moderne Industrie, 1996
  ISBN 3–478–21207–3

7., aktualisierte und überarbeitete Auflage 1996
6., aktualisierte und überarbeitete Auflage 1992
5. Auflage 1986
4. Auflage 1984
3. Auflage 1982
2. Auflage 1979
1. Auflage 1977
© 1977 verlag moderne industrie, 86895 Landsberg/Lech
Umschlaggestaltung: Christel Aumann, 89284 Niederhausen
Satz: ad hoc! Typographie, 73760 Ostfildern
Druck: Himmer, 86167 Augsburg
Bindearbeiten: Thomas, 86165 Augsburg
Printed in Germany 210207/109601
ISBN 3–478–21207–3

Inhaltsverzeichnis

Statt eines Vorworts:
Kommunikation macht das Leben menschlicher

Ein Journalist, dessen Artikel die Leser nicht interessiert ...
ein Pfarrer, dessen Predigt die Gemeinde ermüdet ...
ein Politiker, dessen Rede nicht überzeugt ...
ein Ideologe, dessen Ideen keinen Widerhall finden ...
ein Quizmaster, dessen Sendung nicht die gewünschten Einschaltquoten erreicht ...
ein Lehrer, dessen Unterricht nicht verstanden wird ...
ein Schüler, dessen Aufsatz am Thema vorbeigeht ...

wenn sie alle genauso auf Gedeih und Verderb dem Zwang unterlägen, kommunizieren zu müssen wie die Werbung es muß, gäbe es weniger Mißverständnisse, weniger Aversionen, weniger Aneinander-vorbeireden. Wenn immer klar wäre, was der andere meint und wie er's meint, wäre das Zusammenleben leichter. Kommunikation – um bei diesem Allerweltsbegriff zu bleiben – macht das Leben menschlicher, ja friedlicher.

Natürlich kommuniziert auch Werbung nicht immer. Und die magere 2-Sekunden-Betrachtung, mit der sich Werbung so oft und so ungewollt begnügt, reicht gleichfalls nicht immer. Das ändert nichts am unerbittlichen Erfolgszwang, dem die Werbung unterliegt. Deshalb werden auch sonst nirgendwo so große Anstrengungen unternommen, Kommunikation erfaßbar, erklärbar und sogar lehrbar zu machen, wie in der Werbung.

Erfahrene Werbeleute haben schon vor Jahrzehnten versucht, durch Untersuchungen und Erfahrungen zu Prinzipien für erfolgreiche Werbung zu kommen. Vieles davon hat noch heute Gültigkeit. Doch die Erkenntnisse eines Hopkins, Ogilvy und Reeves – um drei große Klassiker der Werbung zu nennen – liegen schon etwa 30 bis 70 Jahre zurück. Eine zu lange Zeit, wenn man bedenkt, was sich inzwischen getan hat: Die Kommunikations-Impulse haben sich vervielfacht, die Kommunikations- und Werbeforschung hat Fortschritte gemacht. Der Wettbewerb wurde härter denn je. Wenn man all das voraussetzt: Wie macht man heute erfolgreiche Werbung – Werbung, die ankommt?

Gewiß nicht, indem man das, was erfahrene Werbeleute einmal erarbeitet haben, als nicht mehr zeitgemäß pauschal beiseite schiebt. Man sollte es an der heutigen Situation messen.

Manche Werbeleute klagen: Wie kann man bei der heutigen Fülle von me-too-Produkten (über 40 000 Markenartikel) überhaupt noch einen verkaufsstarken USP, eine einzigartige Verkaufsidee im Sinne von Rosser Reeves finden? Gegenfrage: Müssen Me-too-Produkte auch Me-too-Werbung bedeuten?

Oder: Muß Werbung heute nicht viel informativer sein als früher? Sind die Menschen nicht nüchterner, als Käufer kritischer, als Verbraucher aufgeklärter geworden? Gegenfrage: Was hört eine moderne Frau lieber: Wenn man ihr sagt, ihr neues Kleid bestünde zu 40 % aus Synthetics und zu 60 % aus Baumwolle – oder wenn man ihr sagt, wie hübsch sie darin aussieht? Läßt sich die Frau von heute (selbst die emanzipierteste) nicht gern umwerben – auch von der Werbung?

Es gibt (werbe-)psychologische Gesetze, die unverändert gelten. Es gibt aber auch manche althergebrachte Werberegel, die neu überdacht werden sollte. Das geschieht in diesem Buch. Einige, manchem vielleicht liebgewordene Patentrezepte fallen dabei ganz von selbst als unzeitgemäß unter den Tisch. Was bleibt, ist eine Reihe ebenso zeitloser wie zeitgemäßer Werbegesetze, die der Autor keineswegs »erfinden« mußte, sondern die als Naturgesetze der Kommunikation schon seit eh und je gültig waren. Es galt nur, sie bewußt zu machen. Dabei zeigen sich oft erstaunliche Parallelen, zum Beispiel daß ein »Ich kam – sah – und siegte« von einem »Er läuft – und läuft – und läuft« gar nicht so weit entfernt ist.

So ist auch die allgemeine Kommunikation von der werblichen Kommunikation nicht weit entfernt. Die entscheidenden Gesetze der Rhetorik, der Wort-Bild-Beziehung gelten hier wie dort. In diesem Sinne ist dieses Buch nicht nur ein Buch für Werbeleute, sondern für viele ...

- Für alle, die gern über Werbung generell etwas wissen möchten: Welche Probleme haben die Werbeleute? Nach welchen Methoden arbeiten sie?
- Für alle, die im Werbeberuf stehen: Wie gestaltet man heute erfolgreiche Werbung? Gibt es nicht Regeln, die sich ständig selbst aufheben? Was kann man als verbindlich ansehen?
- Für alle Werbungtreibenden und Marketingleute: Wieviel Sicherheit kann ich heute von der Werbung erwarten? Werfe ich immer noch »die Hälfte meines Etats zum Fenster raus, ohne zu wissen, welche?« Nach welchen Kriterien kann ich beurteilen, ob eine Kampagne erfolgreich sein wird?
- Für alle am Anfang genannten: Journalisten, Pfarrer, Politiker, Ideologen, Quizmaster, Lehrer, Schüler ...

10

Kommt mein Thema an? Wie muß ich es formulieren, damit es ankommt, damit es inhaltlich und formal überzeugt? Kann ich dabei von den Werbeleuten etwas lernen?

»Was langweilt, verdient nicht, gelesen zu werden«, sagte Somerset Maugham. Ein Buch über Kommunikation, das langweilt, wäre ein Widerspruch in sich. So wurde es ein sehr unakademisches Buch, das aber dennoch dem Fachmann etwas geben soll, ohne daß man Fachmann sein muß, um es zu verstehen.

Ein dutzend Beispiele hätten genügt, dieses Buch zu schreiben. Gute Werbung ist in vieler Hinsicht gut – eigentlich in jeder Hinsicht, was die einfachen Grundregeln guter Gestaltung betrifft. Um das zu verdeutlichen, wurden einige Beispiele bewußt auf verschiedene Weise beleuchtet. Um aber keine Einseitigkeit aufkommen zu lassen – es wurden schließlich 199.

Die negativen Beispiele sind konstruiert. Sollte keines davon mit der Wirklichkeit übereinstimmen, wäre das ein Zufall, der nicht beabsichtigt war.

WALTER SCHÖNERT

P.S.
Wenn in diesem Buch von Textern, Grafikern und anderen Werbeleuten die Rede ist, dann sind damit selbstverständlich männliche wie weibliche Mitmenschen gleichermaßen gemeint. Im übrigen aber: *Die* Kreativität ist weiblich.

Dem Wissen geht stets
ein Ahnen voraus

Die 100 Dinge, die man wissen muß, um über 10 Dinge etwas zu sagen

In den USA erschien ein Buch unter dem Titel »The Great Brain Robbery« (frei übersetzt »Der große Ideenklau«). Die Verfasser – Ray Considine und Murray Raphel – berichten darin über bemerkenswerte Werbe-Erfolge und -Mißerfolge. Zum Beispiel:

Das Versandhaus Jim Young verkauft Äpfel bester Qualität, gereift in den kalifornischen Bergen. Vor einigen Jahren passierte es: Kurz vor der Ernte ein heftiges Unwetter! Die Äpfel waren voller Hagelflecken, sie schienen unverkäuflich. Doch Hunderte Bestellungen lagen bereits vor. Was tun?

Nach einiger Überlegung fiel die Entscheidung: Die Bestellungen ausführen – und zwar mit einem Brief, der jeder Sendung beigefügt wurde. Der Textinhalt: »Achten Sie auf die Hagelflecken, sie beweisen, daß diese Äpfel hoch in den Bergen wachsen. Dort kann es zu Unwetter mit Kälteeinbrüchen kommen. Aber gerade dadurch bildet sich das feste Fruchtfleisch und der natürliche Fruchtzucker. Und damit gewinnen diese Äpfel ihr unvergleichliches Aroma. Probieren Sie gleich einen Apfel. Wenn es nicht stimmt, was wir sagen, können Sie die Sendung zurückschicken.«

Nicht eine Sendung kam zurück. Wohl aber gab es bei den nächstjährigen Bestellungen oft den Hinweis: »Wenn möglich, bitte mit Hagelflecken«.

Wie kam das Versandhaus auf diese Werbe-Idee? Weil man genau Bescheid wußte über sein Produkt. Und daran mangelt es oft denen, die mit der Werbung beauftragt sind – sogar Werbern im eigenen Haus, mehr noch aber freien Werbeberatern oder Werbeagenturen.

Natürlich weiß der Werber in dem zitierten Apfel-Fall, daß die Äpfel ein fruchtiges Aroma haben und ein festes Fruchtfleisch und ein knackiges Aussehen. Womöglich weiß er sogar, daß sie »hochland-gereift« sind. Und er weiß selbstverständlich, welche Zielgruppen mit welchen Medien anzusprechen sind. All das weiß er. Ist das etwa nicht genug?

Ein Werbetexter einer Großagentur stellt fest: »Keiner weiß über sein Produkt so genau Bescheid wie mein Auftraggeber. Wenn er mir nicht die in Frage kommenden Produktinformationen gibt, wie soll ich als Außenstehender darauf kommen?«

Ja, wie soll er drauf kommen? Woher sollte er z.B., wissen, daß die Äpfel im Hochland geschmacklich sogar noch besser werden, wenn es vor der Ernte nochmal zu einem Kälteeinbruch kommt, und daß die Hagelflecken nur eine Äußerlichkeit, ja fast eine »Garantie« für das hervorragende Aroma sind? Woher soll er das wissen, wenn's ihm der, der es weiß, nicht sagt?

Indem er das tut, was er ohnehin tun sollte: einen Apfel nehmen und hin-

15

einbeißen! Dann wird er sich sogar ganz zwangsläufig fragen: »Wie kommt das eigentlich, daß der trotz der häßlichen Flecken so gut schmeckt? Das ist ja ganz erstaunlich! Da sollte ich gleich mal die Apfelleute fragen ...«

Ja, das sollte er. Nur eines sollte er nicht: den Apfelleuten die Schuld an einem unzulänglichen Briefing geben.

Briefing kommt von brief, und das heißt »kurz«. Es ist das gute Recht des Auftraggebers – des Werbungtreibenden – sich mit seinem Briefing kurz zu fassen und womöglich den einen oder anderen Punkt, der für die Werbung nützlich sein könnte, nicht ausdrücklich zu nennen.

Es ist die Aufgabe des Werbenden, der Werbeagentur, zu fragen ..., zu fragen ..., zu fragen ..., bis man die hundert Dinge weiß, die man wissen muß, um über 10 Dinge etwas zu sagen.

Nur so kommt man auf das Ding mit den hagelbefleckten Äpfeln. Und noch auf ganz andere Dinge.

Da ist zum Beispiel das Ding mit dem Drachenfels am Rhein. Der Fels wäre längst zusammengebrochen, hätte man ihn nicht mit Betonstreben abgestützt.

Doch der Werbegestalter, der mit der Betonwerbung befaßt ist, weiß davon nichts. Es steht davon nichts in seinem Briefing. Daraus ist ihm kein Vorwurf zu machen. Er hat den Drachenfels noch nie gesehen, also kann er auch nicht auf die Idee mit dem Betonstützen kommen. Wirklich nicht?

Er *muß* darauf kommen! Aber wie denn? Indem er den Betonverband anruft und fragt: »Haben Sie mal irgendwo etwas Ungewöhnliches, etwas Nichtalltägliches aus Beton gemacht – also nicht die üblichen Brücken, Hochhäuser und so weiter?«

»O ja«, wird man ihm antworten, »wir haben da zum Beispiel ...«

Und dann kommt das, was eine Betonwerbung attraktiv macht. Es muß ja nicht unbedingt der Drachenfels sein (aber es gab sogar eine sehr eindrucksvolle Anzeige mit diesem Motiv). Auf jeden Fall wird es etwas sein, das alle betonierten Normalvorstellungen in den Schatten stellt.

Wie gut, daß davon nichts im Briefing stand. Denn so konnte der Werbegestalter beweisen, daß er kein versponnener Kreativer, sonder ein zielstrebig denkender, recherchierender Werbeprofi ist.

Wie recherchiert der Werber?

Ja, recherchieren, so wie ein guter Journalist recherchiert. Für viele Werber leider ein Fremdwort. Dabei sind Werber noch weit mehr aufs recherchieren angewiesen als Journalisten. Ob ein redaktioneller Artikel Beachtung findet oder nicht, ist längst nicht so gravierend wie bei einer Anzeige. Die Werbesprache ist die teuerste Sprache der Welt. Es gibt Anzeigen, die Millionen und solche die »nur« Hunderte kosten. Welche Verschwendung, wenn sie nichts bewirken – in beiden Fällen.

Schon mit dem ersten Schritt – dem Briefing – muß der Weg zum Erfolg beschritten werden. Und gute Briefings entstehen durch gute Recherche.

Was muß der Werber über Markt und Produkt wissen, wenn er erfolgreich werben will? Was muß drinstehen im Briefing, was nicht?

Die erste systematische Zusammenfassung aller Komponenten, die auf den Markterfolg Einfluß haben könnten, entstand nicht etwa in einem großen Markenartikel-Unternehmen, sondern in einer führenden deutschen Werbeagentur. Sie brachte vor Jahren einen »Vier-Phasen-Plan« heraus, der in seiner Perfektion bis heute unerreicht ist. Es handelt sich um 379 (dreihundertneunundsiebzig) systematisch aufgelistete Punkte.

Die Werbeagentur überreichte ihren Kunden dieses Plan nicht ohne Stolz, und die Kunden waren denn auch tief beeindruckt und voll des Lobes über dieses allumfassende Werk – um es dann, aber zumeist ungelesen in einer unteren Schublade verschwinden zu lassen. Schade drum? Vielleicht.

Allerdings: Als diese Fleißarbeit aus der Traufe gehoben wurde, stand mehr das Streben nach Perfektion Pate, denn die praktische Nutzbarkeit für den Werbe- und Marketing-Alltag.

Doch von diesem Plan zu reden und ihn hier nicht zu bringen (es ist kein Geheimplan), wäre für manchen Leser vielleicht enttäuschend. Also sei er gebracht ...

PHASE I
Checkliste
›Situationsanalyse‹

I. AUFTRAGGEBER

Checks

1 Beteiligungsverhältnis

2 Umsatz/Marktstellung

3 Profitsituation

4 Zahlungsmodalitäten

5 Organisation

a) Marketing

b) Werbung

c) Verkauf

d) Technik

e) Finanzen

f) Stellung zueinander

6 Ablauf

a) Entscheidungsweg für
   Marketingentscheidungen

b) Entscheidungsweg für
   Kommunikations-
   entscheidungen
   * Produktausstattung
   * Klassische Werbung/
     nicht-klassische
     Werbung
   * Public Relations
   * Produkt-Ideen

c) Grad der Beeinflussung
   internationaler Gremien

7 Gesprächspartner der
   Agentur/pers.
   Charakteristika

8 Unternehmenspolitik

a) Wachstum mit
   * bestehenden Produkten
   * mit neuen Produkten

b) Einstellung zu Marketing

c) Einstellung zu Werbung

d) Einstellung zu Promotions

e) Einstellung zu PR

9 Agenturpolitik des Kunden

a) Alignments

b) Agenturbeziehungen der
   Vergangenheit
   * Anzahl der Agenturen
   * Dauer der Beziehungen
   * Gründe für
     Agenturwechsel

c) Umfang der geforderten
   Agenturleistungen

d) Vergütungssystem

e) Abrechnungssystem

f) Umfang des
   Konkurrenzausschlusses

g) Gesamtetat aller Produkte
   des Unternehmens

II. MARKE

1 Umsatz

a) Menge/Wert/Status
   * Handel allgemein
   * Handelsgruppen
   * Verbraucher allgemein
   * Verbrauchergruppen

b) Trends

2 Marktanteil

a) Definition des Teilmarktes
   * quantitativ
   * qualitativ

b) Menge/Wert/Status
   * Handel allgemein
   * Handelsgruppen
   * Verbraucher allgemein
   * Verbrauchergruppen

c) Trends

3 Distribution

a) Definition des
   Distributionspotentials

b) Distribution in den
   relevanten
   Handelsgruppen

c) Verkaufsorganisation
   * Aufbauorganisation
   * Ablauforganisation
   * Einsatzmöglichkeiten/
     Größe/Qualität
   * Handelspolitik

4 Markenbekanntheit

5 Käuferstruktur

a) quantitativ

b) qualitativ

6 Verwenderstruktur

a) quantitativ

b) qualitativ

7 Käufer/Verwender
   Relationen

8 Produktausstattung

a) Zusammensetzung

b) Gewicht, Größen,
   Sortiment

c) Verpackung

d) Umverpackung

e) Warendarbietung in den
   Handelsstufen

9 Preispolitik gegenüber

a) Handel

b) Verbraucher

c) Preis/Mengen-Relationen

10 Einstellung zur Marke
   (Handel und Verbraucher)
   sowie die
   kaufbestimmenden
   Faktoren

11 Bisherige Strategien

a) Produkt

b) Kommunikation
   * inhaltlich
   * mediamäßig

c) Distribution

12 Strukturelle Stärken
   und Schwächen des
   Marketing-Mix

13 Etat und seine Struktur

a) klassisch

b) nicht-klassisch

c) Trends

III. MARKT

1 Definition des
   Gesamtmarktes

a) Menge

b) Wert

c) Verwender

e) Heavy buyers und -users

2 Entwicklungstrends

3 Anbieterstruktur

a) Definition des
   Marktmodells

b) Angebotspolitik der
   wesentlichen
   Wettbewerber
   * Handel
   * Verbraucher

c) Produktausstattung der
   wesentlichen
   Wettbewerber

d) Preispolitik der
   wesentlichen
   Wettbewerber

e) Beschreibung der Werbe-
   und Promotionspolitik der
   wesentlichen
   Wettbewerber
   * finanzieller Gesamteinsatz
   * räumliche und zeitliche
     Schwerpunkte

* Schwerpunkte in der
  Mediaselektion
* Finanzieller Einsatz für die
  wesentlichen
  Wettbewerber
* Gesamtaufwand
* Struktur und Trends der
  klassischen und
  nicht-klassischen
  Aufwendungen
* Positionierung der
  werblichen Thematik der
  wesentlichen
  Konkurrenzmarken

IV. ZIELSETZUNGEN UND MASSNAHMEN

1 Die Zielsetzungen der
  Vergangenheit und ihre
  Realisation

2 Die Zielsetzungen für die
  Zukunft

a) Marketingziele und ihre
   Gewichtung

b) Werbeziele und ihre
   Gewichtung

3 Der geplante klassische
  und nicht-klassische Etat

4 Kongruenz von Zielen
  und Maßnahmen

V. MARKENPROBLEME

1 Beschreibung des
  Problems

2 Ursachen

3 Lösungsmöglichkeiten

VI. FORSCHUNG

1 Informationslücken

2 Informationsbeschaffung

VII. AUFGABE DER AGENTUR

1 Beschreibung und
  Definition der
  Aufgaben

2 Kostenrahmen

3 Timing

Diese Arbeitsanweisung
zur Situationsanalyse
deckt den Extremfall.

Im Einzelfall wird eine
Konzentration empfohlen.

PHASE II
Checkliste für Ziele, Zielgruppen, kreatives Konzept

I. KOMMUNIKATIONSZIELE

Basis für die Kommunikationsziele sind die Marketingziele.

1 *Zielinhalte*

a) Bekanntheitsgrad/ Aktivierung
  * Markenname
  * Markensymbole
  * Produktmerkmale
  * Preis
  * Kaufort

b) Einstellung zur Marke in bezug auf
  * rationale Aspekte
  * emotionale Aspekte

c) Verhalten gegenüber der Marke
  * Bestätigung des Markenkaufs (Loyalität)
  * Motivierung zum Wechsel (Erstkauf)
  * Motivierung zum intensiveren Verbrauch
  * Motivierung zur Weiterempfehlung

2 *Gewichtung der Ziele*

  (entsprechend den Marketingzielen)
  * nach Zielgruppen
  * nach Zeit

II. ZIELGRUPPEN

  quantitativ
  * Käufer/Verwender
  * Geschlecht
  * Alter
  * Bildung/Beruf
  * soziale Schicht
  * Haushaltsgröße
  * Netto-Haushaltseinkommen
  * Ortsgröße
  * Gebiete
  * Besitzmerkmale
  * Schwerpunkte

  qualitativ

1 *Generelle Einstellungs- und Verhaltensmerkmale*

a) Verhaltensmerkmale
  * Arbeits- und Freizeitverhalten
  * Verhalten im sozialen Umfeld
  * Informationsverhalten (Quellen und Weitergabe)

b) Einstellungsmerkmale
  * Sicherheitsstreben
  * Innovationsbereitschaft
  * Qualitätsansprüche
  * Preisbewußtsein
  * Streben nach Bequemlichkeit
  * Prestige-Bedürfnisse
  * Einstellung zur Werbung

2 *Verhaltens- und Einstellungsmerkmale zum Produktfeld*

a) Kaufverhalten
  * Selbstkäufer/Mitverwender
  * Ort des Kaufens
  * Kaufintervalle/-menge
  * Spontan-/Plankauf
  * Verwendungsverhalten im Produktfeld
  * Häufigkeit/Intensität
  * Art und Gewohnheit
  * Zeit und Ort
  * Anlässe

c) Einstellungsmerkmale zum Produktfeld
  * positiv
  * negativ
  * Wünsche/Forderungen an das Produkt
  * Erfahrungen mit Alternativen

3 *Einstellungen zur Marke*

a) Markenbewußtsein/ Markenbindung
  * emotional/rational
  * labil/ausgeprägt
  * Motive für Bindung an eigene Marke
  * Motive für Bindung an Konkurrenz-Marke
  * Gründe für fehlende Bindung

4 *Forschung*
  * vorhandenes Material
  * Information aus angrenzenden Bereichen
  * einzuleitende Forschung

III. POSITIONIERUNG

Die Positionierung ist eine Zielsetzung, die festlegt, wie sich die Marke im Meinungsfeld der Zielgruppen in Beziehung zur Konkurrenz profilieren soll.

1 *Produkt*

a) Eigenschaften des Produktes
  * im Vergleich zur Konkurrenz
  * Abgrenzung zu Substituten
  * kommunikative Verwertbarkeit

b) Vorteile für den Verbraucher hinsichtlich
  * Verwendungsbereich
  * sachlich begründeter Vorteil
  * emotional begründeter Vorteil
  * Nachprüfbarkeit/ Beweisführung

2 *Strategie*

a) Positionierungsfelder
  * Kriterien der Positionierungsfelder
  * Positionierung der Konkurrenz
  * Nutzung unbesetzter Positionierungsfelder
  * Eindringen in besetzte Felder

b) Neueinführung/Relaunch

c) Range-Strategien
  * Zugpferd-Strategie
  * Umbrella-Strategie
  * Institutions-Strategie

d) Verbindung zu bisherigen Kommunikations-Strategien

3 *Ausrichtung der Kommunikation*

a) Positionierungs-Faktoren
   * Preisrechtfertigung
   * Abgrenzung zur Konkurrenz
   * Glaubwürdigkeit der Aussagen
   * Kaufmotivation

4 *Schlußfolgerungen für Produktausstattung*

a) Produkt-/Markenname
   * Übereinstimmung mit Positionierung
   * erforderliche Veränderungen

b) Form/Verpackung
   * Übereinstimmung mit Positionierung
   * erforderliche Veränderungen

c) Preisgestaltung für Verbraucher

d) Schlußfolgerungen für Distribution

IV. KOMMUNIKATIONS-INHALTE

1 *Kommunikations-Thema*

Das Kommunikations-Thema legt die Kommunikationsinhalte fest. Es ist die verbindliche Basis für alle Werbemaßnahmen.

a) Übereinstimmung mit der Positionierung
   * Analyse aller Faktoren
   * Konzentration auf Faktoren-Schwerpunkte
   * Alternativ-Möglichkeiten von Themen

b) Verständlichkeit
   * sachliche Richtigkeit
   * Logik und Schlüssigkeit
   * Herausstellung des zentralen Gedankens als Stichwort

2 *Kreative Absicht*

Die kreative Absicht beschreibt die Richtung, in die sich die kreativen Ideen bewegen sollen. Damit werden der Positionierung zuwiderlaufende Entwicklungen verhindert.

a) Gesamtatmosphäre der Gestaltung

b) Forderungen an die visuelle Gestaltung

c) Forderungen an die verbale Gestaltung

PHASE II
Checkliste
›Methoden-Konzept‹

I. ZIELBEREICHE

Personen, Unternehmen, Institutionen, die für einen Beitrag zum Erfolg einer Marke im Absatzprozeß gewonnen werden sollen. Die Zielbereiche fassen die Gruppen zusammen, die durch gleichartige kommunikative Maßnahmen zu bestimmten Zeitpunkten erreicht werden sollen.

1 Sind die Zielbereiche vollständig im Hinblick auf:
Verbraucher?
Handel?
Vertriebsorganisation?
Meinungsbildner?

2 Welche weiteren Zielbereiche sind denkbar?

3 Sind die Zielbereiche eindeutig definiert, ist eine weitere Gliederung möglich und sinnvoll?

4 Sind die Zielbereiche klar voneinander getrennt?

5 Sind die Zielbereiche nach ihrem strategischen Gewicht aufgelistet und ist eine klare Begründung für die Gewichtung vorgenommen?

6 Steht die Zahl, Definition und Abgrenzung im Einklang mit dem Kommunikationsziel?

II. KOMMUNIKATIONSZIELE

Siehe Checkliste ›Ziele, Zielgruppen, kreatives Konzept‹!

1 Ist eine klare Gliederung der Kommunikationsziele in methodenspezifische Ziele (Werbeziele, Promotionsziele, PR-Ziele) vorgenommen worden?

2 Sind die Kommunikationsziele den Zielbereichen eindeutig zugeordnet?

3 Ist der Stellenwert der Einzelziele festgelegt?

III. KOMMUNIKATIONS-INHALTE

Siehe Checkliste ›Ziele, Zielgruppen, kreatives Konzept‹!

1 Ist eine klare Gliederung der Kommunikationsinhalte in methodenspezifische Inhalte (Werbethema, Promotionthema, PR-Thema) vorgenommen worden?

2 Sind die speziellen Kommunikationsinhalte den Zielbereichen und den spezifischen Zielen eindeutig zugeordnet und klar voneinander abgegrenzt?

IV. MASSNAHMEN

1 Kann der Katalog von Maßnahmen die Durchsetzung der Kommunikationsziele und -inhalte in den einzelnen Zielgruppen ermöglichen?

Ist die zeitliche Abfolge der Maßnahmen berücksichtigt?

3 Sind bei den Maßnahmen folgende Kriterien berücksichtigt:

a) Unternehmenspolitik

b) Markenpolitik

c) Etat

d) Organisatorische Durchsetzbarkeit

e) Wettbewerbsrecht

4 Welchen Stellenwert haben die Einzelmaßnahmen

a) in bezug auf einzelne Zielbereiche?

b) in bezug auf alle Zielbereiche, d.h. welche Rolle sollen Werbung, Promotion, Verkaufsförderung sowie Public Relations im Kommunikationsmix übernehmen?

5 Ist die finanzielle, technische und zeitliche Realisierbarkeit der Maßnahmen geprüft worden?

6 Ist der zeitliche und räumliche Einsatz der Maßnahmen festgelegt?

7 Ist begründet worden, warum auf bestimmte Maßnahmen kurz- oder mittelfristig oder überhaupt zu verzichten ist?

8 Sind Probleme vorhersehbar, die sich aus den getroffenen Maßnahmen ergeben können, und wie kann man ihnen begegnen?

9 Ist die Bereitstellung von Informationen (Tests, Berichte über Verkaufsförderungsmaß-nahmen etc.) geplant, um die Verbesserung und Weiterentwicklung des Methoden-Konzepts sicherzustellen?

10 Ist ein Gespräch mit dem Werbungtreibenden geplant, wenn festgestellt wurde, daß der Einsatz

begründeter und notwendiger Maßnahmen aus Etatgründen nicht möglich ist, insbesondere dann, wenn eine Diskrepanz zu den Marketingzielen zutage tritt?

11 Mit wem ist eine Abstimmung des Methoden-Konzepts vorgenommen worden (Konzeptionist/Gestaltung/ Promotion-Service/ Mediaplanung/ PR-Kontakt)?

PHASE II
Checkliste
›Media-Konzept‹

I. ERREICHBARE PERSONEN

1 Sozio-Demographie

Bereich:
Sozio-demographische
Beschreibung von
Medien-Nutzern

Stichworte: Media-Analyse,
Allensbacher
Werbeträger-Analyse,
Nutzerschaftsanalysen

2 Soziologie und Psychologie

Bereich:
Forschungsergebnisse
dieser Disziplinen

Stichworte: Lernprozesse,
Typologien, life style,
opinion leader,
Freizeitgestaltung ...

3 Konsumverhalten

Bereich: Mediarelevantes
Konsumverhalten von
Media-Nutzerschaften

Stichworte: Innovator,
Adopter,
Informationsverhalten,
Einkaufsverhalten ...

4 Media-Nutzung und -Bewertung

Bereich: Einstellungen und
Verhaltensweisen
hinsichtlich der Nutzung
spezifischer Medien

a) Funktion des Mediums

Stichworte: Unterhaltung,
Information, Lebenshilfe,
Entspannung ...

b) Erwartungen an das
Medium, Einstellungen zum
Medium

Stichworte: Vorakzeptanz,
Orientierungshilfe,
Leitbildfunktion,
Glaubwürdigkeit ...

c) Nutzungsverhalten und
-gewohnheiten

Stichworte: Leseintensität,
Lesehäufigkeit, situative
Faktoren, Involvement,
sozialer Charakter ...

II. KOMMUNIKATIONS-WIRKUNG

1 Einzelimpulse

Bereich: Wirkung der
Einzelimpulse im
Medium;
Übertragungsfähigkeit der
Inhalte, Wirkungskraft der
Inhalte, bewußte und
unbewußte Wahrnehmung

Stichworte:
Kontaktwahrscheinlichkeit,
Wirkungsmodell,
Mediumseignung,
medienspezifische
Gestaltung ...

2 Wirkung im Zeitraum

Bereich: Strategische
Fernwirkung

Stichworte: Werbereaktion,
Durchdringungsvermögen,
Wiederholungseffekte
sowie Ermüdungs- und
Abnutzungseffekte von
Werbekampagnen

3 Gebietliche Aspekte

Bereich: Strategische
Breitenwirkung

Stichworte:
Gebietsbelastung,
Werbedruck, Teststadt,
Kontaktverteilung ...

4 Interdependenz der Methoden

Bereich: Interdependenzen
zwischen Werbung, PR
und Verkaufsförderung/
Promotion

Stichworte: Vorverkaufen,
Zusatznutzen,
Sonderangebote,
Integration, Interaktion ...

5 Interdependenz zwischen einem Mittel und seinem Träger

Bereich: Abhängigkeiten
zwischen Werbemitteln
und -trägern

Stichworte: Umfeld,
Heftumfang,
Anzeigenanteil am
Heftumfang,
Anzeigenfriedhof ...

6 Wechselwirkungen zwischen Werbemitteln und Werbeträgern

Bereich: Abhängigkeiten
zwischen verschiedenen
Mitteln
in verschiedenen Trägern

Stichworte:
Medienvergleich
hinsichtlich
Austauschbarkeit eines
Werbemittels, Echoeffekt,
Textwirkung,
Impulsbarrieren

III. TRÄGER/MITTEL

1 Variationsbreite zur Darstellung

Bereich:
Übertragungsmöglichkeiten
der kreativen Idee

Stichworte: Farbe, Bild,
Ton, Größe, Bewegung,
Dynamik, Life, Emotion ...

2 Flexibilität der Mittel/Träger

Bereich: Technische,
kaufmännische und
rechtliche
Einschränkungen

Stichworte: Verfügbarkeit,
Stornierbarkeit,
Umbuchungsfähigkeit,
technische Vorlaufzeit ...

PHASE III
Checkliste
›Gestaltung‹

I. DIE KREATIVE IDEE

Sie ist die kreative Übersetzung des Kommunikations-Themas unter Berücksichtigung aller Faktoren der Kommunikations-Strategie – also entsprechend:

dem Kommunikationsziel, der Zielgruppe, der angestrebten Positionierung, der kreativen Absicht.

1 *Darstellung der kreativen Idee*

in Mood-board-Form (noch nicht mediumbezogen, also kein TV-Spot, kein Plakat, keine Anzeigen!)

a) optische Kernaussage
* wesentliche optische Elemente
* Farbwelt

b) verbale Kernaussage
* wesentliche verbale Elemente (Slogan, Headline, wichtige Beweisführung)
* Diktion

2 *Beschreibung der Charakteristika*

a) Herausstellung eines Stichwortes (oder Satzes) zur schnellen Kommunizierbarkeit des zentralen Gedankens der kreativen Idee

b) Thematische Charakteristika
* Berücksichtigung zur Zeit relevanter (psychologischer) Hintergründe/Trends/ Vorstellungs-, Gefühlswelten
* Produktspezifische Problemlösung für die Zielgruppen
* evtl. Glaubhaftmachung

durch Begründung/ Beweisführung

c) Erste formale Charakteristika
* atmosphärische Gesamtaspekte/Stil
* Farbwelt
* Technik der Darstellung/ Beschreibung der Anmutung
* schon erkennbare optische und verbale Konstanten

3 *Beurteilungskriterien*

a) Übereinstimmung mit Kommunikations-Strategie

b) Einzigartigkeit
* gegenüber der Konkurrenz
* im gesamten Werbeumfeld (auch identische Kommunikationsinhalte können einzigartig kommuniziert werden!)

c) Realisierbarkeit (Zeit- und Kostenrahmen)
* technisch
* finanziell

4 *Erste gestalterische Hinweise für Media*

a) Abstimmen der Mediagegebenheiten auf gestalterische Wünsche zur Unterstützung der kreativen Idee

b) Bestimmung der Rollenverteilung nach spezifischer Eignung einzelner Medien

II. TRÄGERBEZOGENE ENTWÜRFE

Übertragung der kreativen Idee auf die in Frage kommenden Werbeträger bei Beachtung der media- und herstellungstechnischen Gegebenheiten unter Nutzung neuer media- und

herstellungstechnischer Möglichkeiten bei rechtzeitiger und realistischer Einschätzung von Zeit und Kosten (dazu gehört auch das Einkalkulieren von Zusatzaktivitäten wie Workshop, Creative Check etc.)

1 *Beurteilungskriterien*

a) Übereinstimmung mit kreativer Absicht und kreativer Idee

b) Kommunikationsqualität
* Aufmerksamkeitswert
* schnelle Erfaßbarkeit
* Verständlichkeit
* Merkfähigkeit
* Überzeugungskraft

c) Einzigartigkeit
* gegenüber der Konkurrenz
* im gesamten Werbeumfeld

d) Realisierbarkeit in Abstimmung mit Experten der entsprechenden Fachabteilungen
* technische Durchführbarkeit (in bezug auf technische Gegebenheiten/Medien/ Realisationszeit/saisonale Aspekte etc.)
* Verhältnis: Realisationsaufwand – finanzielle Mittel
* wettbewerbsrechtliche Prüfung

2 *Endgültige formale Charakteristika*

a) mediabezogene, detaillierte Beschreibung aller Konstanten:
* verbale Konstanten:
* formal
* inhaltlich
* optische Konstanten:
* Form
* Farbe
* Technik
* Typografie

25

b) akustische Konstanten,
atmosphärische Konstanten

c) gestalterische Anforderung
an Media
* Kommunikations-Faktoren
(z.B. Demonstration/
Farbigkeit/Art der Anmutung
etc.)
* gestalterische Hinweise für
ungewöhnliche
Media-Nutzung

III. VORBEREITUNG DER KREATIVEN REALISATION

Sie soll sicherstellen,
daß ...
kein wichtiges Detail der
kreativen Idee

verlorengeht und daß die
kreativen Absichten voll
erfüllt werden, Pannen auf
ein Minimum reduziert
werden, ökonomisch
gearbeitet wird.

1 *Information aller Beteiligten*

a) eindeutig durch klare
Definition der
Aufgabenstellung

b) *verbindlich* durch
schriftliches Fixieren aller
wichtigen Faktoren
* Kurzform der kreativen Idee
* die thematischen und
formalen Charakteristika, die
für den jeweiligen Fall
wichtig sind
* Beschreibung der

speziellen Aufgaben des
jeweiligen Mediums
* je nach Aufgabe: Bild-
oder
Fotomotiv-Beschreibung/
TV- oder Film-Treatment/
Soundbeschreibung

2 *Nominierung des für die
Qualitätsüberwachung
verantwortlichen
Gestalters*

Zur Qualitätssteuerung
a) Abstimmung der
einzusetzenden
Realisationstechniken

b) Überprüfen aller
stilistischen Faktoren:
Location/
Modell-Typen/
Kleidung/Frisuren etc.

PHASE III
Checkliste
›Mediaplanung‹

I. SELEKTIONS-VERFAHREN

1 *Spezielle Absprachen mit Kommunikations-Trägern*

Bereich: Neuartige Problemlösungen, die spezielle Absprachen mit Kommunikations-Trägern bedingen

Stichworte: Beschnittene Seite vor der Anzeige, 5-Minuten-Sendung im TV, Titelseite als Werbeträger ...

2 *Aufgrund quantitativer Daten*

Bereich: Selektion von Medien durch Analyse und spezielle quantitative Erhebungen

Stichworte: Computerprogramme (Moses, Giwos u.ä.), Rangreihenprogramme, Evaluierungsprogramme, Segmentation, Selektion ›von Hand‹ ...

3 *Aufgrund qualitativer Kriterien*

Bereich: Selektion aufgrund qualitativer Analysen

Stichworte: Bild- und Textaufmachung eines Mediums, seine Typologie, sein Inhalt, seine Nutzung und sein Image

II. SELEKTIONSVORGABEN

1 *Durch den Werbungtreibenden*

Bereich: Selektionsbeschränkungen durch Vorgaben des Werbungtreibenden

Stichworte: Produktfeld-Koordination, wirtschaftliche Notwendigkeiten, unternehmenspolitische Einschränkungen ...

2 *Durch Träger-Markt*

Bereich: Selektionsbeschränkungen durch Kommunikations-Träger

Stichworte: Zuteilung durch Verkäufermarkt, Einschränkung des Kommunikationsinhalts ...

3 *Durch Selektionsverfahren*

Bereich: Selektion von Medien durch Bewertungsverfahren

Stichworte: Gewichtung der verschiedenen Medien-Nutzergruppen als mögliche Interessenten für das beworbene Produkt, Gewichtung der Medien, Wirkungsgrad der Medien

III. VORBEREITUNG DER MEDIA-DISPOSITION

Sie soll sicherstellen, daß sich die kreative Absicht und die kreative Idee in den Kommunikations-Trägern konzeptgerecht entfalten können, daß das Media-Konzept verwirklicht werden kann.

1 *Koordination von Einzelvorgaben*

Bereich: Einschalttermin, Einzelträger, Sujets

Stichworte: Konkurrenzausschluß, Konkurrenznähe, Runden- und/oder Aktionsbezug, Verfügbarkeit ...

2 *Dokumentation für Angebot und Auftrag*

Bereich: Streuplan

Stichworte: Endgültige Fixierung des Einzelträgers, des Preises, der Modalitäten (Formate, Farben), des Plazierungsrahmens, der Qualitätserwartungen an den Träger (Druck, Ausstrahlung, Beklebung), der Sujets-Folge

PHASE IV
Checkliste
›Kreative Realisation‹

KREATIVE REALISATION

Sie erfolgt auf der Grundlage der vom Kunden akzeptierten Reinentwürfe und auf dem von der Gestaltung schriftlich fixierten Realisationsbriefing.

In dieser Phase soll sichergestellt werden, daß ...

a) im Rahmen der zur Verfügung stehenden Mittel die bestgeeigneten Finisher ausgewählt und eingesetzt werden;

b) im zeitlich ausreichenden – für die Qualität notwendigen Rahmen – die Realisation erfolgen kann;

c) rechtzeitig die für das bestmögliche End-ergebnis erforderlichen Checks der Zwischen-ergebnisse erfolgen;

d) eine umfassende Qualitätskontrolle der Endergebnisse durchgeführt wird;

e) die Arbeiten in Abstimmung mit dem Zeit- und Kostenrahmen und in Koordination mit sämtlichen Fachabteilungen fertiggestellt werden.

I. ABSTIMMEN DES ZEIT-UND KOSTENRAHMENS

1 *Zeit*

a) Planung der Arbeitsphasen

b) Abchecken des Zeitbedarfs der freien Mitarbeiter

c) Optionen auf Realisatoren (Fotografen, Modelle, Produktionen etc.)

d) Materialdispositionen

e) Arbeitskräfte- und Kapazitätsdisposition

2 *Kosten*

a) Verhältnis von Aufwand und finanziellen Mitteln

b) Rechtzeitige schriftliche Vorkalkulation vor Beginn der Realisation

3 *Einholung der Zustimmung*

a) Vorlage des Zeit- und Kostenrahmens vor Gestaltung und Kontakt

b) Planungsänderung, Planungsergänzungen

II. AUSWAHL UND AUFTRAGSVERGABE

1 *Auswahl der Realisatoren (und Mitwirkenden)*

a) Aufgrund von Arbeitsproben

b) Aufgrund von Eignungsprüfung

c) Welche ähnlichen Aufgaben wurden gelöst?

d) Kalkulation/Angebot

e) Terminvorstellung

2 *Auftragsvergabe*

a) Basisunterlagen (Auftrag, RZ-Vorlagen, Fotobriefing, TV/Film-Treatment, Funktext etc.)

   * vollständig
   * abgezeichnet und genehmigt

   * mit schriftlich fixierten gestalterischen Richtlinien

b) Auftragsvergabe Für die Fachabteilungen:

   * Reinzeichnungs-Atelier und Art-Buying

   * Fotostudio

   * FFF-Abteilung

   * Produktion Druck

sind die zusätzlichen Checklisten für die Abwicklung zu beachten.

III. CHECKS DER ZWISCHENERGEBNISSE

a) Überwachung und Überprüfung der Termineinhaltung

b) Kontrollen der Qualität

c) Zwischenkorrektur

IV. QUALITATIVE KONTROLLE DER ENDERGEBNISSE

Abnahme mit Prüfung

a) Qualitative Übereinstimmung mit Realisationsbriefing

b) Technische Qualität und Beschaffenheit

V. ABNAHMEPROTOKOLL

VI. NACHKALKULATION DER KOSTEN KREATIVER REALISATION

Mit richtiger Planung zum Erfolg

Als die Frau eines Anglers vom Angeln nach Hause kam, erzählte sie ihrer Nachbarin: »Heute habe ich mal wieder alles falsch gemacht: zu laut gesprochen, den falschen Köder genommen, meinen Schatten aufs Wasser fallen lassen, die Leine zu früh eingeholt – und mehr gefangen als er.«

Diese Erfahrung spricht nicht gegen »52 Regeln für erfolgreiches Angeln«. Es spricht auch nichts gegen »379 Check-Punkte für erfolgreiche Werbung«, wenn man weiß, daß sie nicht die Wirkung von Naturgesetzen haben. Solange noch hervorragende Werbekampagnen entstehen, auch ohne daß die Leute, die sie machten, über die »Bestimmungsfaktoren der Warendarbietung in den Handelsstufen« orientiert waren, ohne daß sie die »Kriterien der Positionierungsfelder im Rahmen der Positionierungs-Strategie« kannten und ohne daß sie die »formalen Charakteristika atmosphärischer Gesamtaspekte« gebührend würdigten, solange werden Checklisten und Stufenpläne zwar ganz hilfreich, aber nie ganz unentbehrlich sein.

Dennoch ist es mehr als ein Spaß, bei der Entwicklung einer Kampagne diese Punkte einmal alle durchzugehen. Zwei Fragen werden damit auf jeden Fall geklärt: 1. Habe ich etwas vergessen? 2. Was kann ich getrost vergessen? Und man sollte einiges vergessen. Denn:

Allein die Checkliste zur »Situationsanalyse« umfaßt etwa das gesamte Know-how eines versierten Marketing-Managers. Es wäre unökonomischer Doppelaufwand und sinnlose Überinformation, wenn sich das gleiche umfassende Marketingwissen auf der Agenturseite wiederfände. Viele Agenturleute meinen allerdings, sie müßten mit ihren Auftraggebern an Marketingwissen gleichziehen, da sie sonst keine »gleichwertigen Gesprächspartner« wären. Dieser Ehrgeiz ist aus zweierlei Gründen verfehlt:

Wieviel Marketing-Know-how braucht ein Werber?

1. Niemand weiß über sein Produkt und seinen Markt besser Bescheid als der Agenturkunde, der täglich damit zu tun hat. Trotz aller Anstrengungen wird ein Außenstehender diesen Vorsprung nie aufholen können.
2. Die Fähigkeiten eines Werbemannes sind zweckmäßiger eingesetzt, wenn er sich in erster Linie der Kommunikation und nicht dem Marketing widmet. Hier sollte er einen deutlichen Wissensvorsprung haben. Dann kann er seinem Kunden den gesunden Vorsprung am Marketingwissen gern überlassen.

Das Agenturprinzip im Zeitalter des Marketing kann nur heißen: Soviel Marketing wie nötig, soviel Kommunikation wie möglich. Nicht umgekehrt. Ein gutes Pferd springt nicht höher als es muß.

Ideen brauchen nicht nur Flügel,
sondern auch ein Fahrgestell

Mit »Sekundärtugenden« zum Werbeerfolg

Mancher ausgeflippte Kreative will's zwar immer noch nicht recht wahrhaben, aber: Erfolgreiche Werbung entsteht nicht durch grenzenlose kreative Freiheit, sondern unter Einhaltung wohlweislich abgesteckter Grenzen, wie sie mit der Werbekonzeption vorgegeben sind.

Ideen brauchen nicht nur Flügel, sondern auch ein Fahrgestell

Das Material für die Werbekonzeption lieferte das Briefing, der grundlegenden Sammlung aller Informationen über den Markt. So ist's denn ein Dreierschritt:

Information – Konzeption – Kreation.

Dieser Dreierschritt bedeutet Disziplin und Ordnung. Und das sind für so manchen Werbekreativen (und nicht für ihn) bestenfalls »Sekundärtugenden«. Zu unrecht.

Kreative »Einengung« heißt ja nicht, daß der Kreative »ständig mit Briefing und Konzeption unterm Arm herumrennen« müßte. Entscheidend: Er hält sich daran. Aber bitte nicht wörtliche sondern kommunikativ übersetzt – was ja seine ebenso anspruchsvolle wie schöne Aufgabe ist.

Bei größeren Werbungtreibenden und Werbeagenturen werden Briefings und Konzeptionen dokumentiert. Doch kleine Werbungtreibende müssen nicht weniger professionell werben, wenn sie keine Dokumentation betreiben. »Im Kopf« kann sogar effektiver sein als »unterm Arm«.

Entscheidend: Markt und Produkt zu kennen, Lücken zu nutzen oder zu finden – und mit gekonnter Werbung zu erschließen. Und das macht ein kleiner Gartenbedarfs-Versender »aus dem Bauch heraus« und mit »selbstgehäkelter« Werbung mitunter sogar effektiver als so mancher Großwerbender, der womöglich noch den Absurditäten eines unseriösen hot shops anheimfiel.

Es ist kein Selbstzweck und keine Taktik, wenn seriöse Werbeagenturen sich und ihre Kunden gern die Sicherheit geben, das Richtige in der richtigen Reihenfolge zu tun – um damit das Wagnis Werbung ein wenig sicherer zu machen. Alsdann in Reihe zusammengefaßt:

1. Das Briefing (»Die 100 Dinge ...«)

Es enthält alle notwendigen Angaben (und womöglich einige mehr) über das Produkt und seine Situation am Markt. Man spricht daher auch gern von »Situationsanalyse« (wenn's denn ein bißchen akademischer klingen soll).

Bei größeren Unternehmen ist es der Marketing-Manager, der hier sein Produkt- und Markt-Know-how einbringen kann. Bei kleineren Unternehmen ist's der Geschäftsführer selbst, der (auch ohne daß er von »Briefing« oder »Situationsanalyse« spricht) das Ohr nah am Kunden hat und dort hinterm Laden- oder Schreibtisch womöglich sogar Handfesteres erfährt als das, was so mancher Supermanager über seinen »Markt« herausanalysiert oder hineininterpretiert.

2. Die Werbekonzeption (»Ideen brauchen nicht nur Flügel«)

In einer Werbefachzeitschrift berichtet der Chef einer jungen Werbeagentur, daß man wegen einer superkreativen Idee sogar eine bereits akzeptierte Werbekonzeption geändert und auf die Idee zugeschnitten habe.

Vielleicht wurde die Konzeption damit sogar geschwächt. Aber eine schwache (mehrdeutige) Konzeption mit einer starken Idee mag besser sein als eine starke (präzise) Konzeption mit einer schwachen Idee. Denn von einer Konzeption weiß und sieht der Umwobene nichts. Er sieht »nur« die Idee (was den Wert einer präzisen, erfolgversprechenden Konzeption keinesfalls schmälert).

Der Weg vom WAS zum WIE

Es ist schon fast müßig, die Selbstverständlichkeiten aufzulisten, die in einer Konzeption fixiert sein sollten. Man muß daher auch kein ausgebuffter Werbeexperte sein, um sich zu sagen, daß zunächst mal das WAS der Werbung wichtig ist (eben die Konzeption), bevor man zum WIE (der Kreation) schreitet. Diese WAS-Frage gliedert sich in Unterfragen, die mit der Konzeption zu beantworten sind:

a) Welches? (ist das Werbeziel, das erreicht werden soll)
b) Womit? (mit welchem Hauptargument läßt sich das Angebot am überzeugendsten darstellen)
c) Wer? (ist die in Frage kommende Zielgruppe)
d) Wo? (mit welchen Medien wird die Zielgruppe am besten erreicht)
e) Wieviel? (Werbeetat steht mit zur Verfügung)

Die Reihenfolge dieser Fragen ist weniger wichtig als die Qualität der Antworten.

Zur Frage a) noch soviel: Werbeziele sind Kommunikationsziele, keine Verkaufsziele. (Näheres darüber s. Seite 233)

Zur Frage b): Es geht hier – in der Konzeption – noch nicht um eine werblich attraktive Aussage, sondern um den ganz nüchtern formulierten, wichtigsten, entscheidenden Nutzen. Diesen ganz sachlich fixierten Nutzen in ein wirkungsvolles WIE zu verwandeln, ist der nächste, schwierigste (und schönste?) Schritt:

34

3. Die Kreation (»Werbung, die ankommt«)

Eigentlich sollte man – wie früher – etwas schlichter von »Gestaltung« sprechen. Aber nachdem heutzutage schon das ganz normale Buntstiftgekritzel eines Kleinkindes mit einem verzückten »Oh nein, wie kreativ!« händeklatschend bewundert wird, mag die Kreativität als Allerweltsbegriff auch in der Welt der Werbung ohne Skrupel anwendbar sein.

Mit dem Briefing und der Konzeption haben die meisten Werbungtreibenden und Werbungmachenden die wenigsten Probleme. Anders ist es bei der Kreation.

Während man bei der Konzeption (und beim Briefing ohnehin) den Richtig-oder-falsch-Maßstab anlegen kann, ist das bei der Kreation kein Kriterium mehr. Da geht es nicht mehr nach richtig oder falsch, sondern nur noch nach gut oder schlecht.

Was viele Werbungtreibende und Werbungmachende noch nicht erkannt haben – von einer richtigen Konzeption auszugehen, heißt lediglich, ein solides Fahrgestell zu haben – nicht mehr (aber auch nicht weniger). Die dazu geeigneten Flügel tragender Ideen müssen noch montiert werden. Erst dann kann abgehoben werden, erst dann beginnt das Fliegen.

Die Praxis zeigt, es gibt in der Werbung Mitarbeiter, die mehr konzeptionell und andere, die mehr kreativ begabt sind. Beide werden gebraucht. Und am liebsten hätte man beide in einer Person. So sieht man immer wieder Stellenanzeigen mit Schlagzeilen wie dieser:

»Konzeptionstexter gesucht.«

Wer das liest, mag sich zu recht fragen: Wen meint der Inserent damit? Einen Texter, der Konzeptionen textet? Oder einen, der Anzeigen- und andere Texte textet, das aber unter besonders strenger Berücksichtigung vorgegebener Konzeptionen (man hat ja schließlich seine Erfahrungen mit ausflippenden Wortkünstlern)? Oder ist einer gemeint, der – je nach Bedarf – sowohl Konzeptionen als auch Kreationen textet, aber beides natürlich gleichermaßen top?

Wer lange genug im Werbegeschäft tätig ist weiß: derartige Doppelbegabungen gibt es kaum. Der Mensch – auch der Werbemensch – ist mit nun mal mit unterschiedlichen Begabungs-Schwerpunkten ausgestattet. Diese Begabungen sind nicht immer sehr signifikant und werden deshalb von Personalverantwortlichen oft auch nicht erkannt.

Vor allem aber: Viele Bewerber selbst haben sich selbst nicht einmal richtig erkannt. Sie greifen nicht zu dem, was ihnen tatsächlich liegt, sonder was ihnen opportun erscheint.

Authentischer (kein Einzel-)Fall: ein junger Werbeassistent beginnt in einer Werbeagentur. Er hat dort auch einige Werbetexte zu schreiben – und das gelingt ihm erstaunlich gut.

Man möchte ihn fördern, um ihn als Texter einsetzen zu können. Er aber meint: »Ein Leben lang Werbetexte schreiben – nee, das möchte ich nicht.«

Er möchte »Karriere« machen. Und die machen in seiner Agentur vor allem die Kontakter. Also startet er als Kontaktassistent – und landet wegen Fehlleistungen im Abseits. Ihm wird freundlich gekündigt.

»Ein Leben lang Werbetexte schreiben?«

Ein Leben lang Romane schreiben? Oder Kurzgeschichten? Oder Gedichte? Das hätte auch Johannes Mario Simmel fragen können. Oder Ephraim Kishon. Oder Erich Kästner. Kein Erfolgsschriftsteller würde so fragen. Ein Werbeschriftsteller sollte es auch nicht tun – so er denn Talent hat.

Doch das Umgekehrte gibt es vielleicht noch mehr: Ein eher kühl und analytisch denkender Berufsanfänger ist vom kreativen Part der Werbung derart fasziniert, daß er unbedingt dort tätig sein will – natürlich als »Kreativer«, als Texter, als Layouter.

Das Ergebnis: ständiges Mittelmaß, oft genug aber auch völliges Versagen. So entsteht die traurige Figur des frustrierten Kreativen. Mit ein wenig Selbsterkenntnis muß es den nicht geben. Schon der gute Rat eines Personalverantwortlichen wäre hier hilfreich.

Das gilt besonders für die zahllosen Möchtegern-Texter. Dabei sagt dem Kenner schon ein einziger Absatz eines Probetextes, ober er's hier mit einem Talent zu tun hat oder nicht.

Doch wenn Talent – auch »ein Leben lang Texte schreiben« ist da kein Muß. Wenn's »Karriere« sein soll: Es gibt genug Beispiele dafür, daß ehemalige Textjunioren oder Junggraphiker Geschäftsführer oder Inhaber führender Werbeagenturen wurden.

Letztlich aber: Sowohl die Kreativen als auch die Konzeptionisten oder Mediaplaner haben es bei Ihrer Arbeit gleichermaßen mit dem vielzitierten »Mittelpunkt« zu tun, in dem bekanntlich »der Mensch steht«. Und da steht er nun als Zielgruppenbeschreibung in der Konzeption – als Mensch oft kaum wiederzuerkennen. Er wurde zum Anonymus.

Vermutlich sind Zielgruppenbeschreibungen gar nicht anders zu formulieren. Entscheidend aber ist – besonders für den Kreativen –, nicht die Gruppe, sondern einen Einzelnen vor dem geistigen Auge zu sehen, wenn man denn textet, wenn man visualisiert.

Dieses Vorstellungsvermögen mag beim Lesen von Zielgruppenbeschreibungen nicht ganz leicht fallen – wenn es da z.B. für die Feinseife heißt: *Zielgruppen*

»Frauen der mittleren und oberen sozialen Schichten in der Altersgruppe von 15 bis 40 Jahren, vorwiegend in den oberen Ortsgrößenklassen ab 50 000 Einwohner.«

Nicht viel anders klingen oft die Zielgruppenbeschreibungen für Waschmittel, Fruchtsäfte, Margarine, Zahncreme, Eiscreme und andere Konsumartikel. Die Hausfrau über 40 ist für viele Konzeptionisten gestorben, die Ortsgrößen unter 50 000 scheint es in Deutschland nicht zu geben, zumindest wohnen dort keine Verbraucher, und die sogenannten unteren sozialen Schichten waschen sich nicht, putzen sich nicht die Zähne und essen keine Eiskrem.

Die Verkaufsorganisationen der großen Markenartikel-Unternehmen reichen bis ins kleinste Dorf, die Produkte dieser Unternehmen sind in fast allen Haushalten vertreten, ihre Fernsehspots gehen über alle Sender und werden von den acht- bis zwölfjährigen und den 50 bis 70jährigen oft lieber und öfter gesehen als von der vorgeschriebenen Zielgruppe. Die »Hörzu« macht weder vor den Orten unter 50 000 noch vor den Hausfrauen über 40 halt. Zielgruppenbeschreibungen sind in der Tat oft nur »Beschreibungen«. Sie werden wie Zielscheiben aufgestellt, auf die man dann mit Schrotladungen schießt. Die beschriebenen Zielgruppen sind oft gar nicht gezielt erreichbar oder überhaupt nicht existent:

»Junge, moderne Hausfrauen, vom Typ feminin, intellektuell überdurchschnittlich, mit positiver Lebenseinstellung, allem Neuen und Modernen aufgeschlossen, mit Sinn für eine vernünftige, natürliche Lebensweise.«

Psychologische Zielgruppenbeschreibungen klingen mitunter wie schlechte Heiratsanzeigen. Was für Wunderwesen meint man? Gibt es diese Engel? Und was sind das für Menschen, die *nicht* »modern« sind, die *keine* positive Lebenseinstellung haben und einen *un*vernünftigen und *un*natürlichen Lebenswandel führen? Die Umkehrung macht deutlich, mit welchen Klischees man es hier zu tun hat. Und genau die erscheinen dann – logische Folge – auch in der Werbung: all die Jungen, Schönen, Glatten, Fröhlichen, die nur in modernen Großstadt-Appartements oder in Vorstadt-Bungalows leben, ihre Dosensuppe nur mit schwerem Silberlöffel aus Rosenthal-Tellern zu sich nehmen und die sich – da sie »allem Neuen aufgeschlossen« sind – über ein neues Feinwaschmittel bühnenreif zu exaltieren vermögen.

Realitätsnähere Zielgruppenbeschreibungen tun not, weniger eng gefaßt, weniger idealisierend, glaubwürdiger. Es muß möglich sein, unter dem Motto »Beck's Bier löscht Männerdurst« auch mal eine nette alte Dame mit einem Bierglas in der Hand zu zeigen. Es muß aber unmöglich sein, solche Ideen unter Berufung auf die Zielgruppenbeschreibung verwerfen zu können. Zielgruppen sind das Menschliche in einer Konzeption. Und das entscheidet oft genug über Erfolg oder Mißerfolg von Werbung.

Neben der Zielgruppe ist das Produkt Kernstück der Konzeption. Produkte haben Eigenschaften. Manchmal *besondere*, meistens *ähnliche* wie die Konkurrenz. In beiden Fällen muß der Gestalter ungewöhnliche Werbung daraus machen.

»Bratpfannen-Konzeptionen«

Angenommen, eine Firma, die Bratpfannen herstellt, erfindet eines Tages eine Pfanne, in der nichts anbrennt. Sie wendet sich an eine Werbeagentur, um dafür eine Werbekampagne gestalten zu lassen. Die Agentur formuliert zunächst eine Konzeption, deren Schlüsselthema natürlich nicht anders heißen kann als

>»Die Bratpfanne, in der nichts anbrennt.«

Nun geht ein Gestalter an die Arbeit und versucht, eine möglichst kreative Übersetzung dieses Themas zu finden. Nachdem er eine Woche lang darüber nachgedacht hat, kommt ihm schließlich die Idee. Es ist die großartigste kreative Übersetzung, die für dieses Produkt denkbar ist. Sie heißt: »Die Bratpfanne, in der nichts anbrennt.«

Der Gestalter konnte hier gar nichts Besseres tun, als das, was in der Konzeption stand, 1:1 in die Gestaltung zu übernehmen. Es ist einer der wenigen Produktnutzen, die sich selbst kommunizieren. Er braucht keine »einzigartige« Werbegestaltung, weil er selbst einzigartig ist.

»Bratpfannen-Konzeptionen« sind leider selten. In der Regel sehen Konzeptionen anders aus: allgemeiner, unverbindlicher, »langweiliger«. Das liegt nicht daran, daß der Konzeptionist keine gute Arbeit geleistet hätte, sondern es liegt an den Produkten, mit denen es die Werbung zu tun hat. Es sind Produkte, die sich oft nur wenig von ihren Konkurrenz-Produkten unterscheiden – »me-too-Produkte«.

In einer Konzeption für eine Margarine hieß es:

>»Diese Margarine ist ein wohlschmeckender Brotaufstrich, der hilft, gesund, schlank und fit zu bleiben.«

Allein aus diesem Satz kann man zwei Kampagnen machen: eine mit dem Thema »Geschmack«, eine mit dem Thema »Gesundheit«. Politiker entscheiden sich an einer Weggabelung gern für beide Wege. In der Werbung kommt das auch vor. Man nennt das manchmal »Werbepolitik«.

Es ist legitim, wenn in einer Konzeption mehrere Nutzen stehen. Nicht legitim ist es, daraus eine Kampagne machen zu wollen.

Obwohl in der zitierten Konzeption zwei Nutzen genannt sind, ist sie alles andere als einzigartig. Da wird nichts gesagt, was nicht andere Margarinen auch sagen könnten – und schon zur Genüge gesagt haben. So ist das oft mit dem Stoff, aus dem die kreativen Träume werden sollen.

Langweilige Produkte oder langweilige Gestalter?

Viele Gestalter beklagen sich, für so »langweilige« Produkte wie Margarine, Waschmittel, Zahnpasta und Fußbodenpflege arbeiten zu müssen. Solche Klagen sind unberechtigt. Es gibt keine langweiligen Produkte, nur langweilige Gestalter. Nichts ist lohnender für einen Gestalter, als aus langweiligen Produkten interessante Produkte zu machen – mit der Werbung. Hier kann er Kreativität beweisen wie sonst nirgendwo.

Für eine Bratpfanne zu werben, in der nichts anbrennt –
für eine Kamera, die in drei Minuten fertige Bilder macht –
für ein Auto aus Schwedenstahl –
für ein Fertighaus, das in sechs Wochen steht –
all das ist nicht schwieriger, sondern leichter als für Margarine, Seife oder Geschirrspülmittel zu werben.

Muß eine »nichtssagende« Konzeption nichtssagende Werbung nach sich ziehen? Die zitierte Konzeption war die Basis für eine der interessantesten und erfolgreichsten Margarine-Kampagnen in Deutschland. Einige Textbeispiele daraus:

> »Halt den Kreislauf jung!«
> »Alle reden vom gesunden Kreislauf, Flora tut etwas dafür!«
> »Wie man durch fröhliches Wandern und Flora fit bleibt!«
> »Täglich ein bißchen Bewegung – und täglich Flora aufs Brot.«
> »Trimm Dich fit!«
> »Flora möchte, daß Sie gesund und fit bleiben!«

In der Konzeption stand weder etwas vom »gesunden Kreislauf«, noch vom »fröhlichen Wandern«, noch vom »Trimm Dich!«. Das alles sind neue, interessante Gedanken für ein altbekanntes, langweiliges Produkt. Seit vielen Jahren sind diese Gedanken Kern der Kampagne. Kaum eine Kampagne für Autos, Stereoanlagen, Flugreisen, Bausparen oder andere, weit »interessantere« Dinge konnte in gleicher Zeit gleiche Kontinuierlichkeit aufweisen. Lebenskraft ist ein Kennzeichen starker Ideen. Man bekommt sie nicht so leicht vom Tisch. Selbst Herr Most will seine über viele Jahre erfolgreiche Kampagne »Ich trinke Jägermeister, weil ...« wieder aufleben lassen.

Starke Ideen sind immer glaubwürdige Ideen. An das Produkt zu »glauben«, wie das vom Werber manchmal erwartet wird, ist noch keine Garantie für glaubwürdige Werbung. Oft passiert das Gegenteil. Der Werber steigert sich in Ausschließlichkeitsansprüche für sein Produkt hinein – und es kommt nichts als Überschwang dabei heraus:

>Nichts geht über ...«, »Der Garant für ...«, »Es gibt nichts Besseres als ...«, »Ab heute nur noch ...«, »Sie können gar nichts Besseres tun ...«.

Das Beispiel von »Flora« ist das genaue Gegenteil von blinder Produktgläubigkeit. Hier wird etwas empfohlen, was mit dem Produkt zunächst überhaupt nichts zu tun hat: »Täglich ein bißchen Bewegung!« Ein guter Teil der Flora-Werbemillionen fließt in diesen Gedanken. Obwohl es taktisch viel »klüger« erschiene, den Gesundheitsgedanken möglichst eng an das Produkt zu knüpfen und nicht an ein produktfremdes Thema (»Trimm Dich« kann man doch nicht aufs Brot streichen!).

Ähnlich altruistisch ist die Werbung für Signal-Zahncreme. Auch hier wird keine reine Produktwerbung betrieben, sondern Erziehungsarbeit für gesunde Zähne. In den Werbespots wird gezeigt: Die Mutter nimmt dem Kind, nachdem es die Zähne geputzt hat, den Lolli aus der Hand. Oder: Die Mutter fühlt, daß die Zahnbürste des Kindes noch trocken ist. Kann sich das Gesundheitsministerium eine bessere Unterstützung seiner Interessen wünschen?

Das gilt auch für den »Genug-Bewegung«-Gedanken der Flora-Kampagne. Er stand zunächst nicht einmal in der Konzeption. Später, als die Kampagne lief, wurde er – auf Wunsch des Agenturkunden – in die Konzeption hineingeschrieben. Nur als formeller Akt? Keinesfalls. Damit wurde festgelegt, daß dieser Gedanke die Grundlage für alle weiteren Varianten der Kampagne bleiben sollte.

Die Gestaltung war zur Konzeption geworden.

Die Konzeption –
eine kreative Arbeit

Angenommen, man gäbe drei Konzeptionisten aus drei verschiedenen Werbeagenturen die Aufgabe, für ein bestimmtes Produkt bei genau gleichen Vorgaben – gleiche Produkteigenschaften, gleiche Marktsituation, gleicher Werbeetat – eine Werbekonzeption zu erarbeiten. Es kämen nicht drei genau gleiche, sondern drei durchaus verschiedene Konzeptionen heraus.

Auch die konzeptionelle Arbeit ist keine mathematische Arbeit, bei der es nur ein richtiges Ergebnis geben kann. Der persönlichen Interpretation bleibt mehr Spielraum. Das wiederum hat Auswirkung auf die Gestaltung.

Konzeptionist zu sein ist eine kreative Tätigkeit. Kreativität ist kein Privileg der Kreativen – also der »Gestalter« in der Werbung. Sie ist in allen Bereichen guter Werbung zu Hause.

40

Der Gedanke, eine Margarine über den gesunden Kreislauf zu verkaufen, kann sowohl von einem Gestalter kommen, der konzeptionell denkt, als auch von einem Konzeptionisten, der gestalterisch denkt.

Gestalter sind meist recht gut bezahlte Leute. Wer sie engagiert, möchte möglichst viel von ihnen haben. Darum wird oft befürchtet, die Kapazität, die ein Kreativer zu bieten vermag, könne durch strenge konzeptionelle Auflagen vorzeitig gedrosselt werden.

Die Praxis beweist etwas anderes. Ein guter Kreativer läßt sich nicht drosseln – schon gar nicht durch klare Vorgaben. Meistens – und das ist ganz natürlich – ist er sogar dankbar dafür, wenn die Richtung, in die zu gehen ist, erst einmal festliegt, bevor er den Bleistift in die Hand nimmt oder die Computer-Graphik einsetzt. Phantasie hat er in der Regel selbst genug. Er braucht einen, der sie lenkt. Es ist ein gewaltiger Unterschied, ob ein Gestalter mit zehn Ideen in zehn Richtungen geht – oder mit zehn Ideen in eine Richtung. Letzteres heißt nichts anderes, als zehn Ideen mehr zu haben – zehn Ideen in der richtigen Richtung.

In einer Zeit, in der die Werbungtreibenden und die Werbeagenturen rationeller denn je arbeiten und schärfer denn je kalkulieren müssen, ist der Luxus eines Frei-in-den-Raum-hinein-Gestaltens nicht mehr tragbar. Kein Architekt käme auf die Idee, Entwürfe für einen Bau zu entwickeln, dessen Zweck, Größe, Lage und baulichen Vorschriften er noch gar nicht kennt. In der Werbung sollte das ebenso unmöglich sein. Anders wäre sie weder ernstzunehmen – noch erfolgreich.

»Flora soft ist eine Margarine von hohem Gesundheitswert.« Das ist ein richtiger Gedanke.

»Wie man durch fröhliches Wandern und Flora soft seinen Kreislauf jung hält.« Das ist nicht nur ein richtiger, sondern auch ein guter Gedanke.

Es gibt Binsenwahrheiten und Binsenlügen. Um es festzuhalten: Eine Binsenlüge ist die Meinung, man könne Werbung richtig oder falsch machen. Man kann Werbung nur gut oder schlecht machen. Daß man von einem richtigen Konzept ausgeht, ist lediglich der Start zu guter – oder auch schlechter – Werbung.

Regeln setzen ein,
wenn der Verstand aussetzt.

Vier Werbegesetze, deren Übertretung tödlich wäre

Schon 1923 behauptete der amerikanische Werbefachmann Claude Hopkins etwas, das noch heute von vielen Werbeleuten bestritten wird: daß man Werbung wissenschaftlich betreiben könne, daß es gültige Gesetze für erfolgreiche Werbung gäbe. Manche Kreativen von heute berufen sich gern auf ihre »Intuition« und ihr »feeling«, nicht so gern auf Gesetze und Prinzipien. Ein »law and order« in der Werbung erscheint ihnen suspekt.

Kreative sind in der Regel weder große Kaufleute, noch große Rechner. Vielen fällt es schwer, sich in die Situation des kaufmännisch-nüchtern denkenden Werbungtreibenden hineinzuversetzen, der seine Werbemillionen niemals aufgrund der »Intuition« und des »feelings« einiger kreativer Köpfe investieren würde. Für ihn muß das Wagnis Werbung bis zu einem gewissen Grade kalkulierbar sein. Wenn schon Hopkins die Werbung wissenschaftlich betrieb, müßte das heute nicht erst recht möglich sein?

Wissenschaftlich werben heißt nichts anderes, als durch die Anwendung bestimmter Werbegrundsätze zu meßbaren Verkaufserfolgen zu kommen. Das konnte man – erstaunlicherweise – zu Hopkins' Zeiten leichter als heute. Werbung war damals fast ausschließlich Anzeigenwerbung. Hopkinssche Anzeigen waren vor allem Versandhaus-Anzeigen, fast immer aber Coupon-Anzeigen. Anhand der durch Coupons erreichten Bestellungen konnte man den Werbeerfolg unmittelbar ablesen. Man konnte den unterschiedlichen Erfolg unterschiedlich formulierter Anzeigen feststellen.

Daraus entwickelte Hopkins seine Prinzipien für erfolgreiche Werbung – was für die damalige Werbung nicht mehr und nicht weniger hieß: für erfolgreiche Anzeigentexte.

Man konnte damals also etwas, das man heute zwar noch bei Heiratsanzeigen kann, nicht aber bei Waschmittel-Anzeigen: den Verkaufserfolg messen. Die Werbung spielt heute auf vielen Klavieren. Es gibt die elektronischen Medien, es gibt die zahlreichen sogenannten nicht-klassischen Werbemaßnahmen, es gibt eine immer größer werdende Vielfalt an Produkten, Vielfalt an Konkurrenz, es gibt ein kompliziertes System von Handelsorganisationen und Absatzwegen. Kurz: Es gibt das Marketing, in dem die Werbung nur ein Teil ist. Den Verkaufserfolg aus dem heutigen Marketing-Mix herauszufiltern, ist nicht möglich. Selbst bei der Versandhaus-Werbung, wo die Werbung fast allein für Verkaufserfolg verantwortlich ist (z.B. durch Coupon-Rückläufe) spielen Marketingeinflüsse mit hinein.

Und Marketing, das beginnt mit der mehr oder weniger freundlichen Stimme der Dame am Telefon – und das endet bei dem mehr oder weniger positiven Image des Unternehmens, auch des Versandhaus-Unternehmens.

Mit »Wissenschaftlichkeit« hat das wenig zu tun. Womöglich aber mit Gesetzmäßigkeit – nämlich mit dem ganz unwissenschaftlichen »Wie man in den Wald reinruft«-Gesetz.

Und es wird heute heftig »gerufen«. Eine 96er Untersuchung in den USA ergab, daß ein Amerikaner in 20 Jahren allein an TV-Werbung rund 650.000 Sendungen gesehen hat. Wobei man hinzufügen möchte: »... oder übersehen hat«.

Deutsche Untersuchungen zeigen: Etwa 95% aller Anzeigen werden nur zwei Sekunden und weniger beachtet. Frustrierend? Alles andere als das. Vielmehr: Welch' großartige Chance, hier mit besserer, stärkerer Werbung durchzudringen!

Werberegeln – welche gelten?

Gibt es Regeln, gibt es Gesetze, mit denen eine solche bessere Durchdringung erreicht werden kann? O ja, da gibt's was. Zum Beispiel diese zwölf:

- Werbung muß stets positiv sein!
- Ein Produktname muß stets in der Schlagzeile stehen!
- Eine Schlagzeile sollte höchstens 7 Wörter haben.
- Ein Slogan darf nicht länger als 5 Wörter sein.
- Ein Werbebrief nie länger als zwei DIN-A-4-Seiten.
- Keine Analogien verwenden.
- Keine humoristischen Texte.
- Keine Vorher-Nachher-Gegenüberstellungen.
- Ein TV-Spot muß stets mit der Produktdarstellung enden.
- Stets zeigen, was man sagt und sagen, was man zeigt.
- Texte müssen für 100% der Zielgruppe verständlich sein.
- In einem 30-sec. Funkspot muß mindestens dreimal der Markenname genannt sein.

Solche Werberegeln kann man dutzendweise aufstellen und dutzendweise mißachten. Der Erfolg einer Werbung war noch nie davon abhängig. Denn:

- Was nützt dem Werber von heute die Uralt-Werberegel: »Zeige stets die angenehme, die schöne Seite, nicht aber die häßliche, die unangenehme Seite der Dinge.« Inzwischen ist – nicht nur durch Versicherungsgesellschaften – unzählige Male bewiesen worden, daß es außerordentlich erfolgreich sein kann, negativ zu werben, ja, daß das Positive oft viel positiver wirkt, wenn man ihm das Negative gegenüberstellt.
- Was soll ein Werber heute davon halten, wenn Experten schon 1923 schrieben: »Die ›vor und nach Gebrauch‹-Anzeigen sind Dummheiten, die der Vergangenheit angehören«? Noch immer erreichen Schlankheits-, Haarfärbe- und andere Schönheitsmittel gerade in den USA großartige Erfolge mit dieser Demonstration. Ogilvy sagt genau das Gegenteil: »Benutze Kontraste, von denen man sich ein Bild machen kann, wie zum Beispiel »vorher und nachher«!

- Was soll ein Werbetexter heute damit anfangen, wenn ein so berühmter Werbemann wie Ogilvy einmal sagte: »Der Produktname muß stets in der Schlagzeile stehen.« Inzwischen sind Tausende sehr erfolgreicher Schlagzeilen geschrieben worden, ohne daß der Produktname darin stand – vom »Er läuft und läuft und läuft« über »Alle reden vom Wetter, wir nicht« bis zu »Möchten Sie die Karriereleiter nur halten oder selbst aufsteigen?« (Handelsblatt).
- Was ist mit Ogilvy's »A salesman doesn't sing«? Nicht nur Cola-Getränke, selbst Autos werden heute – vor allem in Amerika – mit gesungener Werbung erfolgreich an den Mann gebracht. (Übrigens ist in Ogilvy's neuerem Buch »Über Werbung« davon nicht mehr die Rede und seine Agentur macht jede Menge gesungener Werbung).
- Was helfen so oft zitierte Werbeprinzipien wie »Ein Slogan darf nie mehr als fünf Wörter Text haben« (dann hätte es nie ein »Hast Du Minimax im Haus, breitet sich kein Feuer aus« geben dürfen).
- Oder »Ein Fernsehspot muß stets mit der Produktdarstellung enden« (dann müßte statt des fröhlich wedelnden Dackels die Hundefutterdose zum Schluß erscheinen).
- Oder »Sage nicht, was das Bild nicht zeigt« (dann hätte man bei der berühmten Rolls-Royce-Anzeige nicht den Rolls-Royce, sondern nur die Uhr des Rolls-Royce zeigen dürfen, von derem leisen Ticken er spricht).

Mit solchen Werberegeln wird nach wie vor gern argumentiert. Schon manche fraglos gute Kommunikationsidee wurde damit in Frage gestellt.

Was aber bleibt? Wie »wissenschaftlich« kann Werbung heute sein? Gibt es verbindliche Werbegesetze?

Es geht nicht darum, kurzerhand über Bord zu werfen, was erfahrene Werbeleute einmal als gültig formulierten. Wohl aber sollte es von Thesen befreit werden, die sich als nicht stichhaltig erwiesen haben. Was bleibt, ist noch viel – so viel, daß man es auf wenige, einfache Grundsätze herunterkochen kann, Grundsätze, deren Beachtung Erfolg und deren Mißachtung Mißerfolg bedeutet. Sie heißen:

- Sei neu – und nicht nur neu-artig!
- Sei einfach – aber nicht harmlos!
- Sei zwingend – aber nicht mit dem Holzhammer!
- Sei Verkäufer – und kein Unterhalter!

Gesetze oder Regeln?

Zugegeben: diese Forderungen klingen allgemeiner als so manche werbliche Ausführungsbestimmung. Es geht hier nicht um Regeln, sondern um Gesetze. Sie sind daher auch schwerer zu befolgen.

Regeln kann man mechanisch erfüllen: Statt fünf Wörter acht Wörter im

Slogan? Falsch, also weg damit! Statt einer schlanken eine dicke Frau in der Mieder-Werbung? Falsch, also weg damit! So einfach funktionieren diese vier Gesetze nicht – und so einfach kann auch Werbung nicht funktionieren.

Eines der größten Werbeprobleme ist das Überangebot an Werberegeln und Werbemeinungen – Regeln und Meinungen, die sich irgendwann in irgendwelchen Einzelfällen einmal als richtig erwiesen haben, von denen aber nie bewiesen wurde, daß ihre Nichtbefolgung falsch sein muß. Weil die Werbung ein Geschäft ist, das nach wie vor Risiko in sich birgt, klammert man sich allzu gern an Regeln.

Werberegeln kann man dutzendweise aufstellen – und dutzendweise mißachten. Der Erfolg einer Kampagne war noch nie davon abhängig. Anders ist es mit den vier genannten Werbegesetzen. Ihre Mißachtung wäre tödlich. Denn ...

- Wenn wir nichts Neues sagen, wird uns niemand zuhören.
- Wenn wir es nicht einfach sagen, wird man uns nicht verstehen.
- Wenn wir es nicht zwingend sagen, werden wir keine Wirkung erreichen.
- Wenn wir es nicht verkäuferisch sagen, werden wir keinen Verkaufserfolg haben.

»Sagen« bezieht sich hier nicht nur auf das Wort, sondern auch auf das Bild oder die integrierte Wort-Bild-Aussage.

Wenn jemand eine Anzeige für eine schicke Einbauküche gestaltet, und wenn er einfach die Küche abbildet und darunter schreibt »XY, die schicke Küche«, so könnte er sich möglicherweise darauf berufen, der Forderung »Sei einfach!« entsprochen zu haben. Er verwechselt eines: daß »einfach sein« nicht »harmlos sein« bedeutet.

Um solche Verwechslungen zu vermeiden, wird in jedem der vier Gesetze gleich mitgesagt, was es *nicht* bedeutet –

- daß Einfachheit nichts mit Harmlosigkeit und Ideenarmut zu tun hat,
- daß »neu sein« nicht Sache eines neuartigen Layoutaufbaus ist,
- daß »zwingend sein« nicht holzhammer-schwingendes hard selling bedeutet,
- daß »Verkäufer sein« sich nicht in bloßer Unterhaltung erschöpfen kann.

Wechselwirkung Noch eines haben diese vier Gesetze den meisten herkömmlichen Werberegeln voraus: ihre Wirkung ist wechselseitig. Das wiederum ist ein Beweis dafür, es geht nicht um »Regeln«, sondern um Essentials. Denn ...

- Es ist nicht damit getan, daß wir dem Umworbenen etwas *Neues* sagen,

48

wir müssen es auch so sagen, daß es »ankommt«. Wir müssen es also auf einfache, aber zwingende und verkäuferische Weise sagen.

- Es ist nicht damit getan, daß wir uns *einfach* ausdrücken. Was wir sagen, muß für den Umworbenen etwas Neues bedeuten. Und dieses Neue müssen wir ihm zwingend und verkäuferisch nahebringen, wenn es kommunizieren soll.

- Es ist nicht damit getan, daß wir *zwingend*, also »unübersehbar« sind. Wir müssen es auch im Sinne unserer Werbebotschaft sein. Und eine Botschaft ist etwas Neues. Dieses Neue müssen wir auf einfache, aber verkäuferische Weise kommunizieren, wenn wir etwas bewirken wollen.

- Schließlich: Es ist nicht damit getan, daß wir uns lediglich »*verkäuferisch*« geben. Verkaufserfolg können wir nur haben, wenn wir unser Angebot einfach, aber zwingend formulieren, wenn wir dem Umworbenen etwas Neues sagen.

Diese vier Gesetze sind an kein Medium gebunden. Sie gelten für die Anzeige genau so wie für das Plakat, für den Fernsehspot genau so wie für den Funkspot.

Regeln sind etwas, an das man sich klammert – an Gesetze kann man sich halten. Regeln setzen ein, wenn der Verstand aussetzt – Gesetze wollen mit Verstand angewandt sein. Das gilt auch für die vier Werbegesetze.

Sei neu – und nicht nur neu-artig!

Die erste Frage, die heute vor jeder Publikation von jeder Redaktion gestellt wird, ist die nach dem Neuigkeitswert. Die Medien leben davon, Neues zu bringen. Anderenfalls würde sich kaum jemand für Zeitungen und Zeitschriften, Fernsehen und Rundfunk interessieren.

Und wie ist das in der Werbung?

Wäre die Frage nach dem Neuigkeitswert hier genauso unerbittlich die Kommunikationsfrage Nummer eins, würden sich mehr Menschen für Werbung interessieren, gäbe es mehr erfolgreiche Werbung.

Alte Themen neu dargestellt

Redaktionell neu zu sein heißt nicht, daß täglich über eine Abrüstungskonferenz, einen Staatsstreich oder eine Fußballweltmeisterschaft zu berichten wäre. Neu ist beispielsweise auch das neueste Skandal-Histörchen oder die neueste Stellungnahme des Bundeskanzlers zur wirtschaftlichen Lage. Kurz: Es sind vor allem die neuen Variationen, die neuen Interpretationen, die selbst ein altes Thema immer wieder neu und mitteilenswert machen.

Und wie ist das in der Werbung?

»Sei neu!« heißt auch hier nicht, daß täglich neue Luxus-Limousinen, neue Großrechner oder neue Ferieninseln zu offerieren wären. Auch hier geht es um nicht mehr und nicht weniger als um neue Variationen und neue Interpretationen – und zwar für durchaus alltägliche Produkte und Dienstleistungen: Waschmittel, Margarine, Haarspray, Haushaltsreiniger, Haftpflichtversicherungen, Mallorca-Reisen.

Der Frage nach dem Neuigkeitswert wird in Werbekonferenzen nur selten die gleiche Vorrangigkeit eingeräumt wie in Redaktionskonferenzen. Obwohl sie die Schlüsselfrage jeder Kommunikation ist. Bei der Beurteilung von Werbevorschlägen dominieren in der Regel andere »Schlüsselfragen«. Da geht es vor allem um die konzeptionsgerechte Übersetzung ins Kreative: ob bei einer Zahncreme-Kampagne die kariesverhindernde Wirkung deutlich wird, ob sie Frische ausstrahlt, ob die Zielgruppe richtig getroffen ist, ob die preisgünstige Familientube gut herausgestellt wurde. Doch bevor man solche Fragen diskutiert und womöglich testet: Wäre es nicht wichtiger, zunächst einmal zu fragen, ob das Ganze denn etwas Neues sagt, ob es interessant genug ist, um vom Verbraucher beachtet zu werden?

50

»Ich arbeite nun schon seit fünf Jahren für Zahncreme«, sagte ein Gestalter, »es ist ein Unding, für ein werblich zu ausgepowertes Produkt noch irgend etwas Neues zu bringen.«

Ein paar Tage später lag bei ihm diese amerikanische Zahncreme-Anzeige auf dem Tisch: *Wie »neu« kann Werbung noch sein?*

> Bild:
> Ein junges Ehepaar, Farbige. Sie hochschwanger. Er hat liebevoll seinen Arm um ihre Schulter gelegt.
> Schlagzeile: »If both parents brush with Crest, will the baby have strong teeth?«
> Textliche Weiterführung: »Chances are the baby will. Because with both parents brushing with Crest, chances are the baby will grow up on Crest. And growing up on Crest is one of the best things that can happen to a child.«

Neue Gedanken für ein altes Produkt. Unkreative Werbung wird oft mit dem Vorwand entschuldigt, Kreativität bedeute ja nicht unbedingt Erfolg. Bisher wurde noch durch nichts bewiesen, daß Kreativität keinen Erfolg brächte. Im Gegenteil: sie ist und bleibt der einzige Weg zum Erfolg. Crest ist die erfolgreichste Zahncreme in den USA. Es ist keine neue Zahncreme, sie hat keine neuen Wirkungen zu versprechen. Aber sie ist ein unzweifelhafter Beweis dafür: Wenn das Produkt nicht neu ist, muß die Werbung neu sein. Das hat nichts mit Manipulation zu tun, sondern mit Kommunikation.

Es ist durchaus legitim, wenn von zwei Zeitungen mit etwa gleichem Inhalt die Zeitung am meisten gekauft wird, die diesen Inhalt redaktionell am besten kommuniziert. Es ist genauso legitim, wenn von zwei Produkten mit etwa gleicher Qualität das Produkt am meisten gekauft wird, das diese Qualität werblich am besten kommuniziert.

Gut kommunizieren heißt vor allem: neu sein! Das Bestreben, Neues zu schaffen, ist einem Vollblutgestalter schon von Natur aus eigen. Jeder Gestalter hat schon mal davon geträumt, einmal eine ganz neue, noch nie dagewesene Kampagne zu entwerfen – eine Kampagne, die Aufsehen erregt, die in Fachkreisen bewundert und mit Medaillen ausgezeichnet wird und die – wenn alles gut geht – auch dem Produkt noch etwas nützt.

Doch in der heroischen Absicht, unbedingt neu und aufsehenerregend zu sein, greift mancher zu den falschen Mitteln, indem er nämlich meint, er brauche dazu

- ein neues Produkt,
- eine neue Layoutform,
- neue Fototechniken, neue Kameraführung, neue Filmtricks,
- neue Symbole, neue Wortschöpfungen, neue Typografie.

Das aber sind nicht die Dinge, die eine Kampagne neu machen. Neu ist nicht das, was der Layouter, der Texter, der Filmproduzent, der Fotograf und der Typograf als neu empfinden, sondern der Verbraucher. Und der ist an neuen Inhalten interessiert, nicht an neuen Äußerlichkeiten.

Das wissen auch die Redakteure der großen Zeitungen und Zeitschriften. Obwohl wir in einer Zeit leben, in der die Medien wirklich alles tun, ihrem Publikum immer wieder Neues und Ungewöhnliches mitzuteilen – in einem zeigen sie eine geradezu orthodoxe Einheitlichkeit: in ihrem Äußeren. Da sieht eine Zeitung fast wie die andere aus, eine Illustrierte wie die andere. Alle haben ihre genormten Formate, ihre genormten Spaltenbreiten, alle verwenden gleiche oder fast gleiche Schriften, alle halten sich bei der Aufteilung von Bild und Text an bestimmte, seit langem bewährte Normen.

Die Medien haben erkannt, was viele Werber noch nicht erkannten: es gibt formale Normen, die sich für jedermann als schnell erfaßbar, gut lesbar, leicht überschaubar erwiesen haben. Es ist das Gewohnte, nicht das Ungewohnte, das hier Kommunikation schafft. Wer hier seine Neuerungssüchte auslassen möchte, begeht eine Sünde wider die Kommunikation, er schafft nichts Neues, sondern Neu-artiges – oft auch Ab-artiges.

Neuschöpfungen durch Werbung?

Der Werbung wird gern unterstellt, sie würde auch neue künstlerische und sprachschöpferische Beiträge leisten. Schulen und Universitäten wenden sich oft an Werbeagenturen und fragen nach Beispielen, die das belegen sollen. Die Werbeagenturen tun sich jedesmal schwer, solche Beispiele zu finden. Es gibt sie kaum. Eine umhäkelte Nivea-Dose, die Kälteschutz symbolisiert, oder ein »Er läuft und läuft und läuft«, das Zuverlässigkeit ausdrückt, sind weder künstlerische noch sprachliche Neuheiten, sondern allgemeinverständliche Veranschaulichungen, die sich absolut im Bereich des Hergebrachten bewegen. Und das ist – wenn man sich Werbung einmal daraufhin ansieht – durchweg der Fall.

Es kann nicht die Aufgabe – auch nicht die Neben-Aufgabe – der Werbung sein, kulturelle Beiträge zu liefern oder künstlerischen Einfluß auszuüben. Es gibt aber immer noch Werbegestalter, die darin einen hehren Nebensinn ihres Schaffens sehen. Sie benutzen ihre Layouts als Ausdrucksmittel, um damit zu dokumentieren, was man gefälligst unter gutem künstlerischem Geschmack zu verstehen habe. Ihre »Werke« werden ja in Millionenauflagen gedruckt, sie erreichen über die Massenmedien täglich Millionen Menschen. Das sind Verbreitungsmöglichkeiten, von denen ein »freier Künstler« nur träumen kann. Manche Werbegestalter verspüren darin eine »künstlerische Verpflichtung«. Sie sollten aber von diesem falschen Sockel möglichst schnell herunterkommen. Sie können das, ohne zu Banausen zu werden. Werbung will keine Häßlichkeit und keine Geschmacklosigkeit verkaufen –

aber auch keine Kunst. Doch weit mehr als die Kunst ist die Werbung daran interessiert, möglichst vielen Menschen zu gefallen, weil sie gezwungen ist, möglichst viele Menschen anzusprechen. Und das kann sie nur, wenn sie bekannte und bewährte Formen der Kommunikation benutzt und keine Kunstpädagogik betreibt.

Natürlich muß die Werbung auf der Höhe der Zeit sein. Deshalb benutzt sie durchaus auch neue Formen der Kommunikation – aber sie erfindet sie nicht erst, um sie dann zu benutzen. Vielmehr war das, was die Werbung nutzt, fast immer schon da. Es wäre ein sinnloser kommunikativer Umweg, dem Umworbenen erst ein neues gestalterisches Vehikel zu verkaufen, statt sich eines bekannten Vehikels zu bedienen, um damit einen neuen werblichen Inhalt zu verkaufen.

Den Symbolismus gab es schon lange, bevor die Werbung ihn verwendete. Die naive Malerei war der Grandma Moses schon lange zum Ruhme gereicht, bevor die Werbegrafik sie entdeckte. Pop-Art, Slow-motion, Slapstick, Zeichentrick, Comic strip, Computergraphik, Playback, Weitwinkel, Hidden Camera, Interview, Testimonial und andere Gestaltungsformen sind keine Erfindungen der Werbung, sondern werden von ihr nur genutzt.

Auch sprachlich hat die Werbung weit weniger Neues geschaffen, als mancher Germanist vermutet. Selbst bei so werblichen Begriffen wie »atmungsaktiv«, »erntefrisch«, »rutschfest« und »knitterfrei« ist kaum feststellbar, ob sie erst von der Werbung kreiert werden mußten oder ob sie nicht schon zu einem Guten Teil Sprachgebrauch waren. Tischler sprechen schon seit eh und je vom »astreinen« Holz. Das hat ihnen keine Werbung erzählt. Wie naheliegend ist es da – und gar nicht »neu« –, auch von »knitterfreiem« Stoff und »erntefrischem« Gemüse zu sprechen. Die Werbung hat das nicht erfunden, sondern nur nachempfunden, nachvollzogen.

Es waren noch nie die formalen Neuerungen, die eine Werbung neu und erfolgreich machten, sondern stets die inhaltlichen. Es zeigt sich immer wieder: Je stärker der Inhalt, desto schlichter die Form.

Sei einfach – aber nicht harmlos!

Wer lange genug im Werbegeschäft tätig ist, hat es gewiß schon erlebt: Wenn in Werbekonferenzen über Gestaltungsvorschläge entschieden werden soll – und wenn nach längerem Diskutieren, Abwägen und Verwerfen nichts Rechtes mehr übrigbleibt, steht schließlich jemand auf und sagt etwa folgendes: »Kommen wir zurück auf den Kern der Sache! Machen wir's ganz einfach: zeigen wir unser Produkt und sagen dem Verbraucher, was es tut!«

Ein »vernünftiger« Vorschlag

Dieser Vorschlag klingt zu vernünftig, um nicht mit spürbarer Erleichterung aufgenommen zu werden. Erleichterung verwandelt sich aber schnell in Skepsis, wenn aus diesem »Vorschlag« wirklich ein Vorschlag werden soll – wenn der Referent fortfährt: »Also ganz einfach: Was ist neu an unserem Nagellack? Die Flasche! Also zeigen wir groß die Flasche. Und was tut dieser Nagellack? Er macht die Nägel leuchtend schön! Also sagen wir: »Macht die Nägel leuchtend schön!«

Einfachsein hat nichts mit Einfalt zu tun. Das wissen alle Massenmedien – die Zeitungen, Zeitschriften, das Fernsehen, der Rundfunk. Ganz gleich, ob diese Medien über den neuesten Stand der Krebsforschung berichten oder über das weitere Abschneiden des FC Bayern München in der Bundesliga – nie werden diese Berichte so einfältig sein, daß auch wirklich der Dümmste der Nation sie versteht. Würde man so eine Zeitung machen, hätte sie schnell ihre Leser verloren – würde man so ein Fernsehprogramm machen, wären die Zuschauerquoten schnell im Keller. Nur in der Werbung wird noch fortwährend nach diesem selbstmörderischen Prinzip gearbeitet. So kommt es denn, daß zwischen den redaktionellen Artikeln und den Anzeigen, zwischen den Fernsehkrimis und den Fernsehspots, zwischen den Hörspielen und der Funkwerbung so auffallende Unterschiede klaffen. Auf der einen Seite findet man relativ viel Spannung, Unterhaltung, Intelligenz – auf der anderen Seite relativ viel Langeweile, Harmlosigkeit, Naivität. Obwohl es die gleichen Leser, Seher und Hörer sind, an die man sich wendet. Wie will man die erreichen mit einem simplen »Macht die Nägel leuchtend schön«?

54

Margaret Astor sei Dank, daß es eine Anzeige zu diesem Thema gibt, in der »einfach« wahrhaftig nicht mit »harmlos« verwechselt wird:

> »Frisch lackiert sind alle Nägel schön. Bei Ultra Diamant mit Proteinen sind sie es noch nach drei Tagen.«

Besser hätte man es auch redaktionell nicht sagen können. Und es wurde so gesagt, selbst auf die »Gefahr« hin, daß vielleicht 20 % der Zielgruppe nicht wissen, was »Proteine« sind.

Es gibt ein altes, heute noch gültiges Reglement der Rekrutenausbildung: »Der Unterricht ist so zu gestalten, daß jeder Soldat ihm folgen kann.« Dieses »Gestaltungsprinzip«, sich nach dem Dümmsten zu richten, hat sich seit Kaisers Zeiten bewährt. Selbst der begriffsstutzigste Vaterlandsverteidiger lernte auf diese Weise schließlich doch noch den Umgang mit dem Karabiner 98.

Für manche Werbeleute ist es verlockend, dieses Reglement auch für die Werbung zu übernehmen. Also heißt es: »Werbung ist so zu gestalten, daß jeder Verbraucher sie versteht.« Der Satz klingt so gut, daß man ihn als gerahmte Werbephilosophie in den Empfangsraum jeder Werbeagentur hängen könnte. Aber es ist ein tückischer Satz. Das Rekrutenprinzip kann niemals Werbeprinzip sein. Wer Rekruten ausbildet, unterliegt dem Zwang, daß ihn jeder versteht und begreift – und der Rekrut unterliegt dem Zwang, am Unterricht teilzunehmen und ihm zu folgen. Beide Zwänge gibt es in der Kommunikation mit Verbrauchern nicht.

Wer wirbt, ist durchaus nicht gezwungen, unbedingt von 100 % der Zielgruppe verstanden zu werden – obwohl die Werbung zu ihrem eigenen Schaden nur allzuoft darauf aus ist. Und für den Umworbenen ist es – ebenfalls im Gegensatz zum Rekruten – eine höchst freiwillige Sache, ob er dem »Unterricht« zu folgen gedenkt oder nicht. Insofern müßte eigentlich klar sein, daß eine Kommunikation, die aufgenommen werden kann, etwas anderes ist als eine, die aufgenommen werden muß. Das Rekrutenprinzip »Stets 100 % der Zielgruppe« kann nicht das ideale Werbeprinzip sein.

Immer 100 % der Zielgruppe?

Viele Werbeleute sind geradezu versessen darauf, ja keinen Bruchteil ihrer Zielgruppe zu »verlieren«. Sie unterliegen dem Trugschluß, Werbekosten machen sich nur dann hundertprozentig bezahlt, wenn auch wirklich 100 % der Zielgruppe erreicht werden. So hört man oft die These, daß man den Verbraucher »gar nicht dumm genug« einschätzen könne, daß »Werbung gar nicht einfach genug« sein könne. Und man möge sich doch mal anhören, was Kunden so von sich geben, man möge doch mal lesen, was die uns für blödsinnige Briefe schreiben und was unser Außendienst da manchmal berichtet.

Mit dieser Einstellung läßt sich dann jede Harmlosigkeit und Einfallslosigkeit der eigenen Werbung glänzend entschuldigen. Man richtet sich nach den Dümmsten der Zielgruppe und meint, dann hätte man alle erreicht. Und wenn man das erreicht hat, wenn die Werbung wirklich so einfach ist, daß 100 % der Zielgruppe sie verstehen, sieht sie meistens so harmlos aus, daß 100 % der Zielgruppe einfach darüber hinweggehen.

Wer kommunizieren will, wird oft genug in Kauf nehmen müssen, auf 10 oder 20 % seiner Zielgruppe zu verzichten, um die restlichen 80 oder 90 % um so erfolgreicher ansprechen zu können.

Es sind gewiß 10 % der Zielgruppe, die mit der sehr erfolgreichen Rank-Xerox-Werbung »Ich freu mich aufs Büro!« nichts anzufangen wußten, zumal da nicht einmal ein Kopiergerät abgebildet war.

Es sind gewiß 10 % der Zielgruppe, denen die sehr eindrucksvolle Anzeige für Parker-Füllhalter unverständlich blieb – nämlich die Aussage »Die Feder ist mächtiger als das Schwert« zur Abbildung von Ronald Reagan und Michail Gorbatschow bei Unterzeichnung des INF-Vertrages.

Es waren sicher nicht 100 % der Leser, die etwas mit jener Anzeige anzufangen wußten, die als eine der wirkungsvollsten Zahncreme-Anzeigen überhaupt gilt. Schlagzeile: »If both parents brush with Crest, will the baby have strong teeth?«

Mit der Werbung ist es wie mit jeder anderen Form der Kommunikation, die sich an die »breite Masse« wendet: Nicht das ist am erfolgreichsten, was von *allen*, sondern was von *vielen* verstanden wird. Wer alle erreichen will, läuft Gefahr, niemanden zu erreichen. Viele zu erreichen, ist schwer genug, weil es schwer genug ist, einfach zu sein, ohne harmlos zu sein. »Man muß kompliziert denken und einfach reden«, sagte einmal ein Politiker. Einen komplizierten Gedanken möglichst einfach darzustellen ist die höchste Kunst der Kommunikation. Sie erfordert den Profi. Nur Scharlatane machen's umgekehrt.

Kompliziert denken – einfach werben!

Werber denken oft nicht kompliziert genug – und werben nicht einfach genug. Kompliziert denken heißt ja: vom Vordergründigen wegzudenken und Ideen in Bereichen zu suchen, die zunächst in keinem Zusammenhang mit dem Werbethema zu stehen scheinen. Kompliziert denken heißt, zu Gedanken-Kombinationen zu kommen, die ein Thema neu und kommunizierbar darstellen. Also nicht sagen: »Damit Ihre Kinder gesunde Zähne bekommen ...!«, sondern: »If both parents brush with Crest, will the baby have strong teeth?«

Als VW in Amerika mit seiner berühmten Mondlandefähre-Anzeige herauskam (»It's ugly, but it gets you there«), meinten hierzulande manche Werbeleute, das sei doch wahrhaftig nicht einfach – das sei höchst »sophisticated«. Doch fragte man einen solchen Kritiker, ob er denn diese Idee verstün-

56

de, erwiderte er: »Aber natürlich verstehe ich sie, ich finde sie sogar großartig!«

Wieso traut man seinen Mitmenschen nicht auch das bißchen Intelligenz zu, solche Anzeigen zu verstehen?

Werbeleute, die auf allzu hohem Roß reiten, von dort auf »Verbrauchermassen« herabschauen und sich vielleicht sogar als deren »Lenker« fühlen, werden allerdings immer dazu neigen, mehr auf die Dummheit als auf die Intelligenz ihrer Mitmenschen zu setzen. Dabei tun alle Massenmedien genau das Gegenteil. Ein Werbegestalter ist bei jeder seiner Ideen gut beraten, wenn er sich selbstkritisch fragt, wie würde denn der »Stern«, »Reader's Digest«, »Hörzu«, das »Hamburger Abendblatt« oder ein anderes Blatt dieses Thema behandeln? Wie würde eine Fernseh- oder Rundfunk-Reportage darüber aussehen? Würde man da auch mit solchen Formulierungen, Schlagzeilen, Bildmotiven arbeiten?

Um kein Mißverständnis aufkommen zu lassen: es geht hier nicht um sogenannte »redaktionelle Werbung«, auch nicht um jene Art von Anzeigen, bei denen der Texter stolz darauf ist, daß es ihm bei 200 Zeilen gelungen ist, erst in der 198. Zeile zum ersten Mal den Produktnamen fallen zu lassen. Eine gute Anzeige hat es nicht nötig zu verstecken, daß sie Anzeige ist. Im Gegenteil: wer sein Angebot interessant und überzeugend offeriert, wird alles tun, damit es als solches erkennbar ist.

Dabei ist es Sache des Einzelfalles, wie »redaktionell« oder wie »werblich« die äußere Aufmachung wirkt oder nicht. Eines funktioniert jedenfalls nicht: Harmlosigkeiten in eine redaktionelle Form zu gießen und davon den werblichen Erfolg zu erwarten.

Einfach sein heißt nicht zuletzt: menschlich sein. Indem man eine einfache, menschliche Sprache spricht. Indem man aber auch die Menschen zeigt, wie sie sind, und nicht, wie sie sich manche Werbefotografen vielleicht vorstellen. Wie sieht der Deutsche von heute demnach aus?

Der deutsche Mensch in der Werbung

Er ist zwischen 17 und 23 und – ob weiblich oder männlich – ungewöhnlich hübsch. Er hat eine Figur, die den Idealmaßen entspricht. Sein Gesicht ist faltenfrei. Seine Nase klassisch-griechisch. Deutsche haben keine Leberflecken, tragen keine Brillen, haben keinen Haarausfall. Alle haben ein makellos weißes Gebiß, das sie unentwegt zeigen, weil sie unentwegt fröhlich sind und lachen.

Doch wie sieht dieser Mensch in Wirklichkeit aus?

90 % aller Deutschen sind weder besonders schön, noch besonders häßlich. In der Werbung sind 90 % schön.

17 % aller Deutschen sind zwischen 17 und 23. In der Werbung sind es 70 %.

0,0005 % aller Deutschen sind Fotomodell. Und in der Werbung? Gewiß, es hat sich schon vieles gebessert.

Aber: In Deutschland scheint die Werbung noch zum guten Teil dort zu stehen, wo Hollywood vor 70 Jahren einmal stand: im Stadium der Traumfabrik – süßlich, unrealistisch, harmlos. Blättert man in deutschen Zeitschriften, findet man im redaktionellen Teil überwiegend Menschen, im Anzeigenteil überwiegend Fotomodelle. Im Fernsehen ist es kaum anders. Anders aber ist es in den USA. Dort sind die besonders Dicken, die besonders Dünnen, die mit Falten und Fältchen im Gesicht, die mit schütterem Haar, mit Brille und mit Pickeln beinahe repräsentativ in der Werbung vertreten. Die Werbung ist dort härter. Und weil sie härter ist, ist sie realistischer. Und weil sie realistischer ist, ist sie menschlicher – und damit erfolgreicher.

Die These, Werbung müsse unbedingt positiv sein, wird bei uns zwar nicht mehr so laut zitiert, aber noch heftig praktiziert. Dementsprechend jung, schön, glatt und ohne Fehl sehen dann auch die Menschen aus, dementsprechend sieht's in den Modellkarteien aus, und dementsprechend macht die Maskenbildnerin halt »Masken« und keine Menschen.

Die Zielgruppe »Mensch« blieb von der deutschen Werbung noch weitgehend unentdeckt. Die Un-Menschen haben den größten Teil des Anzeigenraumes, der Werbefernsehzeiten und der Plakatflächen für sich belegt.

Menschlich sein heißt nicht, nur noch alte, häßliche oder dicke Menschen zu zeigen. Die junge Generation war noch nie so sensibel, so selbstbewußt, so kritisch. Sie neigt wenig zu übertriebenen Posen, großen Gesten und feiner Kleidung. Wie oft aber sieht man diese Jugend von heute in der Werbung? Da sind 80 % Yuppies.

Zu den althergebrachten Halbwahrheiten der Werbekunst gehört auch der Lehrsatz, Werbung müsse Wunschvorstellungen wecken, sie dürfe nicht das zeigen, was ist, sondern was der Verbraucher sich erträumt. Jeder ergraute Operetten-Regisseur wird dem vollen Herzens zustimmen. Erstaunlich nur, daß viele »progressive« Werbegestalter gleicher Meinung sind. Statt zu werben, spielen sie Operette.

Das sieht dann so aus:

Für einen Brotaufstrich, der überwiegend von Hausfrauen über 35 gekauft wird, erscheint eine Werbekampagne, die ausschließlich junge, hübsche Frauen um die 20 zeigt. »Wir müssen die Marke verjüngen«, heißt es als Begründung. So »einfach« ist das.

Für ein Schlankheitsmittel werden Traumgirls gezeigt, deren Figur die Zielgruppe – nämlich wohlbeleibte Damen mittleren Alters – selbst bei permanenter Hungerkur im Traum nicht erreichen würde. »Wir müssen doch das Idealbild demonstrieren«, meint man.

Für eine Schönheitscreme wird eine Anzeige gebracht, die ein junges

Mädchen von höchstens 22 Lenzen zeigt. In der Schlagzeile wird aber gesagt, die Dame wäre schon 40. Auf den Einwand eines Werbekritikers, das wäre doch offenkundige Irreführung, wird erwidert: »Da sind schon viele drauf reingefallen. Die Dame ist tatsächlich 40, fast ein kleines Wunder. Wir mußten lange suchen, die zu finden!« So kann man nicht nur anderen, sondern auch sich selbst eine Traumwelt vorgaukeln.

Zum Glück beweist der Verbraucher seine Mündigkeit auch durch einen gesunden Menschenverstand, der zwischen Werbe-Operette und Wirklichkeit zu unterscheiden weiß. Werbliche Übertreibungen regen ihn nicht auf, sie perlen an ihm ab. Er unterstellt, Werbung müsse wohl so sein. Für den Werbungtreibenden – oder Werbung-Übertreibenden – bedeutet das: Unglaubwürdigkeiten durchschaut der Verbraucher. Er fällt darauf genauso wenig rein wie auf die Notlügen eines kleinen Kindes. Seiner Regierung, seinem Ehepartner oder seinem Rechtsanwalt würde er Unglaubwürdigkeiten ankreiden. Der Werbung nicht. Dort findet er sie – und das ist eigentlich bedenklich – einfach harmlos.

Sei einfach – aber nicht harmlos!

Wenn in einer Anzeige, die für ein Anti-Pickel-Puder wirbt, ein netter, lebensechter Teenager gezeigt wird und wenn die Schlagzeile heißt »Pickel verschwinden im Nu!«, entspricht das durchaus der Forderung »Sei einfach!« Doch widerspricht es dem zweiten Teil der Forderung: »Aber nicht harmlos!« Harmlosigkeit verschwindet »im Nu«, wenn man die Schlagzeile nicht statisch, sondern menschlich formuliert – wie sie tatsächlich bei »Jade« erschien:

»Tschüß, ihr dummen Pickel!«

Tschüß, Harmlosigkeit – willkommen Einfachheit!

Sei zwingend – aber nicht mit dem Holzhammer!

Selbst auf die Gefahr hin, daß einigen Lesern diese Geschichte nicht neu ist, sei sie hier noch einmal erzählt. Möglicherweise ergeben sich einige neue Folgerungen daraus.

Es war an einem schönen Frühlingstag in New York. Der Central Park war prächtig anzuschauen. Die ersten Tulpen öffneten ihre Kelche, Tausende von Maiglöckchen übersäten den frischgrünen Rasen, der Goldregen leuchtete. Direkt gegenüber dem Park, an der Ecke zur 72. Straße, stand ein Blinder und bettelte. Vor ihm lag eine Mütze. Es waren nur wenige Cents darin. Der Blinde hatte ein Schild in der Hand. Ein guter Freund hatte ihm darauf geschrieben: »Helft dem Blinden!« Ein Werbetexter kam vorbei, auf dem Weg zu seiner Agentur. Er sah den Blinden, sah das Schild, blieb einen Moment stehen und bat dann den Blinden, ihm doch mal das Schild zu geben. Er drehte es um und schrieb auf die Rückseite einen anderen Text, den der Blinde jetzt nach vorn hielt. Als der Texter am Nachmittag wieder an dem Blinden vorbeikommt, erzählt ihm dieser voller Dankbarkeit, daß er noch nie so viele Münzen in seiner Mütze gehabt hätte, sogar Dollarnoten wären dabeigewesen. Und nun möchte er doch unbedingt einmal wissen, was jetzt auf seinem Schild stünde. Es war dieses:

»Es ist Mai – und ich bin blind.«

Gefühl oder Verstand?

Der Mensch – auch der sogenannte »moderne« Mensch – besteht in erster Linie aus Gefühl und erst in zweiter Linie aus Verstand. Der vielzitierte »Verstandesmensch« kommt rein gar nicht vor. Es ist daher auch nicht verwunderlich: der Weg vom Herzen zum Portemonnaie ist allemal kürzer als der Weg vom Verstand zum Portemonnaie. Das ist weniger eine anatomische als eine psychologische Tatsache.

Werbung ist oft deshalb nicht zwingend genug, weil sie unbedingt etwas erzwingen will. Sie wird nach dem »Helft-dem-Blinden!«-Prinzip gestaltet: die deutliche Aufforderung, etwas zu tun – und es geschieht nichts. Trotz Imperativ, trotz Ausrufungszeichen.

Es gehört zu den – hoffentlich überholten – Werbefachschulregeln, daß zum Schluß jeder Argumentation die Kaufaufforderung kommen müsse.

Fehlte sie, dann wurde das angekreidet, als hätte man in einer dreistufigen Mathematik-Aufgabe die letzte Stufe nicht mitgerechnet. Was bewirkt eine Kaufaufforderung? Kauft jemand, weil ich sage »Kaufen Sie!«? Greift jemand zu, weil ich sage »Greifen Sie zu!«? Hilft jemand, weil ich sage »Helfen Sie!«? So einfach läßt sich Werbeerfolg zum Glück nicht erzwingen. Die Kaufaufforderung ist nicht das Wichtigste, sondern das Überflüssigste in der Werbung. Wenn eine Werbung nicht so überzeugend ist, daß der Umworbene sich selbst sagt »Das sollte ich kaufen!«, »Hier könnte ich zugreifen!«, »Da müßte ich helfen!« – wenn das nicht der Fall ist, nützen alle Aufforderungen nichts.

»Es ist Mai – und ich bin blind.« Wo ist da die Kaufaufforderung? Wo sind die starken, zwingenden Worte? Wo die zwingende Argumentation, die Information? Es scheint so gar nichts Zwingendes an dieser Formulierung zu sein. Dennoch zwang sie die Vorübergehenden, fast impulsiv zum Portemonnaie zu greifen.

Auch wenn Werbekritiker den Vorwurf der »Manipulation« erheben: es ist durchaus legitim, mit Werbung das Gefühl anzusprechen. Eine sympathische Werbung ist immer eine menschliche Werbung. Und je menschlicher Werbung ist, desto mehr Gefühl wird sie ausstrahlen.

Die Abbildung eines Telefons mit der nüchternen Feststellung »Das Telefon schafft Verbindungen« wäre antiseptisch genug, um keinerlei Manipulations-Bakterien keimen zu lassen. Doch selbst einem staatlichen Unternehmen, der Bundespost, wäre das zu steril gewesen. Die Post »manipulierte«: Ein Foto mit einer jungen Mutter und ihren beiden Kindern. Dazu der Text: »Ruf doch mal zu Hause an!« Es soll reisende Familienväter gegeben haben, die daraufhin den unwiderstehlichen Zwang verspürten, stracks zur nächsten Telefonzelle zu eilen.

Kommunikation ist stets auch Emotion. Das ist keine Erfindung der Werbung, sondern gehört seit eh und je zu jeder Art zwischenmenschlicher Beziehung.

Emotion ist sogar dort sehr heftig im Spiel, wo sie eigentlich am wenigsten am Platz wäre: in der Politik. Obwohl: Je mehr die Politiker sich von der Ratio leiten lassen, desto besser für ein Land, sollte man meinen. Demnach müßte der Bundestag ein wahrer Tempel abgeklärtester Vernunft sein. Und auch die Wahlwerbung hätte sich jedes Anklangs an Gefühl zu enthalten. Doch die Wahlplakate mit den einladend dreinblickenden Parteiführern sind geradezu ein Musterbeispiel emotionaler Werbung. Auch Gewerkschaftsfunktionäre, Vorstandsvorsitzende und Festredner hätten bald kein Auditorium mehr, wenn nichts als reine Vernunft über ihre Lippen käme. Die Kirchenbänke wären noch viel leerer, würden die Pfarrer alles Gefühlsmäßige als eine List des Satans aus ihren Predigten verbannen. Last not least: Demonstration leben geradezu von Emotionen – ganz gleich, ob da »Atomenergie, nein Danke« oder »Haut den Bossen auf die Flossen« skandiert wird.

Und ausgerechnet die Werbung sollte ohne Emotion auskommen?

Wer es der Werbung übelnimmt, daß sie sich nicht nur rational, sondern auch emotional gibt, müßte es auch seinen Mitmenschen übelnehmen, daß sie nicht nur aus Verstand, sondern auch aus Gefühl bestehen.

Werbung hat nur dann ihre Berechtigung, wenn sie einen volkswirtschaftlichen Zweck erfüllt. Sie kann diesen Zweck nur erfüllen, wenn sie etwas bewirkt. Sie kann nur etwas bewirken, wenn sie sich wirksamer kommunikativer Mittel bedient. Und eines dieser Mittel – und zwar ein sehr entscheidendes – ist nun mal das Ansprechen des Gefühls. Werbung, die auf reine Ratio heruntergefroren wird, bewirkt nichts. Nackte Information ist keine Kommunikation. Wer die rein informative Werbung fordert – helft dem Blinden! –, fordert die Verschwendung von Werbegeldern. Reine Information – das wären nüchterne Produktionsbeschreibungen mit Preisangaben. Mit Werbung hat das genauso wenig zu tun, als wenn ein junger Mann, der um ein junges Mädchen wirbt, ihr lediglich seinen Ehetauglichkeitstest nebst letzter Gehaltsabrechnung vorlegen würde.

Emotion ist die »sanfte Gewalt«, die Werbung zwingend macht. Die rohe Gewalt, der Holzhammer, schafft das genauso wenig wie das leidige »hard selling«.

Die sanfte und die rohe Gewalt

Emotion ist aber nicht alles. Die wirksamsten Werbekampagnen schließen Verstand und Gefühl fast nie gegenseitig aus.

Selbst das »Es ist Mai – und ich bin blind!« verlangt eine kleine verstandesmäßige Leistung – nämlich nachzuvollziehen: »Ach ja, der kann ja gar nicht miterleben, wie schön jetzt alles grünt und blüht.«

Ein so gefühlsbetontes Motiv wie das Familienfoto mit dem »Ruf doch mal zu Hause an!« läßt die verstandesmäßige Reaktion zu: »Ja, richtig, ich wollte Hannelore ohnehin noch sagen, daß sie gleich Heizöl bestellen soll, weil's jetzt wieder teurer wird.«

Ein so sachliches Thema wie das Bausparen gewinnt Emotion und kommuniziert besser, wenn es heißt »Warum wohnen Sie noch in eines anderen Mannes Haus?« statt »Bausparen – der beste Weg zum eigenen Heim.«

Freudloses Deklarieren sogenannter Informationen schafft genauso wenig zwingende Werbung wie das martialische Schwingen des Holzhammers. Nun wäre die sogenannte »informative Werbung« insofern noch zu verstehen, als sie einer zeitgemäßen Forderung mancher Verbraucherschützer gerecht wird und eine Reform ist, die nichts kostet. Die Holzhammerwerbung hingegen ist eine in jeder Beziehung unzeitgemäße Erscheinung und die unmodernste Form der Werbung. Sie stammt noch aus einer Zeit, als das Plakat das Werbemittel Nr. 1 war und der Slogan die Textaufgabe Nr. 1. Man-

62

che Texter arbeiten noch heute so. Sie denken in Schlag*worten* statt in Schlag*zeilen*. Sie greifen zum Holzhammer statt zum Involvement.

Schlagworte oder Schlagzeilen?

Nichts gegen einen guten Slogan. Aber er ist nicht mehr »die halbe Werbung«. Millionen auszugeben, nur um einen Slogan durchzusetzen, wäre heute eine ausgesprochen unökonomische Investition. Kein vernünftiger Mensch wird sich eine moderne Hochseejacht kaufen, nur um damit auf einem kleinen Binnensee hin- und herzuschippern. Kein vernünftiger Werbungtreibender wird teures Geld in moderne Medien stecken, nur um damit Slogan-Verbreitung zu betreiben.

Das Plakat ist ein typisches Wiederholungs-Medium, ein Slogan-Medium. Anzeigen, Fernseh- und Funkspots sind von Natur aus keine Wiederholungs-Medien. Sie sind Abwechslungs-Medien, Unterhaltungs-Medien, Schlagzeilen-Medien. Teure Anzeigenflächen mit dicken Slogans zu bepflastern, kostspielige Sendezeiten mit permanenten Slogan-Wiederholungen zu entwerten, sollte sich schon aus Kostengründen verbieten. Dem liegt eine ziemlich amateurhafte Verkennung der kommunikativen Möglichkeiten dieser Medien zugrunde.

Textlich ist für den Verbraucher nichts langweiliger als ein Slogan, bildlich nichts langweiliger als eine Packung. Für viele Produzenten gibt es aber nichts Schöneres als ihren Slogan und ihre Packung. Deshalb sind Slogan und Packung oft die beiden dominierenden Elemente einer Werbung. Obwohl solche Werbung eigentlich keine Werbung ist, sondern lediglich Präsentation. Sie widerspricht einer kommunikativen Binsenwahrheit, die schon die Urväter der Werbung predigten und die auch heute unbestritten ist: »Wer erfolgreich werben will, muß vom Verbraucher her denken, nicht vom Produzenten her.« Große Packungen und dicke Slogans sind Produzenten-Denke.

Slogan und Packung

Manche Produzenten sind so verliebt in ihre Packungen, daß sie möglichst ganze Schaufenster voll davon sehen möchten. Und sie möchten ihre Packungen auch in der Werbung groß sehen. Doch wer in der Werbung nur Packungen groß herausstellt, bringt wirklich Verpackung und nicht Inhalt. Natürlich kann man Packungen groß zeigen, dann aber nicht deshalb, damit die Leute sie im Laden auch ja wiedererkennen, sondern um ihnen einen plausiblen Kaufgrund zu geben – also mit der Packungsdarstellung einen werblichen Inhalt zu verbinden. Das geschah beispielsweise mit dieser amerikanischen Anzeige:

> Bild: Eine große Flasche eines Erfrischungsgetränkes, die offenbar direkt aus dem Kühlschrank kam, mit vielen brillierenden Tautropfen beschlagen.
> Schlagzeile: »Only one crazy calorie.«

Hier ist die Packung nicht einfach Packung, sondern Botschaft: nämlich »Erfrischung«. Und der Text ist nicht einfach Slogan (»Das erfrischt richtig!«), sondern Schlagzeile. Diese Zeile hämmert nicht, sie involviert.

Genau so wie sich viele Produzenten freuen, ihre Packung groß zu sehen, freuen sie sich auch, ihren Slogan zu hören. Und dieser Slogan sollte möglichst einen Bekanntheitsgrad erreichen wie die Slogans großer, bekannter Marken. Man braucht ja nur den Namen solcher großen Marken zu hören – und schon fällt einem auch der Slogan dazu ein. Wie zum Beispiel bei

Agfa,
Bosch,
Braun,
Cointreau,
Maggi,
Siemens,
Sony,
Tchibo,
Wasa,
VW
und viele andere.

Der Leser möge das kleine Experiment verzeihen. Aber: Wenn der Bekanntheitsgrad eines Slogans etwas mit dem Erfolg der Marke zu tun hätte, müßten alle diese Marken völlig unbekannt sein, denn sie alle haben keinen Slogan – also keine Kurzformulierung, die kontinuierlich in jedem Werbemittel herausgestellt wird.

Das spricht durchaus nicht gegen »Jacobs-Kaffee wunderbar« oder »Otto find' ich gut!« oder »Hoffentlich Allianz-versichert.« Jedermann kennt diese Slogans, und jedermann weiß auch, wer's »möglich macht«, wer »nicht immer, aber immer öfter« getrunken wird, wem zuliebe ich mich »aufs Büro freu«. Doch solche Formeln kennen und das Produkt kaufen ist zweierlei.

Ein Slogan kann eine Marke in aller Munde bringen – ohne auch nur ein einziges Portemonnaie zu öffnen. Ich kann den Wortlaut eines Slogans im Gedächtnis haben, ohne den geringsten Gedanken daran, das Produkt zu kaufen. Doch ich kann den Wortlaut einer Schlagzeile halb vergessen haben, dennoch kann sie mir noch Grund genug sein, das Produkt zu kaufen. Ein »Jacobs-Kaffee wunderbar« ist wunderbar leicht zu merken, reicht aber gewiß nicht als Kaufgrund. Doch die ungefähre Erinnerung an eine Schlagzeile, die etwas von einem neuen, besonders magenfreundlichen Jacobs-Kaffee sagte, kann Grund genug sein, das Produkt zu kaufen.

Alle bekannten Slogans haben etwas Glattes, Formelhaftes an sich. Wäre dem nicht so, wären sie nicht so bekannt.

Gute Schlagzeilen sind niemals harmlos, sind niemals auf Glätte getrimmt. Sie haben Ecken und Kanten. Sie haben etwas, woran man sich stoßen kann, was Aufmerksamkeit erzwingt. Eine gute Schlagzeile (oder auch das, wozu eine gute Schlagzeile hinführt) gibt zwingende Kaufgründe. Von einer Slogan-Werbung kann man das nicht unbedingt erwarten.

Slogan-Werbung ist die niedere Form von Werbung. Sie braucht, wenn sie die gewünschte Einprägsamkeit erreichen soll, die permanente Wiederholung über einen längeren Zeitraum hinweg. Die Erfahrung lehrt, daß es oft Jahre braucht, bevor ein Slogan zur »stehenden Redensart« wird. *Wiederholungen*

Wie ist es nun mit der Schlagzeilen-Werbung? Soll man auch sie wiederholen – und wenn ja, wie oft? Die Meinungen darüber gehen auseinander. Ein so bekannter Werbemann wie der Amerikaner Rosser Reeves plädiert für die Wiederholung. Ein kaum weniger bekannter Experte, sein Landsmann Howard Gossage, ist strikt dagegen. Beide haben gute Gründe für ihre Meinung. Schaut man sich aber beider Begründungen näher an, liegen sie gar nicht so weit auseinander.

Rosser Reeves gilt als der »Erfinder« des sogenannten »USP«, der Unique Selling Proposition, der einzigartigen Verkaufsidee. Wenn eine starke einzigartige Verkaufsidee gefunden und möglicherweise durch Tests abgesichert wurde, dann – so Reeves – sollte sie konsequent über einen längeren Zeitraum wiederholt werden.

Das heißt aber nicht, daß es nicht verschiedene Möglichkeiten gäbe, diesen stets gleichen USP auf stets verschiedene Weise auszuspielen. Ein USP wie »VW – der zeitlose Wagen mit der typischen, aber zweckmäßigen Form« kann einmal durch die Ei-Anzeige kommuniziert werden (»Es gibt Formen, die man nicht verbessern kann.«), ein andermal durch die Mondlandefähre-Anzeige (»It's ugly, but it gets you there«). Aber VW ist kein Etat der Reeves-Agentur. Und das »Er läuft und läuft ...« ist kein Slogan, sondern eine Schlagzeile, die ein paarmal wiederholt wurde.

Reeves berichtete in seinem Buch »Reality in Advertising« von einer Fernsehwerbung, die über Jahre hinweg einer Ölquelle gleich erfolgreich sprudelte – und zwar unverändert in Form und Inhalt. Das kann aber nicht allgemeingültig sein. Schaut man sich heute die Werbekampagnen der Reeves-Agenturen an, so findet man zwar stets einen gleichen Grundgedanken (USP), doch in der Form wird oft recht munter gewechselt. Das kommt wiederum dem entgegen, was Howard Gossage sagt.

Er verlangt eine Werbung, die so originell ist, daß sich eine Wiederholung von selbst verbietet. Denn – so Gossage – wenn man etwas Interessantes zu sagen hat, braucht man es nicht dauernd zu wiederholen. In der Tat: Wie oft müßte man jemandem sagen, daß sein Haus brennt? Oder daß er sechs Richtige im Lotto hat? Oder daß er Vater geworden ist?

Die Verfechter ständiger Wiederholung haben die schöne Redensart vom »steten Tropfen« parat. Doch ein solches Steinaushöhlungsverfahren kann eine kostspielige Angelegenheit werden. Jede gute Werbung sollte etwas von der Kraft einer Dynamitladung haben. Das spart Wiederholungen.

Keine Wiederholung kann genauso falsch sein wie dauernde Wiederholung. Wie oft man wiederholen soll, darüber gibt es keine Regeln. Gute Werbung sollte so aufmerksamkeitsstark sein, daß sie gleich beim ersten Erscheinen Beachtung findet. Was beim ersten Mal nicht geschieht, geschieht auch nicht beim zweiten oder dritten Mal. Aber: selbst die beste Werbung werden nicht alle Leser, Seher und Hörer schon beim ersten Mal mitbekommen. Die Leserin einer Frauenzeitschrift, in der die Anzeige erscheint, hat vielleicht gerade diese Ausgabe nicht gekauft. Oder sie hat den Werbespot nicht sehen können, weil sie gerade mal nach ihren Kindern schauen mußte. Oder weil sie ohnehin nur selten Werbefernsehen sieht. Und die ersten drei Mal, als der neue Funkspot gesendet wurde, war sie gerade einkaufen oder hatte das Gerät nicht eingeschaltet. Es mag eine Menge Gründe geben, warum eine Werbung nicht gleich beim ersten Mal Beachtung findet. Einen Grund sollte es allerdings nicht geben: Nichtbeachtung wegen mangelnder Attraktivität.

Gegen unattraktive Werbung helfen auch Wiederholungen nichts. Sie können bestenfalls eines: die Kampagne auf eine simple Markennamen-Erinnerungswerbung reduzieren – obwohl sie einmal als zwingende, verkaufsstarke Kampagne gedacht war. Doch verkaufen kann sie nur, wenn sie kommuniziert. Und dabei gilt: Nicht alles, was originell ist, kommuniziert. Aber alles, was kommuniziert, ist originell.

Sei Verkäufer – und kein Unterhalter!

»Es ist nicht Aufgabe der Werbung zu verkaufen. Sie kann das gar nicht. Sie kann lediglich den Bekanntheitsgrad einer Marke erhöhen und ihr Image profilieren.«

Würden solche Thesen stimmen, gäbe es keine Versandhäuser. Es gäbe auch keine sofortigen Umsatzrückgänge, sobald einmal ein Zeitungsstreik die Werbung lahmlegt – wie das in den USA, England und auch in Deutschland der Fall war. Und es gäbe auch keine Hausfrauen, die gleich am nächsten Morgen ein Produkt verlangen, für das sie am Abend zuvor die Fernsehwerbung sahen.

Verkaufen soll jede Werbung. Auch die sogenannte Image-Werbung. Denn auch Image will verkauft sein.

Ein guter Verkäufer ist zwar kein Unterhalter, aber er versteht es dennoch, sein Produkt auf anschauliche und damit unterhaltsame Weise an den Mann zu bringen. Das tut auch der Straßenverkäufer. Sonst würde bei ihm bestimmt niemand stehenbleiben. Auch vor der Werbung sollen die Leute »stehenbleiben« – vor den Anzeigen, Fernsehspots, Funkspots, Plakaten. Gingen die Leute darüber hinweg, hätte die Werbung ihren Zweck verfehlt. Also muß auch die Werbung unterhaltsam sein – genau wie der Straßenverkauf.

Dennoch: »Werbung darf keine Unterhaltung sein, sonst lenkt sie von ihrem eigentlichen Zweck ab«, sagen viele. »Werbung muß Unterhaltung sein, sonst beachtet man sie nicht«, sagen andere. Und jeder kann mit klugen Kommentaren beweisen, wie recht er hat. Solches Philosophieren hat nur akademischen Wert. Daß Werbung nicht langweilig sein soll, darüber sind sich alle Praktiker einig. Also: machen wir sie unterhaltsam! Und zwar unterhaltsam auch im Sinne derer, die sagen, Werbung dürfe *keine* Unterhaltung sein. Das heißt: Unterhaltung nicht im Sinne amüsanter, kabarettistischer Einlagen, sondern im Sinne strenger Zweckgebundenheit an das Werbethema.

Zweckgebundene Unterhaltsamkeit

Es kann sehr amüsant sein, in der Werbung hübsche Gedichtchen zu machen. Die Leute lesen so etwas gern. Eine Zeitlang war die englische Versform des Limerick sehr »in«. Die Zeitungen machten Limerick-Wettbewerbe, es kamen hübsche Vers'chen dabei heraus. Doch was soll's, wenn nun auch ein skandinavisches Möbelhaus oder ein Beerdigungsinstitut seine Werbung in Limerick-Form verfaßte? Hundertprozentig treffend ist es jedoch, wenn zum Beispiel ein Hersteller feiner englischer Süßwaren sich der Limericks bedient, um damit sein Werbethema »Die feine englische Art« auf unterhaltsame Weise zu kommunizieren – so wie das mit dieser Anzeige geschah:

> Bild: Einige sehr feine englische Herrschaften sitzen in der Loge einer Pferderennbahn und verfolgen gespannt das Finish. Im Vordergrund eine etwas blasiert dreinschauende junge Lady, die das Ganze offenbar überhaupt nicht interessiert.
>
> Text: »Beim Derby in Epsom sah Lady McGrimes:
> Ihr Pferd führt im Finish unter Jockey C. Hymes.
> Doch sie – auf ein Zeichen –
> ließ sich After Eight reichen.
> Vom Sieg hört sie später – den meldet die »Times«.

Selbst der entschiedenste Gegner von »Unterhaltung in der Werbung« dürfte gegen diese Anzeige kaum etwas einzuwenden haben. Der Verbraucher hatte es jedenfalls nicht. Viele schickten eigene Limerick-Vorschläge ein oder boten sich an, bei der Formulierung weiterer After Eight-Limericks mitzumachen. Doch was noch wichtiger ist: das Produkt konnte seine Position trotz starker Konkurrenz weiter ausbauen.

Ein Produkt auf unterhaltsame Weise anzubieten heißt nicht, jedesmal eine »Story« damit zu verbinden. Unterhaltsam ist alles, was den Verbraucher nicht langweilt, was das Angebot für ihn interessant macht. Das können die Limerick-Stories bei After Eight sein. Das kann aber auch ein günstiges Preisangebot für eine Waschmaschine sein. Oder die überzeugende Demonstration eines Fleckenmittels. Und damit wären wir wieder beim Straßenverkäufer.

Beispiel
Straßenverkäufer

Mit ihm hat der praktizierende Werbemann mehr gemein, als mancher Werbetheoretiker wahrhaben möchte. Höchste Erfüllung in seinem Job kann der Werber nur finden, wenn er sich zu dem bekennt, was er von Berufs wegen ist: Hilfsverkäufer. Das ist eine ebenso noble wie anspruchsvolle Aufgabe. Werbung ist nichts anderes als Verkaufshilfe. So kann auch der Werber nichts anderes sein als Verkaufshelfer.

Politiker, die gern ihre Verbundenheit mit dem Mann auf der Straße demonstrieren, nehmen es hin und wieder auf sich, ein Schützenfest oder eine Jahrhundertfeier zu besuchen, um hernach etwas von den »gewinnbringenden Eindrücken« verlauten zu lassen, die sie wieder einmal aus Gesprächen mit »den Menschen draußen im Lande« schöpfen konnten.

Für Werber gibt es eine ähnliche opportune Pflichtübung. Es ist die, sich von Zeit zu Zeit zum guten alten Straßenverkäufer zu bekennen, um damit zu bekunden, daß man den Kontakt zur »Basis« nicht verloren hat. Doch würden sich manche Werber öfter als sie vorgeben »herablassen«, von guten Straßen- und Wochenmarktverkäufern zu lernen, gäbe es bestimmt mehr bessere Werbung. Zumindest aber mehr bessere Texter.

Angenommen, ein akademisch geschulter Werbemann säße in der Geschäftsleitung eines kleineren Unternehmens, das ein wirksames Pflanzenelixier zum Abbau von Stoffwechselschlacken herstellt. Dieses Elixier soll im Straßenverkauf vertrieben werden. Die Leute, die es verkaufen sollen, müssen über Stellenanzeigen gefunden werden. Unter anderem ist der Bezirk Hamburg zu besetzen. Es hat sich dort aber nur ein Bewerber gemeldet. Und der ist ausgerechnet Zigeuner.

Wie würde unser Werbemann diese Situation einschätzen? Vermutlich als hoffnungslos. Und das kann er als geschulter Werbe- und Marketingmann logisch begründen:

Erstens: Ein Pflanzenelixier im Straßenverkauf zu vertreiben ist taktisch falsch. Für den Straßenverkauf eignen sich bekanntlich nur Produkte, die sich gut demonstrieren lassen.

Zweitens: Ein Pflanzenelixier – und mag es noch so gut sein – hat immer etwas vom Ruch eines Schwindelproduktes. Dem kann nur begegnet werden, wenn ein absolut seriöser Vertriebsweg gewählt wird. Am besten also: Apotheken und Drogerien.

Drittens: Es ist völlig ausgeschlossen, daß ausgerechnet ein Zigeuner ein solches Produkt an den Mann bringen könnte. Die Mißtrauensschwelle wäre unüberwindbar.

Soweit der erfundene Teil der Geschichte, der wie wahr klingt. Und nun zum wahren Teil, der wie erfunden klingt:

Vor einiger Zeit stand in Hamburg tatsächlich ein Zigeuner als Straßenverkäufer. Und er verkaufte tatsächlich ein Pflanzenelixier. Und er tat das mit ungewöhnlichem Erfolg. Er sprach seine Zuhörer etwa so an:

> »Meine Damen und Herren, Sie sehen selbst: Ich bin Zigeuner. Wir Zigeuner haben es nicht leicht. Die Gewerbepolizei achtet auf uns besonders scharf. Und sie steht hier, wie ich weiß, fast jeden Tag. Ich kenne diese Herren zwar nicht, aber vielleicht steht gerade jetzt wieder einer unter Ihnen. Und was glauben Sie, wenn ich Ihnen hier auch nur ein falsches Wort sagen würde – ich wäre sofort meinen Gewerbeschein los. Aber ich verkaufe dieses Pflanzenelixier schon seit Jahren ...«

Truth in advertising! Das Beispiel beweist: Durch Ehrlichkeit lassen sich Nachteile sogar in Vorteile verwandeln. Das trifft auch für die Werbung zu.

Der große Erfolg der VW-Werbung beruht auf Ehrlichkeit. Der VW-Käfer gilt in den USA als ausgesprochen häßliches Auto. VW hat nie den Versuch gemacht, eine »Image-Korrektur« vorzunehmen. Im Gegenteil: Man hat sich zu dieser Häßlichkeit bekannt – und sie zum Vorteil werden lassen (»It's ugly, but it gets you there«).

»Ich bin zwar Zigeuner, aber ...«
»Er ist zwar häßlich, aber ...«
»Wir sind zwar nur Nr. 2, aber ...«.

Letzteres sagt Avis, der nach Hertz zweitgrößte Autovermieter in den USA. »Wir sind nur Nr. 2, aber gerade deshalb strengen wir uns besonders für Sie an« – mit diesem Thema (USP) war Avis ungemein erfolgreich.

Ehrlichkeit wird der Werbung von ihren Kritikern gern abgestritten. Sie behaupten, Werbung verschweige Nachteile zum Schaden des Verbrauchers. Was ist dran an dieser Behauptung?

Angenommen, die Kritiker sind Anhänger einer politischen Partei – der Partei A. Was halten sie dann von folgender Tatsache: Die Partei A fordert in ihrer Werbung mehr soziale Gerechtigkeit und mehr Gleichheit für alle. Sie verschweigt aber, daß damit – ob sie es nun will oder nicht – auch weniger Freiheit für den einzelnen verbunden ist.

Angenommen, die Kritiker wären Anhänger der Partei B. Diese Partei fordert vor allem mehr Freiheit und mehr Entfaltungsmöglichkeit für den einzelnen. Sie verschweigt aber, daß damit – ob sie es nun will oder nicht – auch weniger soziale Gerechtigkeit und weniger Gleichheit für alle verbunden sind.

Ein Verschweigen solcher Nachteile wiegt unvergleichlich schwerer, als wenn in einer Bonbon-Werbung nicht ausdrücklich darauf hingewiesen wird, daß man von zu vielem Bonbonessen schlechte Zähne bekommen kann. Oder wenn in einer Schuh-Werbung »verschwiegen« wird, daß vieles Laufen auf zu hohen Absätzen Fußbeschwerden verursachen kann. Oder wenn in einer Strumpfhosen-Werbung nicht ausdrücklich gesagt wird, daß billige Strumpfhosen weniger elastisch sind als teure.

Selbst wenn in der Tabak-Werbung der Hinweis fehlt, daß vieles Rauchen Krebs verursachen kann – und in der Alkohol-Werbung, daß zu vieles Trinken zum Alkoholismus führen kann, so wäre zu fragen: Welche Nachteile hat der Verbraucher von solchem »Verschweigen«? Keine. Weil er sie ohnehin kennt und sich ohnehin danach richtet oder nicht. Beweis: In Ländern, in denen man die Zigaretten-Werbung verboten hat, wird nicht weniger, sondern eher mehr geraucht. Welchen Sinn hat aber dann noch die Zigaretten-Werbung?, könnte man fragen. Sie hat – wie jede Werbung – einen volkswirtschaftlichen Sinn: den Wettbewerb zu fördern. Und wo der Wettbewerb gefördert wird, wird die Qualität der Produkte verbessert. In Ländern, in denen am meisten geworben wird, gibt es auch die besten Produkte. Bei Zigaretten: dort, wo es die meiste Zigaretten-Werbung gibt, gibt es auch die nikotinärmsten Zigaretten. Der Wettbewerb zwingt die Hersteller zu den härtesten Anstrengungen. Jeder Hersteller möchte in seiner Werbung die Leichtigkeit und den niedrigen Nikotingehalt seiner Marke betonen, jeder möchte der Bessere sein. In der Alkohol-Werbung ist es ähnlich: Billiger Fusel und ärgster Suff sind da am meisten verbreitet, wo es keine Werbung und keinen Wettbewerb für Alkoholika gibt.

All das hat aber nichts mit den moralischen Gesichtspunkten zu tun, die es manchem Werber dennoch verbieten, für Nikotin und Alkohol zu werben. Was hoch anerkennenswert ist.

Nicht anerkennenswert wäre allerdings der Versuch, mangelhaften Produkten durch Werbung zum Erfolg zu verhelfen. Dieser Versuch verbietet sich nicht nur moralisch, sondern auch wirtschaftlich. Er ist von vornherein zum Scheitern verurteilt. Der schnellste Weg, ein Produkt, das nicht in Ordnung ist, umzubringen, ist der, kräftig dafür zu werben. Das ist ein werbliches Naturgesetz, gegen das eine noch so »verkäuferische« Werbung nichts auszurichten vermag.

Doch für den Werbungtreibenden in einer intakten Marktwirtschaft geht es weniger darum, sich gegen mangelhafte, sondern gegen gleich gute Produkte durchzusetzen. Das Vorhandensein mehrerer gleich guter Produkte gleicher Art ist das Kennzeichen einer gesunden Marktwirtschaft – und der Idealfall für den Verbraucher. Damit werden Kräfte für ihn freigesetzt, die keine Planwirtschaft kennt: Kräfte des Wettbewerbs – der stärkste Antrieb zu Produktverbesserungen. Ostdeutschland ist dafür ein Paradebeispiel.

Der Idealfall für den Verbraucher

Manche Sozialkritiker glauben immer noch, das »Zuviel« von Produkten gleicher Art und gleicher Qualität bemängeln zu müssen. Das gilt beispielsweise für die vielzitierten Waschmittel, für Margarine, Zahncremes, Geschirrspülmittel, Dosensuppen und alle möglichen anderen Konsumartikel. Das alles »verwirre« den Konsumenten nur, und die Werbung erreiche nichts weiter, als daß statt »Max«-Fertigmenüs »Mox«-Fertigmenüs gekauft werden – oder umgekehrt. Und das sei doch nun wirklich ein volkswirtschaftlicher Unsinn.

Oberflächlich betrachtet mag das stimmen. In Wirklichkeit aber geht es hier absolut nicht um volkswirtschaftlichen Unsinn, sondern um höchste volkswirtschaftliche Effizienz – voll zum Nutzen des Verbrauchers.

Für konkurrierende Unternehmen gibt es erwiesenermaßen keinen stärkeren Zwang zum Wettbewerb, als wenn sie mit etwa gleichartigen Produkten

71

auf dem Markt sind. Eine solche Patt-Situation ist alles andere als wünschenswert für sie – und keinesfalls ein Ruhekissen, das es ihnen erlaubt, lediglich ein wenig an der Werbung zu polieren und ein paar Marktanteile hin- und herzuschieben. Die Erfahrung zeigt: In einer freien Wirtschaft wirkt nichts stimulierender, als wenn zwei Unternehmen mit zwei gleich guten Produkten auf dem Markt sind – über die sie letztlich auch in der Werbung nur das gleiche sagen können. Das läßt die Unternehmen keineswegs schlafen, sondern macht sie – schon aus gesundem Selbstinteresse – bei der Weiterentwicklung von Produkten höchst aktiv. Jedes Unternehmen, das wirbt, möchte die besseren Argumente in seiner Werbung haben. Und das geht nur, wenn es die besseren Produkte hat.

Wenn zwei Politiker das gleiche Parteiprogramm vertreten, wird derjenige die meisten Wählerstimmen erhalten, der dieses Programm am überzeugendsten anbietet. Das ist legitim.

Wenn zwei Werbungtreibende ein gleich gutes Produkt verkaufen, wird derjenige die meisten Verbraucherstimmen erhalten, der sein Produkt am überzeugendsten anbietet. Auch das ist legitim.

Die großen und die kleinen Nutzen

Nun entscheidet in der Politik nicht das große Herausstellen kleiner Interessen – etwa, als wenn Adenauer die Belange der Rosenzüchter zum Kernpunkt seiner Politik erhoben hätte –, sondern es geht um die großen politischen Fragen. In der Werbung sind es ebenfalls die großen und nicht die Mininutzen, die den Markterfolg bringen. Dennoch sind »Rosenzüchter-Profilierungen« immer wieder zu beobachten:

Man pickt sich irgend einen Mini- oder Neben-Vorteil heraus, baut darauf die Werbung auf und hofft, sich damit gegenüber der – ansonsten gleichartigen – Konkurrenz profilieren zu können.

Vor Jahren, als zum ersten Mal Haarshampoo in kleinen Plastik-Portionskissen herauskam, war man besonders stolz auf die Stabilität dieser Plastik-Kissen. Die Vertreter einer Kosmetikfirma demonstrierten das, indem sie zum Einzelhändler in den Laden kamen, ein paar der Kissen auf den Boden warfen und mit den Füßen darauf herumtrampelten. Tatsächlich: Die Kissen platzten nicht auf! Diese Demonstration wurde solange durchgeführt, bis eines Tages einmal ein Kunde fragte, ob man sich mit diesem Shampoo denn auch die Haare waschen könne.

Mit dem Herumtrampeln auf den Kissen wurde auch der eigentliche Nutzen des Produktes mit Füßen getreten.

Wenn für den Verbraucher bei einem Haarwaschmittel sauberes, gepflegtes Haar der Hauptnutzen ist – und bei einem Farbfilm schöne, brillante Farbfotos – und bei einem Orangensaft der hohe Anteil an Vitamin C –, dann sollte man in der Werbung diese Hauptnutzen auch zu Hauptthemen machen und nicht auf Nebenthemen ausweichen. Mit Neben-, Mini- und

Pseudonutzen profiliert man sich nicht, man verliert sich nur. Und zwar in Nebensächlichkeiten, die für den Verbraucher kein Kaufgrund sind.

Aus den USA kam der USP – der Grundsatz von der einzigartigen Verkaufsidee. Und der wurde oft mißverstanden. Als Rosser Reeves ihn verkündete, setzte bei uns ein mit deutscher Gründlichkeit betriebenes Suchen nach Produkt-Einzigartigkeiten ein. Man setzte sich eine »USP-Lupe« auf – und fand: ein bißchen mehr an Vitamin, Lanolin, Rosmarin, ein bißchen weniger an Kalorien, Nikotin, Cholesterin. Ein paar Prozente mehr an »Hochungesättigten« oder Hochprozentigen, ein Hauch von einem Hauch anders als alle anderen. Minimalien von Mineralien, Wirk-, Duft- und Pflegstoffen wurden zu Wichtigkeiten für die Werbung – und zu Nichtigkeiten für den Verbraucher.

Er konnte nichts damit anfangen, wenn ihm plötzlich Begriffe wie »Cholesterin«, »Fluor«, »Oktan« vorgesetzt wurden. Statt »frei von Cholesterin« hätte es ebensogut »reich an Cholesterin« heißen können. Ebenso wenig sagen ihm die X-Faktoren und Y-Wirkstoffe, die in Waschmitteln, Zahncremes und Hautcremes enthalten sein sollen. Die Zeit solcher »Einzigartigkeiten« ist noch nicht vorbei – stets unter Berufung auf den unerläßlichen USP.

Reeves spricht aber nicht von einer »einzigartigen Idee«, sondern von einer »einzigartigen *Verkaufs*idee«. Das kann nur etwas sein, was tatsächlich Verkäufe bewirkt. Durch Tests kann man das sogar herausbekommen. Schon da wird sich zeigen: es sind nie winzige, sondern stets handfeste Nutzen, die etwas bewegen.

Angenommen, es hätte sich erwiesen, für eine Käsetorte sei »aus Alpenmilch« der entscheidende Nutzen. Wäre es falsch damit zu werben, weil die Konkurrenz schon damit wirbt? Nein! Aber: Man sollte diesen Nutzen werbewirksamer darstellen als die Konkurrenz es tut. Also statt des simplen »Aus Alpenmilch« (mit Abbildung des Käses) vielleicht die Abbildung des Käses und eines typischen Bergbauern. Aussage:

> »Ich schwöre beim Euter meiner Elsa,
> daß meine Kühe nur Gras und Heu bekommen.«

Diese eindrucksvolle Anzeige gab es. Aus Heu wird Käse ... und aus Konzeption wird Kommunikation. Man muß nur Geduld haben.

Ist es gerechtfertigt, Produkte nicht mehr über Produktnutzen – die vielfach gleich sind –, sondern nur noch über Werbung zu verkaufen? Für manche progressive Werber ist das ein Anachronismus, der in künftigen Werbezeiten zu verschwinden hätte. Denn hier, so meinen sie, beginne Werbung sinnlos, Verschwendung und Manipulation zu werden.

Wer so denkt, verkennt den Sinn der Werbung. Wenn jedes Produkt seinen

Nicht der Produktnutzen, sondern die Werbung?

eigenen, spezifischen Nutzen hätte, wäre Werbung überflüssig, weil der Wettbewerb überflüssig wird. Wenn ich etwas habe, was kein anderer hat, wozu soll ich mich noch um etwas Besseres mühen?

Wer die These vertritt, Werbung für gleichartige Produkte sei sinnlos, der dürfte nicht für »Coca Cola« werben, weil es »Pepsi« gibt. Und nicht für »Omo«, weil es »Dash« gibt. Und nicht für »Revlon«, weil es »Margaret Astor« gibt.

Zwei Wahlredner können das gleiche Parteiprogramm vertreten, zwei Pfarrer über das gleiche Johannes-Evangelium predigen, zwei Sänger den gleichen Lohengrin singen – beider Beliebtheit, beider Zuhörerzahlen können sehr unterschiedlich sein.

Man könnte »Coca Cola« in eine »Pepsi«-Flasche füllen – oder umgekehrt, oder »Omo« in eine »Dash«-Packung – oder umgekehrt, oder »Revlon-Nagellack« in ein »Margaret-Astor-Fläschchen« – oder umgekehrt: welcher Verbraucher würde das bemerken?

Es kommt nicht nur darauf an, was ein Redner, Pfarrer oder Sänger »verkauft«, sondern *wie* er es verkauft. John Murphy meinte einmal etwas zugespitzt, es käme beim Reden auf drei Dinge an: »Wer etwas sagt, wie er es sagt und was er sagt, wobei das letzte nicht das wichtigste ist.« Kommunikation ist in erster Linie eine Wie-Frage. Und das ist auch die Frage der Werbung. Für me-too-Produkte zu werben heißt nicht me-too-Werbung zu machen. Das allzu gebannte Starren auf einen – nicht vorhandenen – USP hat schon manche Kreativität erstarren lassen. Doch wäre Kreativität gerade dort vonnöten gewesen, wo sich nun wirklich kein USP finden läßt. Wenn das Produkt keinen USP hat, muß die Werbung ihn haben.

Hingegen: Wenn ein Produkt eine gewisse Einzigartigkeit aufweist, ist damit auch schon ein USP gegeben. Ein Eierkocher, der nie zu harte oder zu weiche Eier kocht (so es einen solchen gäbe), hätte den USP schon in sich. Und dieser USP wäre zugleich die dominierende Werbeaussage.

Eine Fluggesellschaft, die ihre geräumigere Sitzanordnung anzubieten hat (die gibt es), hatte damit auch ihren USP.

Es war kein Problem, diesen USP werblich darzustellen, z.B. mit zwei nebeneinander sitzenden Fluggästen, beide mit aufgeschlagenen Zeitungen. Schon diese Darstellung macht den Produktvorteil (auch ohne viel Worte) deutlich.

Doch wie ist es mit gängigen Konsumprodukten ohne typische Merkmale? Für ein Haus-Eiskrem gab es diese werbliche Lösung:

Bild: Eine große, appetitliche Portion Eiskrem. Daneben ein kleiner Löffel.
Text: »Damit Vati auch gern mal was auslöffelt.«

74

Hier mußte der allzu gängige, produkt-bezogene USP (»Wohlschmeckend durch hohen Milch- und Fruchtanteil«) menschlich übersetzt werden. Und das hat mit Du-bezogenem Denken zu tun.

Während des Zweiten Weltkrieges strahlte die Sowjetunion Rundfunksendungen für die deutsche Ostfront aus. In diesen Sendungen wurden die deutschen Soldaten aufgefordert, den aussichtslosen Kampf zu beenden und zu den russischen Linien überzulaufen. Es wurde gute Behandlung in der Gefangenschaft und baldige Heimkehr nach dem Kriege versprochen. Das gleiche war auch auf den Propagandazetteln zu lesen, die über den deutschen Linien abgeworfen wurden und die beim Überlaufen als sogenannte »Passierscheine« dienen sollten. Das alles klang in den Ohren der deutschen Soldaten recht gut – wenn nicht zum Schluß jeder Sendung und zum Schluß jedes Passierscheines der Slogan »Tod den deutschen Okkupanten!« herausgedröhnt worden wäre.

Der Ich-Standpunkt

Ichbezogener hätte man es nicht machen können! Damit wurde nicht im Sinne derer gesprochen, die man gewinnen wollte, sondern nur im eigenen Sinne. Was »Werbung« sein sollte, mißriet zur reinen Agitation, zur Unmenschlichkeit.

Agitation und nicht Werbung sind auch diese unmenschlichen, ichbezogenen Formulierungen:

»Es gibt keine Alternative ...«
»Man kommt an X nicht vorbei ...«
»Wir kennen die Welt – die Welt kennt uns ...«
»Auf der Seite des Fortschritts ...«
»Der Name, der Fortschritt bedeutet ...«.

Damit ist kein Verbraucher zu bewegen, von einer Marke zur anderen »überzulaufen«. Das klingt eher abschreckend als einladend. Hier ging eine fundamentale werbliche Binsenwahrheit in die Binsen.

Der Du-Standpunkt

Zur Binsenwahrheit jedes Autofahrers gehört der Paragraph 1 der Straßenverkehrsordnung. Jeder hat ihn mal gelernt – die meisten haben ihn wieder vergessen. Dennoch wird er von den meisten beachtet. Er ist so grundsätzlicher Natur, daß jeder vernünftige Autofahrer ohnehin danach handelt.

Der Paragraph 1 der Kommunikation ist nicht minder grundsätzlich. Eigentlich sollte er – genau wie der berühmte Straßenverkehrs-Paragraph – jedem Werber in Fleisch und Blut übergegangen sein. Jeder Nachwuchsvertreter lernt diesen Paragraphen schon in der ersten Verkäuferschulung – und selbst in der vergilbtesten Werbeliteratur ist er in fetter Fraktur nachzulesen. Er heißt: Nimm den Du-Standpunkt ein, nicht den Ich-Standpunkt!

»Tod den deutschen Okkupanten«, »Es gibt keine Alternative!«, »Man kommt an X nicht vorbei!« All das ist reiner Ich-Standpunkt. Seine Wirkungslosigkeit liegt klar auf der Hand. Er sollte längst überwunden sein.

In bundesdeutschen Bahnhöfen sah man vor Jahren sehr progressiv wirkende junge Leute, die eine Zeitschrift verkauften. Der Absatz war aber nicht reißend. Und der Titel der Zeitschrift stand in einem eigentümlichen Gegensatz zu dem fortschrittlichen Eindruck, den diese jungen Leute machten. Er hieß: »Der Arbeiterkampf«. Diese Zeitschrift gibt es schon seit langem nicht mehr. Kein Wunder. Denn:

Grandioser konnte man am Menschen, am »Arbeiter« nicht vorbeireden. Es soll hier nicht von der Sache gesprochen werden, um die es geht, wohl aber um die Art und Weise, wie man sie zu verkaufen versuchte. Man hätte diesen jungen Leuten mal ein paar ansprechendere, Du-bezogenere Titelvorschläge machen sollen – und sie fragen, ob sie denn nicht bemerkt haben, daß es in Deutschland keine »Arbeiter« mehr gibt? Es gibt Raumpflegerinnen, Materialverwalter, Typistinnen, Elektroschweißer, Lageristen, Tapezierer und Programmierer. Und diese »Arbeiter« gehen jeden Morgen mit frischem Hemd, frischer Bluse und modischer Frisur zur Arbeit, sie fahren Auto, sehen fern und fliegen in den Urlaub nach Mallorca. Aber sie »kämpfen« nicht. Das heißt nicht, daß sie ihre Interessen nicht gut vertreten wissen wollen und daß sie notfalls nicht auch dafür streiken. Das heißt aber auf jeden Fall, daß man diesen »Arbeitern« nur dann etwas verkaufen kann, wenn man sie so anspricht, wie sie sind, und nicht so, wie man sie gern hätte.

Der Du-Standpunkt ist letztlich kein taktisches, sondern ein menschliches Verhalten. Deshalb sind gute Verkäufer und gute Werber selten Egozentriker, sondern Menschen, die von Natur aus an Menschen interessiert sind. Sie brauchen sich den Du-Standpunkt nicht ständig als »Regel« vor Augen zu halten – genau so wenig wie sich der gute Autofahrer den Paragraphen 1 der Straßenverkehrsordnung als ständige Mahnung an die Windschutzscheibe kleben müßte. Der Du-Standpunkt ist eine Charaktersache – im Straßenverkehr, im Verkehr mit Kunden und im Verkehr mit unseren Mitmenschen überhaupt. Deshalb hat es auch seine Schwierigkeiten mit dem, was man »Verkaufspsychologie« oder »Werbepsychologie« nennt.

»Mach kein Geschäft auf, wenn Du nicht lächeln kannst«, heißt es. Da ist die Geschichte mit Herrn P. Herr P. ist Versicherungsvertreter. Vom Typ kein fröhlicher Strahlemann. Eines Tages aber kommt es zu einer kleinen Sensation: Herr P. läßt ein breitangelegtes, strahlendes Lächeln sehen, während er dem Kunden die Hand reicht. Dieses Lächeln schaltet sich aber sofort wieder aus, sobald Herr P. die Kundenhand wieder losgelassen hat. Was ist mit Herrn P. geschehen? Er hat an einem verkaufspsychologischen Kursus teilgenommen. Dort hat man ihn gelehrt, daß man seinen Partner stets freundlich anlächeln soll, wenn man ihn begrüßt.

76

Es soll hier gewiß nichts gegen Erfolgskurse gesagt werden. Schon viele haben dort unnütze Hemmungen verloren, schon manches verschüttete Talent wurde freigelegt. Und seine Mitmenschen freundlich und nicht unfreundlich zu begrüßen, ist gewiß ein guter Rat – wenn nur nicht diese angestrengte und anstrengende Freundlichkeit wäre, die besonders bei »geschulten« Verkäufern oft zu beobachten ist. Ein Verkäufer, dem man die Schulung anmerkt, ist nicht gut geschult, sondern peinlich. Es ist die gleiche Peinlichkeit, die auch eine »schulmäßige« Werbung verursacht. Solche Werbung wird von ihren Erzeugern irrtümlich für besonders »verkäuferisch« gehalten, weil sie den Regeln der Verkaufspsychologie entspricht. Und das ist sogar »nachweisbar«.

In der Verkaufspsychologie wird zum Beispiel gesagt: Verkaufe nicht das Produkt, sondern seinen psychologischen Nutzen. Mit anderen Worten: Verkaufe nicht Schlankheitsmittel, sondern Anerkennung und Bewunderung. Das ist richtig. Also sagt der Werber: »Bewundernde Blicke folgen Ihnen«.

Oder es heißt: Verkaufe nicht Autoreifen, sondern Sicherheit. Das ist richtig. Also sagt der Werber: »Sicherheit wird bei uns groß geschrieben«.

Oder es heißt: Verkaufe keine Fertiggerichte, sondern Freude am guten Essen. Das ist richtig. Also sagt der Werber: »Aus Freude am guten Geschmack!«

Psychologisches unpsychologisch angewandt wirkt immer peinlich. Ein Verkäufer kann das an der Reaktion seiner Kunden vielleicht noch bemerken, ein Werber nicht. Deshalb gibt es häufig peinliche Werbung. Sie kann zwar den Primitivregeln der Verkaufspsychologie entsprechen, doch wörtlich genommene Kommunikationsregeln allein kommunizieren noch nicht. Herr P. lächelt zwar regel-recht, dennoch kommt sein Lächeln nicht an.

Es fehlt ihm die menschliche Wärme, man spürt das Einstudierte. Genauso spürt man bei mancher Werbung, wie sehr da an psychologisch Einstudiertes gedacht wurde – und wie wenig Menschliches dabei herauskam. Guter Werbung merkt man an, daß sie zuerst an den Menschen denkt – die Psychologie stellt sich wie von selbst ein. Wenn die Psychologie die Lehre vom geistigen Innern des Menschen ist, dann kommt man dem nicht mit geistlosen Äußerlichkeiten bei. Der Unterschied ist dieser:

Statt »Bewundernde Blicke folgen Ihnen«:
»Das ist es, meine Damen, was Ihre Konkurrenz diesen Sommer trägt!«
(Mädchen im modischen Bikini.)

Statt »Sicherheit wird bei uns groß geschrieben«:
»Wenn es regnet, hagelt es bei uns Unfallmeldungen, deshalb fahre ich Regenreifen von Uniroyal.«

Statt »Aus Freude am guten Geschmack«:
»Omas grüne Klöße ohne Omas Anstrengungen.«

Ein Werber, der psychologisch vorgehen will, sollte nicht an die Psychologie, sondern an den Menschen denken. Er wird dann zwangsläufig das psychologisch Richtige tun – und zwar ohne Krampf und ohne Plattheit, dafür um so natürlicher und glaubwürdiger. Und noch etwas stellt sich wie von selbst ein: Unterhaltsamkeit. Ein »Das ist es, was Ihre Konkurrenz diesen Sommer trägt« ist gewiß unterhaltsamer und gewitzter als ein »Bewundernde Blicke folgen Ihnen«.

Allerdings: es gibt Verkäufer, die erzählen ihren Kunden einen Witz und erwarten als Belohnung dafür einen Auftrag. Diese »Geschäftsgrundlage« ist für einen Verkäufer ebenso wenig tauglich wie für einen Werber. Witzige Aufhänger, die mit dem Angebot nichts oder nur um drei Ecken herum etwas zu tun haben, machen Werbung nicht unterhaltsam, sondern wirkungslos.

Nicht einmal ein Straßenverkäufer, für den Unterhaltsamkeit geradezu zum »Geschäftskapital« gehört, käme auf die Idee, seinen Kunden erst einmal einen Ostfriesenwitz zu erzählen, um dann seinen Fleckentferner anzubieten. Er weiß, daß seine Kunden nicht wegen eines Ostfriesenwitzes, sondern wegen der anschaulichen und unterhaltsamen Demonstration des Produktes kaufen. Deshalb gibt es keine langweiligen Straßenverkäufer. Und deshalb sollte es auch keine langweiligen Werber geben.

Gewiß: nicht alles, was unterhaltsam ist, ist auch werbewirksam. Aber alles, was werbewirksam ist, ist auch unterhaltsam.

Darin liegt der Unterschied zwischen einem Unterhalter und einem Verkäufer. Und der Werber ist Verkäufer – Hilfsverkäufer.

Der Mediaplaner als Werbegestalter

Ein Mediaplaner plante eine Serie von ganzseitigen Anzeigen für eine bekannte Automarke. Der Gestalter bekam den Plan. Und hätte allen Grund
gehabt, unzufrieden zu sein: Nur ganzseitige Anzeigen, wo die Konkurrenz
dauernd mit Doppelseiten wirbt?

Der Gestalter reagierte – paradoxerweise – genau umgekehrt. Ihm war die
ganze Seite noch zu groß – er zerstückelte sie in Seiten-Bruchteile, er machte
1/6 Seiten daraus – und zwar in sechs aufeinanderfolgenden Seiten der Illustrierten, jeweils oben rechts – die bekannte VW-Anzeige mit dem davonfahrenden Wagen: »Er läuft – und läuft – und läuft – und läuft – und läuft –
und läuft.« Ein TV-Spot in einer Illustrierten – ein Werbeklassiker.

Welcher Gestalter kommt schon auf die Idee, etwas anderes als ganze Seiten zu machen, wenn ganze Seiten im Auftrag stehen? Gestaltung beginnt
bei der Mediaplanung. Die vielgeforderte »kreative Mediaplanung« käme
viel besser zustande, wenn sich Gestalter und Mediaplaner des öfteren als
kreatives Team zusammenfänden. Dann gäbe es gewiß mehr solcher kreativer Leistungen wie das VW-Beispiel – und mehr Schlagzeilen wie diese:

> »Nanu, stimmt dieser Preis noch, oder hab' ich 'ne alte HÖRZU er-
> wischt?«

Weil die Mediaplaner außer einem PC ein Formblatt und keinen Layout-
block vor sich liegen haben, werden sie von den Gestaltern oft nicht für
»kreativ« gehalten. Die Kreativität des Mediaplaners ist anderer Natur.
»Kühne Lösungen«, die dem Gestalter leicht von der Hand gehen, bedeuten
für den Mediaplaner unmittelbar Geld – Geld, das schnell verspekuliert
oder nützlich investiert sein kann. Dennoch legen kreative Mediaplaner
Etats nicht nur in den klassischen »Festverzinslichen« an, sie verstehen
auch, mit Fachverstand zu spekulieren.

Vor Jahren erschienen erstmals in überregionalen deutschen Tageszeitungen Anzeigen, die jeder »verantwortungsbewußten« Mediaplanung hohn-
sprachen: Fehlstreuung rund 90 % – 90 % bewußt hinausgeworfene Insertionskosten. Denn wieviel Prozent der Leser überregionaler Tageszeitungen

sind schon Einkäufer großer Kopiergeräte? Wie kann man mit einer derartigen »Fehlstreuung« die Nr. 1 im Markt werden?

Indem man die Zielperson mal in einer anderen, angenehmeren Lesesituation erwischt – also nicht über die leidige Pflichtlektüre, die sich auf dem Büroschreibtisch des Einkäufers stapelt, sondern (»the medium is the message«) über seine liebste Tageszeitung, die er ganz freiwillig am Frühstückstisch liest (sofern seine Frau nichts dagegen hat) oder in der S-Bahn oder im Flugzeug oder in der Badewanne. Und auch die Kopierer-Anzeige steht hier in einem ganz anderen Umfeld – womit sie mehr auffällt.

Allerdings – ungewöhnliche Mediaplanung kann nützlich sein, ist aber kein Muß für den Werbeerfolg. Schließlich:

Auch die Gestaltung optimieren

Ob eine Anzeige, ein Fernsehspot, ein Funkspot, ein Plakat von zehntausend oder zehnmillionen Menschen wahrgenommen wird, liegt durchaus in der Hand des Gestalters. Er kann Werbung ungemein preiswert, aber auch ungemein teuer machen. Die schönste Media-Optimierung nützt nichts, wenn die Gestaltung nicht optimal ist.

Der Mediamann hat Optimierungs-Prinzipien, der Gestalter hat – ja, hat er denn ähnlich verbindliche Prinzipien für seine Arbeit?

Sei neu ..., sei einfach ..., sei zwingend ..., sei Verkäufer ...! Es ist mit diesen vier einfachen Gesetzen wie mit dem Grundgesetz: auch wenn man sie nicht dauernd unter dem Arm mit sich herumträgt – sie gelten dennoch. Und sie gelten für jedes Medium. Das schließt Details nicht aus, sondern mit ein – bei allen Medien.

Ein Gestalter, der eine Anzeige entwickelt, wird sich beispielsweise fragen: Hat die Idee Einmaligkeit, oder ist sie zu flach, zu allgemein? Hat sie einen starken Inhalt, oder bewegt sie sich nur im Formalen? Stehen Bild und Text in einem Spannungsverhältnis zueinander, oder wiederholen sie sich nur gegenseitig? Erregt die Schlagzeile Aufmerksamkeit, kann sie neben einer guten redaktionellen Schlagzeile bestehen? Ist der Text schlüssig und beweiskräftig, oder bringt er nur Feststellungen und Behauptungen? Ist das Layout schnell zu erfassen, sind die Schriften gut lesbar?

Kann man alle diese Fragen mit Ja beantworten, ist es zweifellos eine gute Anzeige – eine neue, einfache, zwingende und verkäuferische Anzeige. Und die vier Werbegesetze? Sie ziehen sich wie ein roter Faden – nicht wie ein Mechanismus – durch die verschiedenen Medien. Aber auch hier ist es wie mit dem Grundgesetz: Es ist zwar kategorischer Imperativ allen Handelns, nicht aber Patentlösung aller Teilprobleme. Und man weiß ja, wo der Teufel steckt. Darüber wird noch zu sprechen sein.

»Auf diesem nicht ganz
ungewöhnlichen Wege ...«

Wie macht man
heute Anzeigen,
die gelesen werden?

»Die ideale Küche«, stand über einer Anzeige in einer Frauenzeitschrift.

»Die Küche steckt im Schrank«, stand als Schlagzeile über einem redaktionellen Artikel in der gleichen Zeitschrift.

»Diese Nähmaschine macht das Nähen leichter«, war die Schlagzeile auf einem Prospekt, der einer Tageszeitung beigelegt war.

»10jähriger näht seiner Freundin ein Nachthemd«, hieß es in der gleichen Zeitung über einem redaktionellen Artikel.

»Modernes Wohnen mit Serie 2000«, stand über einer Anzeige in einer Illustrierten, und ...

»Nur nicht wie die Eltern wohnen« im gleichen Heft über einem redaktionellen Artikel.

»Unglaublich günstige Preise«, hieß die Schlagzeile einer Pelzmoden-Anzeige in einer großen Tageszeitung.

»Pelze, durch die jeder wärmer, aber keiner ärmer wird«, stand über einem redaktionellen Beitrag in einer Mode-Zeitschrift.

Schaut man sich die deutschen Zeitungen und Zeitschriften auf solche Beispiele hin an, wird man ohne große Mühe fündig. Es gibt keinen Zeitungsredakteur, der befürchten müßte, die Aufmerksamkeit seiner Leser werde vom redaktionellen Teil weg- und zum Anzeigenteil hingelenkt. Meistens ist es umgekehrt. Daran sind nicht etwa die interessanteren redaktionellen Themen schuld, sondern die langweiligeren Anzeigen. Die Themen, um die es geht, sind oft die gleichen. Auch die Redaktionen schreiben über Mode, Kosmetik, Wohnen, Haushalt, Ernährung, Gesundheit, Autos, Computer, Reisen, Versicherungen, Geldanlage – Parade-Themen der Werbung also. Doch wie neu klingen sie zumeist redaktionell – wie abgestanden oft in der Werbung! Ein Redakteur, der es sich erlauben würde, fortwährend Harmlosigkeiten dieser Art zu produzieren, hätte seinen Job bald verloren – Texter ernähren sich oft recht gut damit:

»X jetzt mit Biowaschkraft!«, »Moderne Hausfrauen schwören auf Y!«, »Z hat das unverwechselbare Z-Aroma!« – keine gelegentlichen Ausrutscher, sondern Schlagzeilen, wie sie heute oft genug noch über Anzeigen stehen, ohne jemals bestehen zu können gegenüber all dem Neuen, Interessanten, zwingend Formulierten der meist redaktionellen Überschriften.

Wie gut oder schlecht eine Anzeigen-Schlagzeile auch sein mag: Bewirken Anzeigen im Zeitalter der elektronischen Medien überhaupt noch das, was sie sollen? Sind sie ihr Geld noch wert? Werden sie noch gelesen?

Sind Anzeigen ihr Geld wert?

»Gelesen wird vielleicht das, was unter ›Verschiedenes‹ steht, ansonsten werden Anzeigen bestenfalls eines kurzen Blickes gewürdigt.« Das ist sogar die Meinung mancher Werbefachleute. Man hört manchmal den Vorschlag,

Anzeigentexte generell wegzulassen und sich ganz auf den flüchtigen Leser einzustellen: Ein Bild, eine Schlagzeile, mehr nicht! Also die sogenannte »plakative Anzeige«. Man beruft sich dabei auf Tests, die den geringen Lesewert von Anzeigen bewiesen hätten.

Andererseits gibt es Werbefachleute, die schwören auf die Anzeige und ihren Lesewert. Und können auch das durch Tests belegen. Der Spiegel brachte in einer Eigenwerbung eine ganze Serie von Anzeigen seiner Inserenten – Anzeigen mit guten bis ausgezeichneten Erfolgen. Schaut man sich diese Anzeigen an: sie sind überdurchschnittlich, sie haben Neuigkeitswert, ihre Argumentation ist zwingend und verkäuferisch. Einige Beispiele:

- Abbildung eines klingelnden Telefons (symbolisiert durch Verwackeln). Text: »rrrrrrrrr! Wenn niemand abnimmt, nimmt der Umsatz ab. Deshalb Telefon-Anrufbeantworter ...«

- Foto eines intelligent aussehenden jungen Mannes im Schillerkragen-Hemd, mit einer Schiller-Büste vor sich. Text: »Warum machen Sie keine Hemden mit Schillerkragen«, schrieb uns Herr Schiller aus Marbach: »Ich heiße Friedrich, gehe ins Schiller-Gymnasium und esse für mein Leben gern Schillerlocken. Ein Schillerkragen würde meine Persönlichkeit abrunden, meint meine Freundin Charlotte.« Diesen Brief nehmen wir als Verpflichtung ... (es folgen nähere Angaben zu dem angebotenen Oberhemd).

- Abbildung eines Klappsessels mit kleinen, humorvollen Hinweisen auf seine praktischen Details. Schlagzeile: »Sitzkomfort für Leib und Seele. Und das für 35,– DM.«

- »Südafrika ... ab DM 2 040,–! South African Airways – where no one's a stranger.«

Der Erfolg dieser Anzeigen ließ sich nachweisen an den Anfragen oder Bestellungen oder durch die Nachfrage beim Handel. Man hätte sie auch so gestalten können, daß als »Erfolg« nur übriggeblieben wäre: »Da sieht man's mal wieder, kein Mensch liest Anzeigen!«

Trotz Rundfunk, Fernsehen, Video: Die Anzeige ist nach wie vor das Werbemittel Nr. 1. Die Menschen von heute sind offenbar weit weniger hektisch, oberflächlich und auf die »Glotze« fixiert, als ihnen von manchen Gesellschaftskritikern unterstellt wird. Die elektronischen Medien haben die Lese-Medien nicht abgelöst oder an die Wand gespielt, sondern gefördert. Themen, die im Fernsehen angeschnitten werden, greifen die gedruckten Medien auf, vertiefen sie und finden das Interesse des lesenden Publikums.

Diese Entwicklung betrifft auch die Werbung. Mit dem Aufkommen des Werbefernsehens prophezeiten manche Experten der Anzeige den langsamen, aber sicheren Tod. Doch selbst wenn das Einkaufen per T-Online kommt – die Anzeige wird »on line« bleiben. In einer Untersuchung von 31 Werbekampagnen, die in Frankreich durchgeführt wurde, erwies sich die Kombination von Anzeigen und Werbefernsehen in 55 % der Fälle als die erfolgreichste Methode. Schließlich ist bei der Anzeigenwerbung auch nicht die harntreibende Wirkung des Werbefernsehens zu befürchten (die sonderbarerweise stets mit dem Einsetzen der Werbeblocks einsetzt).

Die Wirkung der Anzeige wird nur dann hundertprozentig genutzt, wenn man ihr die Chance gibt, »Anzeige« zu sein. Man erreicht das nicht mit der Wiedergabe einiger Szenen aus der Fernsehwerbung oder verkleinerten Plakaten. Die Anzeige kann etwas, was kein Fernsehspot, kein Plakat kann: den Faktor »Zeit« ins Spiel bringen – Zeit, sich mit ihr zu beschäftigen, das Auge auf ihr ruhen zu lassen, keine Sekunden-, sondern »Solange-wie-ich-will«-Kommunikation zu betreiben.

Gewiß: Die plakative Anzeige ist eine mögliche Anzeigenform. Doch wer ausschließlich die plakative Anzeige will, weil Anzeigentexte angeblich nicht gelesen werden, beraubt dieses Medium der Möglichkeiten, auf denen große Anzeigen-Erfolge der Vergangenheit und Gegenwart beruhen. Dem Plakat stehen alte Formen des komprimierten Ausdrucks zur Verfügung. Das Fernsehen kann mit dem bewegten Bild Produkte hervorragend demonstrieren. Eines können beide nicht: dem Umworbenen Zeit geben – Zeit zum Innehalten, zum »Zuhören«.

1-Sekunden-Anzeigen – 30-Sekunden-Anzeigen

Die Schlagzeile »If both parents brush with Crest, will the baby have strong teeth?« ist eine klassische Anzeigen-Schlagzeile. Sie ist so verblüffend, daß man sie sich am liebsten zweimal stellt – und anfängt nachzudenken. In welchem anderen Medium wäre das möglich?
Zum Glück gibt es keine Anzeigentarife für 15-, 20- oder 30-Sekunden-Anzeigen, sondern mit einer Anzeige kann man sich so lange beschäftigen, wie man will.

Plakat-Bilder müssen etwas signalisieren – Anzeigen-Bilder können etwas erzählen. Plakat-Bilder müssen auf Entfernung erkennbar sein, Anzeigen-Bilder kann man in die Hand nehmen.
Wenn Leonardo's »Mona Lisa« als Plakat an einer Anschlagsäule klebte, was würde der Fußgänger oder Autofahrer vom geheimnisvollen Lächeln dieser Dame mitbekommen? Man stelle sich dieses Bild in einer Illustrierten vor: es hätte alle Chancen, seine Faszination dem Betrachter mitzuteilen.

Viele gute Anzeigen-Bilder haben den »Mona-Lisa-Effekt«. Sie zeigen nicht einfach das Produkt, sondern dessen Aura. Für ein Tiefkühlgemüse kann das die Frische und Natürlichkeit sein, die sich in einem Grün-in-Grün-Foto widerspiegelt. Bei einer Touristikanzeige kann das ein großartiges, in mildes Abendlicht getauchtes Alpen-Panorama sein. Es können die menschlichen Zwischentöne sein, wie sie in manchen sympathischen Darstellungen von Menschen – nicht Fotomodellen – zum Ausdruck kommen. Ein Beispiel dafür ist diese Anzeige:

> Hintergrund: ein schattiger, mit einigen Lichtreflexen durchfluteter Garten. Im Vordergrund: eine nette alte Dame in einem Korbsessel. Sie hat viele kleine Lachfältchen im Gesicht, trägt ein dunkelblaues Kleid und einen dunkelblauen Bowler-Hut mit breitem Seidenband, unter dem ein paar lustige Silbersträhnen hervorlugen. Vor ihr steht eine Flasche Bier. Sie trinkt genüßlich ein Glas.
> Text: »Beck's Bier löscht Männerdurst.«

Eine Anzeige, nur aus einem Bild und einem Satz bestehend – und dennoch weit mehr als nur ein verkleinertes Plakat. Eine Anzeige mit »Mona-Lisa-Effekt«, mit Charme und Atmosphäre. Solche Anzeigen, obwohl zu ganz knappen Bild-Text-Aussagen komprimiert, sind nicht zum raschen Überblättern gemacht, sie zwingen zum Verweilen – keine Ein-Sekunden-Anzeigen, sondern »Halt-inne«-Anzeigen.

Das beste Layout der Welt

Ein Bild und ein Text – die beiden entscheidenden Gestaltungselemente für eine Anzeige! Bevor ein Gestalter mehr als diese beiden Elemente gebrauchen will, mehr als *ein* Bild und *einen* Textteil, sollte er sich sehr genau überlegen, ob das wirklich besser kommuniziert.

Vor einigen Jahren erschien in der New York Times eine ganzseitige Anzeige, die selbst für amerikanische Verhältnisse aufsehenerregend war:

> Porträtfoto des einstmals berühmten Boxweltmeisters Joe Louis.
> Schlagzeile: »Edwards & Hanly – where were you when I *needed* you?«
> Coupon: »We've got some terrific pictures of Joe Louis taken when he was the Young Champ. To get one, signed by Joe, send us this coupon.«

Joe Louis, der es versäumte, in seiner Glanzzeit sein Geld gut anzulegen – Edwards & Hanly, ein Investment-Unternehmen, das diese Tatsache kommunikativ nützte. Eine neue, faszinierende Idee, für das Thema Geldanlage zu werben!

Für neuerungswütige Werbekünstler wäre diese Anzeige nichts Besonderes gewesen. Ein ganz alter Hut: »Ein Bild mit einem Text darunter, das hat man doch schon tausendmal gesehen, fällt denn niemandem mal was anderes ein!«

86

Für den Leser bedeutet es überhaupt kein Problem, eine Anzeige zu sehen, die er in dieser Aufmachung schon tausendmal sah. Im Gegenteil: Wenn diese einfache, gewohnte Form der schnellen Erfaßbarkeit des Inhalts dient – um so besser! Für ihn war diese Anzeige alles andere als ein alter Hut. Sie war von höchster Attraktivität und löste eine Flut von Nachfragen nach Fotos dieses einstmals berühmten Boxers aus – jedes als eine Mahnung, sein Geld beizeiten gut anzulegen.

Anzeigen wie diese beweisen: Ein Gestalter kann, um eine ganz neue Anzeige zu schaffen, dafür das älteste Layout der Welt nehmen – das älteste Layout, das zugleich das modernste ist und das noch kein Mensch je hat verbessern können: ein Bild mit einem Text darunter. Sei neu, sei einfach!

Eine ganz neue Anzeige

Es ist eine alte Erfahrung – bei jeder Art von Kommunikation: Je mehr es an Ideen mangelt, desto größer die Versuchung, sich in formale Neuerungen zu flüchten. Je stärker und ungewöhnlicher die Idee, desto stärker das Bestreben, formal möglichst schlicht, möglichst einfach zu sein.

Viele Layouts kommunizieren nicht, weil zu viel gestalterischer Aufwand mit ihnen getrieben wurde. Man will zu viel mit einer Anzeige vermitteln, es soll zu viel darin dominieren. Diese Gefahr nimmt zu mit dem Format: Je größer die Anzeige, desto mehr meint man sie untergliedern, unterteilen, aufstückeln zu können. Größere Formate haben nur dann größere Wirkung, wenn sie die Kraft einer Werbebotschaft potenzieren und sie nicht sezieren – zu mehreren kleinen Häppchen.

Ein Layout, das nur aus einem Bild- und einem Textteil bestehen soll, läßt dem Gestalter wenig Möglichkeit, formal »neu« zu wirken. Mit vielen Bild- und Textelementen ist das eher erreichbar. Doch das Jonglieren mit diversen grafischen und typografischen Happen und Häppchen hat noch nie eine starke, moderne Anzeige zustande gebracht, wohl aber starke Unzumutbarkeiten für den Leser. Wer sich Zeitungen und Zeitschriften daraufhin einmal ansieht, wird immer wieder »Verwirrspiele« finden, die kaum ein Leser mitspielt. Ein Beispiel von vielen:

Eine ganzseitige Anzeige eines bekannten Fernsehgeräte-Herstellers, die in bundesdeutschen Illustrierten erschien, enthielt folgende Elemente:
3 verschiedene Hauptschlagzeilen,
4 Unterschlagzeilen,
7 Unter-Unterschlagzeilen,
eine größere Abbildung einer Wohnungseinrichtung,
eine mittelgroße Abbildung des Fernsehgerätes,
ein kleines Doppelporträt von Gerätebesitzern mit Testimonial,
eine Großabbildung der Fernbedienung,

je 3 kleine Abbildungen eines Kopfhörers, eines Moduls und einer Übersicht der verschiedenen Gehäusefarben.

Es wurden 7 verschiedene Schriftblocks, 6 verschiedene Schrifttypen, 8 verschiedene Schriftgrößen und 3 unterschiedliche Markenzeichen (Herstellermarke, Gerätemarke, Händlermarke) verwendet.

Die informative Anzeige

Man könnte meinen, eine Anzeige, in der eine solche Fülle von Stoff verarbeitet wurde, müsse auch eine besondere Fülle von Informationen vermitteln. Insofern wäre sie also sogar eine sehr moderne Anzeige, denn sie entspricht der zeitgemäßen Forderung des Verbraucherschutzes nach mehr Information.

In der Praxis ist das genaue Gegenteil der Fall. Anzeigen werden nicht gelesen, weil sie viel Information, sondern weil sie viel Lesereiz bieten. Überladene Anzeigen (was nichts mit Textlänge zu tun hat) schaffen keinen Lesereiz, sondern Lese-Ablehnung. Sie werden – und das brauchten nicht erst Tests zu beweisen – übersehen, überblättert. Sie sagen dem Leser nicht: »Lies mich, ich bin neu, ich bin interessant«, sondern »Lies mich nicht, ich bin viel zu kompliziert, viel zu langatmig«.

Anzeigen können mehrere Informationen über ein Thema enthalten. Nur sollten diese Informationen so für den Leser aufbereitet sein, daß sie einladend und nicht abschreckend wirken. Das ist nicht nur eine Sache der einfachen Form, sondern auch des einfachen (nicht harmlosen!) Inhalts. Einfacher Inhalt aber verlangt: *Ein* Gedanke muß der dominierende Gedanke sein.

Dieser Grundsatz galt schon zu einer Zeit, als sich noch keine 1600 Werbeappelle täglich um das Verbraucherinteresse bemühten. Um so erstaunlicher, wie oft heute gegen ihn verstoßen wird.

Der Ruf nach mehr Information hat mit Verbraucherschutz zunächst gar nichts zu tun. Entscheidend ist, was bei der heutigen Informationsfülle überhaupt kommunizierbar gemacht werden kann. Das Goethesche Prinzip »Wer vieles bringt ...« ist dabei wenig brauchbar, das Reevessche Prinzip der »einzigartigen Verkaufsidee« weit zeitgemäßer.

Die Konzentration auf *einen* Gedanken hat den entscheidenden kommunikativen Vorteil, ihn formal immer einfach und leicht erfaßbar präsentieren zu können: *ein* Bild, *eine* Schlagzeile, *ein* erläuternder Text. Bild und Text – oder genauer: Bild und Schlagzeile – stehen dabei in einem besonderen Verhältnis zueinander. Für dieses Verhältnis gibt es zwei altbekannte Kommunikationsregeln:

Spannung zwischen Wort und Bild ... aber kein Widerspruch

Regel A:
Zeige, was Du sagst – sage, was Du zeigst!
Regel B:
Wiederhole nicht, was das Bild schon zeigt – zeige nicht, was der Text schon sagt!

88

Beide Regeln widersprechen sich ganz offenbar. Welche stimmt?

Wie bei allen Regeln und Gesetzen, so auch hier: deutet man sie nach dem Buchstaben statt nach dem Geiste, mißversteht man sie leicht.

Regel A meint gewiß nicht, daß man unter ein Bild, das Äpfel zeigt, »Äpfel« schreiben muß. Und Regel B meint gewiß nicht, daß man unter ein Bild, das Birnen zeigt, »Bananen« schreiben muß. Faßt man beide Regeln zusammen, bedeuten sie nicht mehr und nicht weniger als: Schaffe Spannung zwischen Wort und Bild (Regel B) – aber keinen Widerspruch (Regel A)!

Schon der Steinzeitmensch verstand seine Bilder ohne jeden erklärenden Text. Es gibt heutzutage aber Werbemenschen, die trauen ihren Zeitgenossen nicht einmal das Niveau von Steinzeitmenschen zu. Sie schreiben unter ein Bild, das eine fröhliche Familie zeigt, noch extra drunter: »Da freut sich Ihre Familie!« Und unter einen hübschen Blumenstrauß: »Blumen machen Freude!« Und unter ein schlankes Mädchen im Badeanzug: »Schlank und rank im modischen Einteiler!«

Solche Kommentare machen Werbung nicht zwingend, sondern lösen bestenfalls Gähnen aus. Man macht's mit deutscher Gründlichkeit, zwiegenäht: Unter eine Witzzeichnung, die nun wirklich jedermann ohne Worte versteht, schreibt man halt noch »ohne Worte« drunter.

Es ist für einen Gestalter leicht und naheliegend, und er macht dabei bestimmt nichts »falsch«, wenn er das, was das Bild zeigt, im Text wiederholt. Oder umgekehrt. Er kann sich dabei sogar auf die gute alte (mißverstandene) Faustregel A berufen. Dieses Vorgehen entspringt einer rein kontemplativen Denke. Und die ist sehr bequem. Ein Bild lediglich zu betrachten und zu beschreiben erfordert weniger geistige Anstrengung, als es zu interpretieren, zu kommentieren, zu dramatisieren. Das gleiche gilt für einen Text, den man lediglich illustriert, statt auch hier zu interpretieren, zu dokumentieren, zu symbolisieren.

In der Praxis kommen Text-Bild-Parallelen oft so zustande: Der Grafiker entwickelt einige Bildvorstellungen, zeigt sie dem Texter, und der macht den Text dazu – bild-gemäß. Oder der Grafiker sagt: »Ich kann noch nicht anfangen, ich hab' noch keinen Text!« Wenn er den Text dann hat, macht er das Bild dazu – text-gemäß.

Hier zeigt sich ein gravierender Nachteil althergebrachter und immer noch üblicher Abgrenzungspolitik zwischen »Texter« und »Grafiker«. Manchmal gibt es auch noch den »FFF-Texter«.

Was die Werbung heute braucht, sind nicht so sehr Texter und Grafiker, sondern Gestalter – Leute also, die visuell und verbal denken können. Das bedeutet nicht, künftig keine Texter und Grafiker mehr zu haben. Es wird immer verschieden starke Begabungen für das eine oder andere geben. Aber:

Ideen – vom Texter oder vom Grafiker?

der Texter ohne Bild-Ideen wird im künftigen Kommunikationsgeschäft genauso wenig brauchbar sein wie der Grafiker ohne Text-Ideen. Jeder von ihnen muß in der Lage sein, eine Anzeigen-Kampagne bildlich und textlich zu entwickeln – wobei der Texter dann immer noch die gute Formulierungsarbeit und der Grafiker immer noch die gute visuelle Darstellung übernehmen kann.

Entscheidend ist, daß beide keine »Handwerker« sind, sondern Denker. Also: nicht der Formulierer, nicht der Illustrator, sondern der Interpret. Nur so kommt das zustande, was man »Idee« nennt – das, was Bild-Text-Spannung schafft.

Bild-Text-Spannung entsteht immer dann, wenn scheinbar Zusammenhangloses in einen neuen, überzeugenden Zusammenhang gestellt wird. Dazu bedarf es des Denkens – nicht des Schreibens, Malens oder des Spielens am PC. Es ist das Denken in Beispielen, Symbolen, Allegorien, Analogien, Parabeln, mit denen ein werblicher Inhalt überzeugender und treffender kommuniziert werden kann.

Wenn es all die guten Beispiele nicht schon gäbe, man könnte wahrhaftig fragen:

Was hat denn ein VW mit einer Gemse zu tun?
Oder mit einer Mondfähre? Oder einem Hühnerei?
Was hat eine Margarine mit »Trimm Dich« zu tun?
Oder eine Zahncreme mit der Vererbungslehre?
Was hat ein wogendes Kornfeld mit den »Hörzu«-Lesern zu tun?
Oder eine alte Frau mit Männerdurst?
Oder ein Känguruh mit Bausparen?
Oder der Schwarzwald mit Mikrografie?
Oder was hat ein biederes, längst verstorbenes Großelternpaar mit dem modernen Kreditgewerbe zu tun?
Oder in welchem Zusammenhang steht das Rasieren mit Aids?

All das steht in einem frappierenden Zusammenhang, wie die Beispiele beweisen.

Die bekannte Anzeige, die einen VW auf einem steilen Geröllhang im Gebirge zeigt, mit der Schlagzeile

»Gemse«

– dieser Anzeigen-Klassiker könnte genauso gut von einem Grafiker mit Text-Ideen stammen wie von einem Texter mit Bild-Ideen. Unter absoluter Abgrenzung wäre sie jedenfalls kaum entstanden. Einen VW im Gebirge abzubilden ist noch keine kreative Leistung. Die entstand erst durch die Idee »Gemse«, ganz gleich, ob nun ein Texter oder ein Grafiker sie hatte.

Anzeigen-Ideen sind selten reine Bild- oder reine Text-Ideen. Meistens sind sie eine Bild-Text-Einheit. Einheit heißt aber nicht Parallelität von Wort und Bild. Das entspräche zwei Minuspolen oder zwei Pluspolen. Spannung kann nur dort entstehen, wo Plus und Minus zusammentreffen. Wo auf Text-Bild-Spannung geschaltet wird, springt ein Funke zum Leser über. Es wäre nichts übergesprungen, wenn unter dem VW statt »Gemse« nur eine Bildbeschreibung gestanden hätte: »Mit dem VW in die Berge!« Für solche Art Werbung braucht man keine Werbeagentur, keine Werbegestalter. Darauf wäre auch der Mann am VW-Fließband gekommen (womit nicht gesagt sein soll, daß Leute am Fließband nicht auch gute Werbeideen haben könnten).

Bild-Text-Spannung dient dazu, einen werblichen Inhalt interessant und treffend zu kommunizieren. In der löblichen Absicht, interessant zu sein – also keine sture Bild-Text-Parallelität zu betreiben –, kann leicht die Treffsicherheit verlorengehen, es kann zu gedanklichen Umwegen, abwegigen Symbolen und erschwerter Verständlichkeit kommen. Statt Spannung entstünde Widerspruch – oft auch Lächerlichkeit. Das ist bei Anzeigen wie diesen der Fall:

Ein Unternehmen, das einen Geschäftsbericht veröffentlicht, wollte das nüchterne Thema ein wenig auflockern und zeigte eine dekolletierte Dame mit der Schlagzeile »Wir gewähren Einblick!«

Ein Unternehmen, das Büroeinrichtungen herstellt, zeigt einen Mann, der in Riesenschritten vorwärtsstrebt, und schreibt dazu: »Schrittmacher moderner Bürotechnik«.

Eine Versicherungsgesellschaft zeigt ein Floß mit Schiffbrüchigen und schreibt: »Für jeden Schadensfall stehen wir bereit!«

Symbolik dieser Art wird von ihren Schöpfern oft für intelligent gehalten, weil man da etwas »geistig nachvollziehen« müsse, weil damit ein sogenannter »Aha-Effekt« verbunden sei. Kein Mensch ist daran interessiert, Werbung geistig nachvollziehen zu müssen. Werbung muß mit einem Schuß treffen, oder sie trifft gar nicht. Das spricht nicht gegen Symbole und nicht gegen den Aha-Effekt.

Gute Symbole sind nicht konstruiert, sondern dienen dem schlagartigen Erfassen eines Gedankens. Schlechte Symbole erkennt man daran, daß sie sich selbst erst erklären müssen, um verstanden zu werden. Sie symbolisieren immer ein »Das bedeutet« statt ein »So ist es«. Bei der dekolletierten Dame müßte erst erläutert werden, was sie bedeuten soll. Da könnte nicht unmittelbar darunterstehen, was gemeint ist. Unter der Mondfähre hingegen kann unmittelbar darunterstehen: »It's ugly, but it gets you there. VW«.

Beim Mondfähren-Beispiel ist es die Bild-Idee, die eine starke Text-Bild-Spannung schafft. Der gleiche Text wäre zu einem anderen, lediglich illustrierenden Bild (VW im Gebirge) bei weitem nicht so wirksam. Beim Beispiel »Gemse« ist es umgekehrt: Das Bild – ein VW im Gebirge – ist relativ harmlos. Erst durch den Text – »Gemse« – gewinnt es Attraktion.

Zu beiden Möglichkeiten nun einige weitere gute Anzeigen-Beispiele. Diese Beispiele wären aber im Handumdrehen schlecht, würde man aus der Text-Bild-Spannung nur Bild-Beschreibung oder Text-Illustration machen. Auch diese Möglichkeit ist jeweils angeführt.

a) Die Idee liegt im Bild:

- Aus einer Inserenten-Werbung der »Hörzu«.
  Schlagzeile:
  »10 Millionen Leser. Das muß man sich mal vorstellen«.
  Bild:
  1. Anzeige: Wogendes Ährenfeld.
  2. Anzeige: Blick in den Sternenhimmel.
  3. Anzeige: Feld voller blühender Margeriten.
  Ein lediglich illustrativ denkender Grafiker hätte hier einfach eine Menschenansammlung gezeigt.

- Beton-Gemeinschaftswerbung.
  Schlagzeile:
  »Hoffentlich ist es Beton«.
  Bild:
  Sturmbrandung schlägt gegen einen Leuchtturm.

- Anzeige der Landesbausparkassen, die sich an junge Leute wendet.
  Bild:
  Ein Känguruh, das ein Junges im Beutel trägt.
  Schlagzeile:
  »Sie können nicht ewig im Elternhaus bleiben.«
  Ein lediglich illustrativ denkender Grafiker hätte hier einen jungen Mann gezeigt, der mit seinen Eltern im Wohnzimmer sitzt.

- Bosch-Anzeige.
  Bild:
  Ein Fuß auf einem Gaspedal. Zwischen Fuß und Pedal ein Ei.

92

Schlagzeile:
»Das elektronische Gaspedal kommt!«
Ein lediglich illustrativ denkender Grafiker wäre hier nicht auf die
Veranschaulichung mit dem Ei gekommen.

b) Die Idee liegt im Text:

- Eine amerikanische Parfum-Anzeige.
  Bild:
  Das Gesicht einer jungen Frau.
  Schlagzeile:
  »Want him to be more of a man?
  Try being more of a woman.«
  Ein lediglich kontemplativ denkender Texter hätte hier geschrieben:
  »Das Parfum mit der weiblichen Note.«

- Handelsblatt-Anzeige.
  Bild: Zusammengefaltetes Handelsblatt.
  Schlagzeile:
  »Man sieht in den Chefetagen zwar immer häufiger Jeans,
  aber immer seltener Nieten.«
  Ein lediglich kontemplativ denkender Texter hätte hier geschrieben:
  »Das führende Fachblatt für kompetent denkendes Management«.

- Fielmann-Anzeige.
  Bild:
  Junge Frau mit modischer Brille.
  Schlagzeile:
  »Sie haben den guten Geschmack.
  Fielmann den kleinen Preis.«
  Ein lediglich kontemplativ denkender Texter hätte hier geschrieben:
  »Für jeden Typ die modische Brille«.

- Amerikanische Schlankheitsdiät-Anzeige.
  Bild:
  Ein junges Mädchen – nicht *zu* jung, nicht *zu* schlank – im modischen
  Bikini.
  Schlagzeile:
  »This is what the competition will be wearing this summer.«
  Ein lediglich kontemplativ denkender Texter hätte hier geschrieben:
  »Schlank und rank in den Sommer!«

Ob die Idee vom Bild oder vom Text kommt: In allen Fällen zeigt sich, daß beides nur als Einheit die starke Wirkung hervorruft. Ein Grafiker, der als kreativ gelten will, kann es sich nicht erlauben, für eine Schlankheitsmittel-Anzeige ein Mädchen im Bikini als »Idee« zu kreieren – es sei denn, er verbindet damit gleichzeitig die Text-Idee von der »competition«. Ein Texter, dem zu einem elektronischen Gaspedal nur ein Gaspedal einfällt, sollte lieber auf die Bremse treten – es sei denn, er hätte die Idee mit dem Ei zwischen Fuß und Pedal.

Es wäre unfair und unprofessionell, wenn es sich der Grafiker leicht macht, indem er auf die verbalen Ideen des Texters hofft – oder wenn der Texter es sich leicht macht, indem er auf die visuellen Ideen des Grafikers vertraut. Beides geschieht oft. Damit kann zwar manchmal die Situation »gerettet«, aber keine ökonomische kreative Arbeit geleistet werden. Bild und Text müssen gemeinsam angedacht werden, wenn Text-Bild-Spannung entstehen soll – ganz gleich, ob das nun durch Team- oder Einzelleistung geschieht. Keinesfalls aber durch getrenntes Text-Bild-Denken.

Spannung zwischen Wort und Bild ist ein entscheidendes Kriterium guter Anzeigengestaltung. Mitunter ist es auch die Spannung, die Bilder in sich oder Worte in sich tragen und damit eine starke, zwingende Kommunikation auslösen.

Neue Bild-Ebenen

Salvadore Dalís berühmtes »Abendmahl« ist ein Bild von ungewöhnlicher Faszination. Worauf beruht sie? Die Abendmahlszene ist kaum anders gemalt, als man sie von früheren Künstlern kennt. Keine neue Maltechnik, keine Abstraktion, ganz naturalistisch. Aber: daß Dalí diese Szene vor den Landschaftshintergrund seiner spanischen Heimat, der Costa Brava, setzt, macht dieses Bild ungewöhnlich. Es sind die zwei Bild-Ebenen, die eigentlich nicht zusammengehören und damit optische Spannung erzeugen.

Dieses Prinzip der Bild-Gestaltung – Dalí möge verzeihen – ist auch in der Werbung anwendbar. Auch hier können Bild-Ebenen, die thematisch scheinbar nicht zusammengehören, im Sinne der Werbebotschaft zusammengebracht werden und eine Idee eindrucksvoll und spannend demonstrieren. Das geschieht mit dieser Anzeige:

> Luftaufnahme aus großer Höhe. Mitten im Bild ein Koffer, der zur Erde schwebt.

Das Abendmahl gehört an den See Genezareth und nicht an die Costa Brava. Ein Koffer gehört in ein Gepäcknetz und schwebt nicht in der Luft. Neue Bild-Ebenen mit starker Aufmerksamkeitswirkung! Und zwar nicht als blickfängerischer Selbstzweck, sondern im Sinne der Idee, die es zu übermitteln gilt. Es soll hier nicht auf Dalís Abendmahl-Idee eingegangen werden, wohl aber auf die Koffer-Idee: Der Koffer wurde tatsächlich aus 1500 Fuß Höhe abgeworfen und landete auf hartgefrorenem Boden, ohne daß er aufsprang, ohne daß der Inhalt beschädigt worden wäre, wie im Text der Anzeige erläutert wird.

Wie hätte die normale Bild-Ebene für diesen werblichen Inhalt – nämlich strapazierfähiger Koffer – ausgesehen? Ein Koffer, der mit Schwung in einen Gepäckkarren geworfen wird oder von dort herunterfällt: ein Bild ohne Bild-Spannung – ein Bild von hohem Gewohnheits- und geringem Aufmerksamkeitswert.

Wie könnte man deutlich machen, daß ein Auto eine ideale Form hat? Es gibt eine probate Darstellung, die den Wagen inmitten kleiner Pfeile zeigt, mit denen die Windschlüpfrigkeit demonstriert wird. Oder man fotografiert den Wagen aus einem günstigen Blickwinkel und läßt so die elegante Form wirken. Es gibt ein anderes Rezept:

> Man nehme ein Ei – und den VW-Käfer. Und kombiniere beides miteinander: den VW in die Konturen des Eies hineingesetzt.
> Schlagzeile: »Es gibt Formen, die man nicht verbessern kann.«

... Eine der überzeugendsten VW-Anzeigen, ein Klassiker der Werbung.

Es sind selten die naheliegenden Bilder, die ein Thema treffend dramatisieren. Meistens sind es Bilder, die man suchen muß – sie drängen sich nicht auf, sind dafür aber um so eindringlicher (VW in Eiform). Das erfordert Denken in Bild-Ebenen, die zunächst noch nichts mit dem Gegenstand zu tun haben, dem die Werbung gilt. Dabei geht es nicht um das Erfinden von Abwegigkeiten und Absonderlichkeiten, nicht um das Denken »um drei Ecken herum«. Im Gegenteil: neue Bild-Ebenen haben den Zweck, einen werblichen Inhalt zu veranschaulichen und zu vereinfachen – ihn aber nicht zu verkomplizieren und zu vernebeln:

Eine Anzeige zeigt einen Fensterputzer bei der Arbeit. Schlagzeile: »Klar sehen, wenn es um die berufliche Fortbildung geht!«

Ein Fensterputzer ist für das Thema »Berufliche Fortbildung« zwar eine neue Bild-Ebene, doch diese Symbolik ist konstruiert, sie bedarf einer Erklärung, um verstanden zu werden – und damit ist sie unbrauchbar.

Ähnlich ist es, wenn ein Kreditinstitut einen Mann zeigt, der sich an die Nase faßt und dazu sagt: »Braucht man zum Geldanlegen eine besondere Nase?« Oder wenn ein Touristik-Unternehmen eine Frau zeigt, die mit einem Auge unter einer breiten Hutkrempe hervorblinzelt und dazu sagt »Wenn Sie Ihren Urlaub im Auge haben ...«

Mit dieser Art Aufhänger wird der kuriose Versuch unternommen, eine Redensart, oder eine sprachliche Leerformel zu illustrieren. Dieses Verfahren wurde schon von vielen Witzzeichnern als reine Blödelei angewandt – und das sollte zu denken geben, wenn man es für werbliche Kommunikation übernehmen will. Mit »Humor in der Werbung« hat das nichts zu tun. Humor in der Werbung ist die nette alte Dame, die unter dem Motto »Beck's Bier löscht Männerdurst« ein Glas Bier trinkt.

»Eine Nase haben« für dies und das – dieses oder jenes »im Auge haben«, »gewußt wo«, das »Ei des Kolumbus«, ... solche Redensarten eignen sich kaum für gute Schlagzeilen. Sie sind zu glatt, zu allgemein. Illustriert man sie, werden sie nicht besser, sondern lenken noch mehr vom Thema ab. Als absonderliche Aufhänger führen sie dann ein sinnloses Eigenleben.

Altbekannte Redewendungen sind nur dann brauchbar, wenn man sie durch eine textliche Variation in einen neuen, dem Thema entsprechenden Zusammenhang stellt. Es gibt z.B. das altbekannte Kinderlied »Schlaf, Kindlein schlaf.« In einem Funkspot für den Umweltschutz wurde der Text von einem Kind in einer neuen Variante gesungen:

> »Schlaft, Menschen schlaft!
> Jetzt habt ihrs bald geschafft:
> die Luft wird dünn,
> der Regen sauer,
> Wälder kahl
> und Himmel grauer...
> Schlaft, Menschen schlaft!«

Das ist ein Text, der ohne Bilder auskommt. In diesem Fall also keine Text-Bild-Spannung, sondern hier trägt der Text die Spannung in sich – wie das stets bei guter, »nur« durch Text wirkende Kommunikation der Fall ist.

Neue Wort-Ebenen

Ein Sprachinstitut, das um neue Schüler wirbt, könnte eine Anzeige mit der Schlagzeile bringen: »Lernen Sie Englisch – schnell und gründlich.« Das wäre die gewohnte Wort-Ebene. Das gleiche Thema, mit einem einzigen Wort auf eine neue Wort-Ebene gebracht, sah so aus:

> »Do You speak English?«
> »Nö.«

Das Suchen nach neuen Gedankenverbindungen, neuen Wort-Ebenen, ist – genau wie das Suchen nach neuen Bild-Ebenen – kein mechanischer, sondern ein Denk-Vorgang. Man nennt das gern »kreatives Denken«. Wie man dieses Denken systematisieren kann, darüber soll noch gesprochen werden. Worauf es in jedem Falle ankommt, ist die Unzufriedenheit des Gestalters mit dem, was gängig, glatt und phantasielos ist. Er muß da ein entschiedenes »Nö« sagen können.

Eine amerikanische Rundfunkanstalt brachte eine Sendefolge, die sich mit der Aids-Gefahr unter den Jugendlichen befaßte. Um auf diese Sendung aufmerksam zu machen, erschien in der Tagespresse eine ganzseitige Anzeige, die einen gesund und fröhlich aussehenden jungen Mann zeigte. Schlagzeile:

»If your son is old enough to shave, he's old enough to get Aids.«

Eine der besten Schlagzeilen, die je in einer Anzeige stand. Worauf beruht ihre Wirkung?

Hätte sie geheißen »Die Aids-Gefahr für die Jugend von heute«, wäre sie ohne Spannung gewesen. Hätte sie geheißen »Wenn Ihr Sohn 17 ist, kann er schon Aids bekommen«, wäre das gleichermaßen die gewohnte Wort- und Gedanken-Ebene. »Rasieren« – das ist das neue, das scheinbar fremde Thema, das die Veranschaulichung und Eindringlichkeit bringt.

»Wenn Ihr Sohn alt genug ist, sich zu rasieren, sollte er den XY-Rasierer nehmen.« Das wäre die Gedanken-Ebene gewesen, auf der ein mittelmäßiger Texter sich ungefähr bewegt. Daß aber Rasieren auch in Zusammenhang mit dem Thema »Aids« stehen könnte – dazu bedarf es schon des Kombinationsvermögens eines wirklich Kreativen.

Das Prinzip der Text-Bild-Spannung wird heute von der Werbung in den großen Publikumsmedien mehr und mehr praktiziert. In der Fachpresse ist es noch sehr rar. Werbeleute, die mit Maschinen, Technik, Investitionsgütern zu tun haben, halten diese Art der Kommunikation offenbar für nicht »sachlich« genug. *Fachzeitschriften-Anzeigen*

»Wir müssen unsere Geräte klar und deutlich abbilden und ihre technischen Vorzüge sachlich beschreiben, alles andere kommt bei unserer Zielgruppe nicht an.«

Die Fachwerbung ist noch weitgehend unterentwickelt. Der kreative Aufwand der Werbeagenturen und Werbeabteilungen steht noch allzu oft in Relation zu den Etat- und Auflagenhöhen. Doch gute Werbung ist nicht Sache des materiellen, sondern des geistigen Aufwands. Es muß nicht unbedingt immer der Junior-Texter sein, dem man die Fachanzeige überträgt (»Ach ja, wir haben auch noch eine Fachanzeige zu machen ...«).

Wie sehen Fachanzeigen im allgemeinen aus? Erstaunlicherweise findet man ausgerechnet bei teuren Investitionsgütern die meisten billigen Werbeklischees. Etwa so: Die säuberlich retuschierte Darstellung eines technischen Gerätes, dazu eine Schlagzeile wie *Werbeklischees in der Fachwerbung*

»Schon heute für die Probleme von morgen ...«
»XY denkt an die Zukunft ...«

97

»Maßgeschneidert für ...«
»... macht (dieses oder jenes) leichter/schneller/rationeller«
»Der Große unter den Kleinen«.

Auffallend ist, daß dergleichen Klischee-Unkraut vor allem dort üppig wuchert, wo der Konjunktur-Nährboden besonders humusreich ist und in der Tat einer edleren Aussaat wert wäre: in der EDV-Branche. Einige Schlagzeilen-Beispiele:

»Für höchste Effektivität«
»Die Star-Parade«
»Im Geschäftsleben zählen Zahlen«
»Maßgeschneidert für...«

Dergleichen ist mit allem möglichen austauschbar – und darin liegt die Schwäche. Doch zum letzten Beispiel – es ging um ein Computersystem – gab es zum Glück dieses Gegenbeispiel:

»Der ›Hotelchef‹, der in 9 ›Minuten 30 Gäste weckt
und 50 Rechnungen schreibt.«
(Abbildung: Computer, auf einem Kopfkissen liegend)

Eine spezielle Lösung für einen speziellen Fall – und darin liegt die Stärke. Eine Anzeige mit dieser Schlagzeile kann in Hotelfachzeitschriften erscheinen – muß aber nicht. Genau so wenig wie es ein Muß wäre, daß die folgende Schlagzeile nur in Juristen-Fachblättern möglich sei, auch hier ging's um ein Computersystem:

»Der ›Anwaltsgehilfe‹, der fast die ganze Kanzlei allein organisiert.«
(Abbildung: Computer mit einer übergehängten Anwaltsrobe)

Die sehr informativen Fließtexte dazu mögen unzitiert bleiben, denn eines ist ohnehin zwangsläufig: Nach so starken, konkreten Bild-Schlagzeilen-Kombinationen können nur starke, konkrete Fließtexte folgen. Natürlich sind's keine Lösungen, die einem quasi »auf Anhieb« einfallen.
Und wem zu Paris nur der Eiffelturm einfällt und zu Italien nur »Spaghetti«, dem fällt zu Computern auch nur »Die höchste Effektivität« oder »Die Star-Parade« ein. Oder zu Englischunterricht »Die perfekte Methode« (statt »Do you speak English? Nö.«). Oder zu einer Eiskrem nur »Der köstliche Nachtisch für die ganze Familie« (statt »Damit Papa auch mal gern was auslöffelt«).

Werbung kann nur verkaufen, wenn sie kommuniziert. Zum Kommunizieren braucht man neue, einfache, aber zwingende Gedankenverbindungen. Das heißt nicht, stets neue Gedanken zu »erfinden«.

Die Landefähre auf dem Mond ist kein neuer Gedanke, das Bild ging millionenfach durch die Weltpresse. Und daß der Käfer ein häßliches Fahrzeug ist, auch nicht. Das weiß ganz Amerika.

Ein Mädchen im Bikini zu zeigen ist kein neuer Gedanke – und die Konkurrenz der Frauen um den Mann auch nicht. Die gibt's schon, seit es Menschen gibt.

Seit es Menschen gibt, gibt es keine neuen Gedanken, sondern nur neue Kombinationen alter Gedanken. Nur so entstehen neue Gedanken.

Neue Kombinationen alter Gedanken

Bilder können faszinieren, Stimmungen vermitteln, veranschaulichen, demonstrieren – nur eines können sie kaum: zu einer Handlung veranlassen. Deshalb brauchen Aufrufe, Bekanntmachungen, Befehle nicht unbedingt Bilder, aber unbedingt Worte.

Das sympathische, ältere Ehepaar, das die Fluggesellschaft Pan Am in einer ihrer Anzeigen zeigt, wirkt sehr liebenswert, aber es bewirkt noch nichts. Das geschieht erst durch die Schlagzeile:

> »Wenn Sie zum ersten Mal nach USA fliegen, fliegen Sie doch mit dem, der die größte Erfahrung hat.«

Erst diese Schlagzeile gibt der Anzeige den verkäuferischen Effekt. Er kommt durch die Schlüssigkeit der Zeile zustande, sie ist zwingend, besitzt innere Logik. Wenn sie nur geheißen hätte »Pan Am – die Fluggesellschaft mit der größten Erfahrung«, wäre das nur eine Feststellung ohne schlüssige Konsequenz. Viele Anzeigentexter meinen, wenn sie möglichst viele Argumente aufführen, wäre das ein »argumentativer« Text. Jeder Straßenverkäufer weiß, daß mit der Aufzählung noch so guter Argumente kein Verkauf zustande kommt. Es sind die Beweise, die Veranschaulichungen, die Schlußfolgerungen – kurz: es ist die Schlüssigkeit, die einer Aussage die Wirkung gibt. Wo nur behauptet wird, fehlt diese Schlüssigkeit. Zum Beispiel:

Texte müssen schlüssig sein

> »Diese Margarine ist die meistgekaufte in Deutschland. Ihr herzhafter Wohlgeschmack und ihre Frische machen sie so beliebt bei jung und alt. Einen besseren Brotaufstrich können Sie sich gar nicht wünschen.«

Dieser Text ist zum Glück nie erschienen. Doch vor 300 Jahren gab es mal einen Werbetext für Hufnägel, dessen Schlüssigkeit geradezu frappierend ist:

Ein 300 Jahre alter Werbetext

99

Ein Nagel bewahrt ein Eisen,
ein Eisen ein Pferd,
ein Pferd einen Mann,
ein Mann eine Burg,
eine Burg ein Land.

Und nun der Margarine-Text, wie er erschien:

»Weil die junge Rama so gut schmeckt,
wird sie am meisten gekauft,
weil sie am meisten gekauft wird,
ist sie immer frisch,
weil sie immer frisch ist,
schmeckt sie so gut,
weil sie so gut schmeckt,
wird sie am meisten gekauft,
weil sie am meisten ...
Wissen Sie nun, warum die junge Rama immer frisch zu Ihnen kommt –
warum sie wirklich eine >junge< Rama ist?«

Texte können wie Mathematik sein. Wie in einem Kettensatz wurden die Argumente in logische Abhängigkeit zueinander gebracht. Aus mehreren Gliedern wurde ein Guß.

Stilmittel

Es gibt verschiedene Stilmittel, um zu schlüssigen, glaubwürdigen Texten zu kommen. Hier die wichtigsten, unabhängig von der Reihenfolge:

Beweise,
Zitate,
Beispiele,
Gegenbeispiele,
Vergleiche,
Polemik,
Testimonials,
Aktualisierungen,
Emotion,
Understatement,
Humor,
Ironie,
Wortspiele.

Stilmittel sind Denkmittel. Die hier genannten sind gemischt anwendbar. Sie tragen dazu bei, bloßes Aneinanderreihen von Behauptungen zu vermeiden.

Wie sehen »argumentative« Anzeigentexte oft aus? Man führt die guten Eigenschaften eines Produktes auf und hält das für Argumentation. Argumentieren hat nichts mit behaupten zu tun – wie wahr die Behauptungen auch immer sein mögen. Behauptungen werden erst durch Beweise zu »Argumenten« – oder durch Beispiele, Zitate oder andere der genannten Stilmittel. Auch Humor, Understatement oder Wortspiel können zu »Argumenten« werden, denn auch durch sie gewinnt ein Text etwas, das er unbedingt braucht, andernfalls könnte man ihn ersatzlos streichen: Lesereiz.

Anzeigentexte, die wie »Anzeigentexte« klingen, haben eine sonderbare Eigenschaft: sie gefallen vielen Werbungtreibenden. Es ist die gewohnte Werbesprache, die da gesprochen wird – Werbung, »wie sie sein muß«, wie auch die Konkurrenz sie macht. Was im Ohr des Werbungtreibenden so vertraut klingt, dem traut er gern.

Der Verbraucher kann nur mit Neuem, nicht mit Vertrautem geweckt werden.

Vertraut klingende Anzeigentexte sollten keine Akzeptanz, sondern ein rotes Warnlicht auslösen – bei denen, die sie schreiben, bei denen, die damit zu werben gedenken. Vertraute Texte klingen nur, sie zwingen nicht:

> (Abbildung: Mädchen im Bikini)
> *»Schlank und rank in den Sommer!«*
> »Schlanksein – das ist es, was Millionen Frauen wünschen! Auch Sie? Sie können es – Schlanksein ist jetzt leichter denn je. Sie werden wieder Freude haben, sich im Bikini sehen zu lassen.
> Beginnen Sie jetzt eine Schlankheitskur mit der neuen Schlankheitsdiät von XY. Das befreit von lästigen Pfunden – ohne daß Sie hungern müßten.
> (Beschreibung und Anwendung des Produktes.)
> Wer schlank ist, hat mehr vom Leben.
> Schlank sein ist Lebensqualität.
> Also gleich heute: XY.«

Ist es ein schlechter Text? Nein.
Ist es ein guter Text? Nein.
Ist es schwer, mit einem solchen Text einverstanden zu sein? Nein.
Alles, was man über ein Schlankheitsmittel zu lesen gewohnt ist, liest man. Alle Argumente, die für das Produkt sprechen, sind genannt, dennoch ist es kein argumentativer, sondern ein behauptender Text. Was um so deutlicher wird, wenn man das Gegenbeispiel kennt:

> (Abbildung: Mädchen im Bikini)
> *»This is what the competition will be wearing this summer.«*
> »And the less there is to the suit, the less there should be of the girl.
> So if you're little over your playing weight, it's time to lose some. Be-

cause this summer the bikinis will be softer, briefer. Even more revealing.
No, you don't have to look like this girl. (It took our photographer three
days to find her.)
But when you walk out on the beach, you should feel like you belong
there.
Stop eating.
Daydreaming about steam baths and exercises won't change the way you
look.
Sure, carrots and cerely and eggs are fin.
But after a few days you start to nibble.
A cracker here, a cookie there. And before you know it, you're gaining
instead of losing.
So we came up with a new mix-with-milk diet powder that's different
than the old diet powders were.

(Beschreibung und Anwendung des Produktes.)
It tastes like a milkshake. Almost. If it tasted any better, you might start
sneaking it, and you'd get fat on it. Taste Shape. It can help you stop eating. Shape – stop eating.«

Das ist zwingend und schlüssig vom ersten bis zum letzten Satz. Keine
Aneinanderreihung von Produktvorteilen, keine der Phrasen des ersten Tex-
tes (»Schlank und rank«, »Was Millionen Frauen wünschen«, »Jetzt leichter
denn je«, »Wer schlank ist, hat mehr vom Leben« usw.). Statt dessen prakti-
sche Anwendung einer ganzen Reihe der genannten Stil- (oder besser
Denk-) mittel:
Emotion:
    »This is, what the competition will be wearing this summer.«
Beispiel:
    »No, you don't have to look like this girl. (It took our photographer three
    days to find her.)«
Gegenbeispiel:
    »A cracker here, a cookie there. And before you know it, you're gaining in-
    stead of losing.
Polemik:
    »Daydreaming about steam baths and exercises won't change the day you
    look.
Aktualisierung:
    »Because this summer the bikinis will be softer, briefer. Even more revea-
    ling.«
Humor:
    »If it tasted any better, you might start sneaking it, and you'd get fat on
    it.«

102

Ironie:

»Stop eating.«

Understatement:

»It tastes like a milkshake. Almost.«

Wortspiel:

»And the less there is to the suit, the less there should be of the girl.«

Diese Stil- oder Denk-Prinzipien machen einen Text – wie das Beispiel zeigt nicht nur zwingender, sondern auch verkäuferischer. Es sind die gleichen Prinzipien, die auch ein guter Verkäufer anwendet. Die Argumentation ist unterhaltsam, ohne auch nur ein einziges Mal das Thema zu verlassen.

Jede Argumentation hat stärkere und schwächere Teile. In dem Beispiel steht der stärkste Gedanke dort, wo er hingehört: in der Schlagzeile (»This is what the competition will be wearing this summer.«). Eine Schlagzeile ist kein Slogan, sie sollte auch keinen Slogan-Charakter (»Schlank und rank in den Sommer«) haben. Damit wird ein formales Problem wirksamer Anzeigenwerbung angesprochen: das Verhältnis zwischen Schlagzeile und Slogan. Es sind die textlichen Hauptelemente vieler Anzeigen.

Slogan und Schlagzeile

Was ist wichtiger? Der Slogan, der die ganze Kampagne trägt, der in jedem Werbemittel erscheint, der groß auf den Plakaten herausgestellt wird? Oder die Schlagzeile, die das Thema neu und interessant bespiegelt, die wechselt und damit Abwechslung in die Kampagne bringt?

Eines steht fest: beides kann es nicht sein. Obwohl das oft versucht wird, weil man beides für »eminent wichtig« hält. Layouts, in denen Schlagzeile und Slogan gleich oder annähernd gleich groß herausgestellt werden, büßen von vornherein an Kommunikationskraft ein – oft bis zur Wirkungslosigkeit. Je leichter es eine Anzeige dem Leser macht, gelesen zu werden, desto besser kommuniziert sie. Um das festzustellen, bedurfte es eigentlich keiner Tests, das kann jeder an sich selbst testen. Wer ist schon bereit, zwei, drei und noch mehr gleichwertige Über- und Unterschriften wahrzunehmen und zu lesen? Jeder redaktionelle Artikel hat eine Hauptüberschrift – sie dominiert deutlich zu allen Zwischen- und Untertiteln. Jedes Buch, jeder Film, jedes Theaterstück hat einen Titel und nicht zwei oder drei. Nur in Anzeigen wird noch allzu oft der Versuch gemacht, den Leser mit mehreren Titeln gleichzeitig zu konfrontieren, weil man meint, was »gleich wichtig« ist, auch gleich wichtig herausstellen zu können.

Wenn es darum geht, eine Schlagzeile und einen Slogan in eine Anzeige aufzunehmen, sollte bedacht werden: Die Schlagzeile macht eine Anzeige zur Anzeige – nicht der Slogan.

Der Anzeigen-Gestalter tut gut daran, vom »flüchtigen« Leser auszugehen. Wenn der flüchtige Leser nur von einem Slogan angesprungen wird, wird er flüchtig bleiben. Die Anzeige hat dann lediglich einen plakativen Zweck erfüllt – ganz gleich, wie viele Details sie noch enthält. Schlagzeilen reizen zum Weiterlesen, nicht Slogans. Slogans sagen nichts Neues, sie sagen das, was der Leser schon viele Male gelesen und gehört hat. Schlagzeilen, wenn sie gut sind, sagen Neues. Schlagzeile und Slogan: das hat nichts mit dem zu tun, was »oben« und »unten« steht. Nicht das wird zuerst gelesen, was oben steht, sondern das, was am größten dasteht. Es ist ein Trugschluß zu glauben, eine Schlagzeile könne gern kleiner sein als der Slogan, Hauptsache, sie steht oben und der Slogan unten. Auch in diesem Falle wird es der Slogan sein, der zuerst erfaßt wird. Und da ein Slogan selten zum Weiterlesen reizt, wird der Leser auch nicht weiterlesen, sondern weiterblättern – so interessant die Schlagzeile auch immer sein mag. Was soll in einer Anzeige dominieren:

Was reizt zum Weiterlesen?

- »Margret Astor macht schön«
  oder
  »Damit Sie in 5 Jahren nicht 5 Jahre älter aussehen.«?

- »Wenn's ums Geld geht – Sparkasse«
  oder
  »Ich hätte nicht gedacht, daß ich meine Waschmaschine bei der Sparkasse bekomme.«?

- »Kodacolor – brillant in den Farben«
  oder
  »Damit verwaschenes Jeansblau auch verwaschen aufs Bild kommt.«?

- »Wenn Sie mehr Sicherheit suchen«
  oder
  »Auch wir kennen Fonds, die Ihnen 20 % (und mehr) Rendite versprechen. Aber wir empfehlen sie Ihnen nicht.«

Diese Beispiele zeigen den eindeutig höheren Lesewert der Schlagzeile gegenüber dem Slogan. Die Entscheidung, die Schlagzeile auch typografisch hervorzuheben, sollte immer leichtfallen. Wo nicht, sollte man sich sehr schnell Gedanken um eine stärkere Schlagzeile machen.

Eine Schlagzeile, die sich nicht zweifelsfrei anbietet, als Hauptaussage gegenüber dem Slogan bevorzugt zu werden, verdient eine sehr kritische Bewertung. Auf die zitierten Beispiele übertragen, sähe das etwa so aus:

- Schlagzeile:
  »Jung und gepflegt in den Frühling!«
  Slogan:
  »Margret Astor macht schön!«

104

- Schlagzeile:
  »Finanzierung leichtgemacht!«
  Slogan:
  »Wenn's ums Geld geht – Sparkasse.«

- Schlagzeile:
  »Farbfotos, die Freude machen!«
  Slogan:
  »Kodacolor – brillant in den Farben.«

- Schlagzeile:
  »Sicherheit wird bei uns großgeschrieben.«
  Slogan:
  »Wenn Sie mehr Sicherheit suchen.«

Die Schlagzeilen klingen hier wie Slogans, man kann beides gegeneinander austauschen. Da braucht der Texter sich nicht zu wundern, wenn der Grafiker meint, man könne doch auch mal den Slogan groß herausstellen und die Schlagzeile klein machen – und wenn das auch der Werbungtreibende meint. In solchem Falle bestünde das Argument zu Recht, der Slogan sei »kürzer« als die Schlagzeile und daher als Hauptaussage besser. Oder: der Slogan sei zwar ein bißchen »länger« als die Schlagzeile, aber enthält den Markennamen, und deshalb sei er besser als die Schlagzeile.

Überall, wo eine starke Schlagzeile einem Slogan gegenübersteht – ganz gleich, wie kurz oder lang –, wird deutlich: Eine gute Schlagzeile läßt sich durch keinen Slogan ersetzen.

Es gibt Werbeleute, die aus Sorge um die sogenannte »große Linie« einer Werbekampagne dafür plädieren, eine einmal gefundene Standardaussage in allen Werbemitteln groß herauszustellen. Meistens ist das ein Slogan oder eine slogan-ähnliche Formulierung. Damit läßt sich jede Variante einer Kampagne »thematisch abdecken«, wie es so schön heißt. Man freut sich, wie schön dieser groß herausgestellte »Themen-Gedanke« zu den kleineren, variierenden Schlagzeilen paßt. Und man meint, dieser Themen-Gedanke ziehe sich nun wirklich »wie ein roter Faden« durch die Kampagne – das Ganze sei nun »wie aus einem Guß«.

Ein Guß oder ein Aufguß?

Hier wird »roter Faden« mit grauer Monotonie verwechselt – und »ein Guß« mit einem Aufguß.

Ständiges Wiederholen von Standardaussagen ermüdet, aber kommuniziert nicht. Das würde bedeuten, »Wenn's ums Geld geht – Sparkasse« groß herauszustellen, statt: »Ich hätte nicht gedacht, daß ich meine Waschmaschine bei der Sparkasse bekomme« und »Wenn mein Baby kommt, hat es schon 9 x DM 50,– auf dem Sparkassenbuch.«

Mit falsch verstandenem Roten-Faden-Denken läßt sich so argumentieren: »Nur ein kleiner Teil unserer Zielgruppe will sich eine Waschmaschine anschaffen, nur ein kleiner Teil bekommt ein Baby, doch ›Wenn's ums Geld geht‹, das betrifft alle, also sollten wir das herausstellen!«

»Große Linie« zeigt sich nicht im Wiederholen von Statements. Die Kunst der großen Linie liegt im Variieren, im wechselnden Bespiegeln eines Themas – *eines* Themas. Das schließt Wiederholungen guter Schlagzeilen keineswegs aus – insbesondere dann nicht, wenn sie ihre Verkaufskraft (Direktwerbung) nach wie vor beweisen.

body copies und nobody copies

Ein Texter, von dem man erwartet, daß er statt Schlagzeilen Statements nach vorn rückt, wird seine Schlagzeilen-Gedanken woanders unterbringen: im Fließtext – der sogenannten »body copy«. Dort stehen sie dann vergeblich. Eine schwache Schlagzeile ist allemal der Tod der body copy. Die body copy wird zur »nobody copy«, weil niemand sie liest – außer ein paar Werbeleute, die das von Berufs wegen müssen.

Was sind die besten Ideen, die kommunizierendsten Gedanken noch wert, wenn sie dazu verdammt sind, unter »Schlagzeilen« wie diesen zu stehen:

»Die digitale Zukunft hat begonnen«
»Hi-Fi-Technik von morgen«
»Gehen Sie auf Nummer Sicher«
»Der Käse für den Genießer«
»Hält jung und in Schwung«
»Spürbar, fühlbar, sichtbar besser«
»Frische für den ganzen Tag«.

Das ist nicht neu, sondern normal. Es ist das Problem jeder Zeitungsredaktion, daß das Normale das Uninteressanteste ist. Für die Werbung gilt das zumindest ebenso.

Welche Zeit, Mühe und Kosten werden oft aufgewandt, um unter stinknormale Schlagzeilen relativ interessante (oder auch uninteressante) Texte zu setzen. Da wird oft stundenlang über bestimmte Formulierungen diskutiert, da wird analysiert und getestet, der Text wird juristisch und sachlich geprüft, er durchläuft oft sechs bis acht Stationen bis zum endgültigen »o.k.«, er wird mehrfach geändert und wieder geprüft – und das alles für etwas, das niemand liest, weil es unter einer Schlagzeile steht, die niemanden zum Lesen einlädt.

Nimmt man den Anzeigenraum, der jährlich mit solchen nobody copies ausgelegt ist, so ergibt das bei einem Anzeigen-Aufwand von rund 36 Milliarden DM gewiß 25 bis 30 Milliarden, die vergeblich in »Copy« investiert werden.

106

Es gibt nur wenige Branchen, die davon ausgehen können, daß ihre Anzeigentexte auch dann gelesen werden, wenn sie unter schwachen Schlagzeilen stehen. Dazu gehört die Automobilbranche. Autos besitzen – wie kaum ein anderes Produkt – von vornherein ein starkes allgemeines Interesse. Doch die Auto-Werbung arbeitet mit überdurchschnittlich guten Schlagzeilen. Und einige Automobil-Hersteller – VW – verzichten sogar ganz auf einen Slogan.

Wenn eine Anzeige Schlagzeile und Slogan enthalten soll, muß das Schwergewicht auf der Schlagzeile liegen. Nur wenn die Schlagzeile dominiert, kann sie ihre Aufgabe erfüllen: Lesereiz ausüben! Eine gute Schlagzeile führt zum Slogan hin. Ein Slogan führt selten zur Schlagzeile hin – das ist so schwierig wie Rückwärtsgehen.

Bild-Text-Gewichtung

Außer der Gewichtung »Schlagzeile/Slogan« gibt es in der Anzeigenwerbung noch eine andere Gewichtungsfrage: Wieviel Platz soll das Bild einnehmen, wieviel der Text?

Auch da gilt es, einfach, aber nicht harmlos zu sein – also Lösungen zu finden, die zwingend auf den Betrachter wirken, die innere Spannung ausstrahlen. Das müssen keine »ungewöhnlichen« Lösungen sein. Es gibt kein besseres Prinzip als das, was der Leser vom redaktionellen Teil gewohnt ist. Dort hat fast immer *ein* Element das Übergewicht: entweder das Bild oder der Text.

Auch für die Anzeigenwerbung gibt es kein besseres Prinzip. Wäre beides halbe/halbe, fehlte die optische Spannung. Die Anzeige liefe Gefahr, in zwei spannungslose Hälften zu zerfallen, ihr Kommunikationswert wäre gemindert. Bild-Text-Spannung ist auch eine formale Frage.

Einer der profiliertesten Werbefachleute der Welt, der Amerikaner David Ogilvy, berichtet, seine Agentur habe in der Anfangszeit ihre Anzeigen stets nach dem Prinzip 2/3 Bild, 1/3 Text gestaltet. Schließlich machten ihm Branchenkollegen diese »Uniformität« zum Vorwurf. Daraufhin entschloß sich Ogilvy zu einer grundlegenden Änderung. Er kreierte ein zweites Layout. Es bestand aus 1/3 Bild, 2/3 Text.

Natürlich hat das mit dem zeitlos gültigen Gesetz vom »Goldenen Schnitt« zu tun. Doch statt goldenem Schnitt sieht man heute allzu viel blechernes Wirrwar bei den Anzeigenlayouts – zumal viele Werbekreative meinen, dergleichen Gesetzmäßigkeiten seien inzwischen »veraltet«.

Auch dazu Ogilvy: »Ich weiß, daß ich erheblichen Widerspruch bei all jenen Narren auslöse, die meinen, Werbegesetze wären dann veraltet, wenn sie länger als zwei Jahre angewandt wurden.«

Häufig werden Anzeigen mit einem durchgehenden Bild gestaltet – ohne besonders abgegrenzten Textteil. Dann sollte dem Text ein deutlich dafür vorgesehener Platz innerhalb des Bildes eingeräumt werden. Wenn der Text – wie das oft geschieht – mehr oder weniger im Bild untergeht, kann er niemals kommunizieren. Damit wird das Problem »Typografie« angesprochen. Auch das ist ein Kommunikationsproblem.

Schrift ist zum Lesen da!

Wenn ein Gemeindevorsteher seinen Dorfbewohnern am Schwarzen Brett mitteilen möchte, daß am nächsten Samstag im Schützenhof eine Gemeindeversammlung stattfinden soll, wird er ein weißes Blatt Papier nehmen und in schlichten schwarzen Lettern sein Anliegen kundtun.

Diese simple Art, seinen Mitmenschen etwas schwarz auf weiß mitzuteilen, ist manchem Werber von heute leider abhanden gekommen. Statt dessen wird mit Schrift oft so umgegangen, als sei sie Ausdrucksmittel der bildenden Kunst, nicht aber Kommunikationsmittel für schnellebige Zeitgenossen.

Typografie ist Lehrfach an Kunstschulen. Vielleicht rührt es daher, daß man sie mit zuviel tiefgründiger Symbolik betrachtet hat, statt sich ihrer einzigen Funktion zu besinnen, die ihr wirklich zukommt: Schrift ist zum Lesen da.

Es sollte endgültig Schluß gemacht werden mit einigen althergebrachten »Prinzipien für Schriftgestaltung«, die etwa besagen:

Wenn man für Schlankheitsmittel wirbt, bevorzuge man dünne Schriften, weil dünne Schriften »Schlankheit« assoziieren –

wenn man für Waschmaschinen wirbt, bevorzuge man dicke Schriften, weil dicke Schriften »Technik« assoziieren –

wenn man für Zahncreme wirbt, bevorzuge man blaue Schriften, weil blaue Schriften »Frische« assoziieren –

Solche typografischen Vordergründigkeiten aus Opas Setzkasten haben mit moderner Typografie nichts zu tun. Sinn der Typografie ist es nicht, »kosmetische« oder »technische« oder »modische« Schriften zu kreieren – was immer das sein mag –, sondern Schriften zum Lesen, frei von aller gestalterischen Manipulation. Hier einige solche Manipulationen, die in deutschen Anzeigen immer noch gang und gäbe sind:

• Malbuch-Schriften

Kinder malen gern Füllbuchstaben mit Buntstiften aus. Vielleicht rührt daher der Hang manches Werbegrafikers zu bunten Schriften. Er hat ja vor sich auf dem Zeichentisch ein stattliches Sortiment der schönsten Farbmarker stehen. Auch die Computergrafik macht's schön bunt. Und damit betreibt man nicht nur Grafik, sondern oft auch »Schriftgrafik«. Weil schwarz »keine Farbe« ist und manchem Grafiker zu langweilig vorkommt, ist das Grund genug, Schrift bunt zu machen.

Viele Anzeigen erscheinen heutzutage nur deshalb mit so bunten Schriften, weil da jemand schon beim ersten Entwurf ziemlich bedenkenlos zu den bunten Stiften griff. Wenn so eine blau-rote Schlagzeile erst im Layout steht, ist sie da kaum wieder wegzukriegen. Im Laufe von sechs Gestaltungs-meetings hat sich jedermann daran gewöhnt.

Es soll nicht behauptet werden, jede Schrift müsse schwarz sein. Doch es muß schon sehr zwingende Gründe geben, wenn sie's nicht ist. Nicht ohne Grund sind auch die Schriften im redaktionellen Teil überwiegend schwarz. Kein Redakteur käme auf die Idee, seinen Lesern die gleiche typografische Farborgie vorzusetzen, wie manche Anzeigen-Gestalter das tun. Alles, was wichtig ist, was verbindlich ist, ist nun mal schwarz auf weiß und nicht in *Schwarz auf Weiß!* bunten Lettern gedruckt: die Zehn Gebote, das Grundgesetz, die Kriegserklärung, der Friedensvertrag, der Spenden-Aufruf, die Heiratsurkunde, der Personalausweis, der Steuerbescheid. Und selbst das Kommunistische Manifest erschien nicht etwa in roter, sondern in schwarzer Schrift.

Einen Artikel über pflanzliche Ernährung in Grün, über Wassersport in Blau und über Rosenzucht in Rot zu setzen, würde sich kein Redakteur erlauben. Auch die Werbung sollte es sich nicht länger erlauben, Schrift als »Ausdrucksmittel« zu verwenden. Schrift ist Mittel zum Lesezweck – nicht mehr, nicht weniger.

- »Outstanding«-Schrifttypen

Es gibt in der Bundesrepublik rund 3.500 Zeitungen und Zeitschriften verschiedenster Art, verschiedensten Inhalts. Doch in einem sind sie sich fast alle gleich: in ihrem Schriftbild. Man bemüht sich da keinesfalls, möglichst anders, möglichst »neu« zu sein, sondern möglichst »normal«, also so, wie der Leser es von vielen Publikationen gewohnt ist.

Es gibt immer noch Werbegestalter, die glauben, ihren Einfallsreichtum durch möglichst ausgefallene Schriften beweisen zu müssen. Es widerspricht ihrem künstlerischen Einmaligkeitsbedürfnis, ganz simple Schrifttypen zu verwenden, die man schon tausendmal gesehen hat. Es ärgert sie, wenn in einer Illustrierten etwa die gleiche Schrift, die sie für ihre Anzeige neu entdeckt zu haben glaubten, in der nächsten und übernächsten – oder gar in der Konkurrenz-Anzeige – wiederkehrt.

In der amerikanischen Werbung, die nun wahrhaftig darauf bedacht ist, möglichst neu und ungewöhnlich zu sein, gibt es diese Schrifttypen-Vielfalt und -Buntheit nicht. Blättert man in amerikanischen Zeitschriften, sieht man immer wieder mehrere aufeinanderfolgende Anzeigen mit gleicher Schrift und gleichem Layout-Aufbau. Das mag hierzulande manche Art-Direktoren stören, sie mögen das für den Gipfel der Einfallslosigkeit halten – den Leser stört das überhaupt nicht. Im Gegenteil: kein Leser – auch nicht in Deutschland – ist daran interessiert, das Objekt typografischer Umerziehungsarbeit zu sein. Für ihn ist Schrift – vernünftigerweise – zum Lesen da und nicht zur »Abwechslung«.

Das zu akzeptieren sollte eigentlich selbstverständlich sein, wenn man kommunizieren will.

● Streusalz-Typografie

»Think big« heißt ein bewährter Werbegrundsatz. Das gilt auch für die äußere Form der Werbung. Dieser Grundsatz wird mitunter mißverstanden, indem man meint, eine Anzeige wirkt dann besonders neu, großzügig und »big«, wenn sie nur aus einem seitenfüllenden Bild besteht. Auf dieses Bild wird dann der Text – da ja kein besonderer Platz dafür vorhanden ist – wie Streusalz drübergegeben. Solche Anzeigen wirken alles andere als großzügig. Die unleserlichen, oft negativen Schriftblocks, die da in bunten Bildern drinstehen, machen das Ganze höchst kleinkariert – und zu einer Zumutung für den Leser.

Außerdem stören ins Bild hineingesetzte Texte den dokumentarischen Wert des Bildes. In natura schweben über einem hübsch gedeckten Frühstückstisch auch nicht die Textblocks einer Margarine-Werbung am schönen blauen Himmel.

Seit es Bücher, Zeitungen und Zeitschriften gibt, kommuniziert nichts besser als ein Bild mit einem daruntergesetzten Text. Großzügiger als mit dieser Zweiteilung kann man's nicht machen. Und auch nicht einfacher für den Leser.

● Füllmasse

»Ein Bild sagt mehr als tausend Worte«, sagt man gern. Offenbar gibt es immer noch Grafiker, die diesen Satz wie ein Glaubensbekenntnis mit sich herumtragen. Sie sind nur ungern bereit, vom Bild etwas abzugeben und Raum für den Text zu schaffen. Oft sehr gute Schlagzeilen werden dann irgendwo oben oder unten an den Rand gequetscht, wo sie alles andere können als das, was sie sollen: nämlich »schlagen«. Sie entgehen dem – fast immer flüchtigen – Leser, weil ihnen der nötige Freiraum fehlt. Schlagzeilen brauchen Freiraum zum Atmen. An den Rand gequetscht, sind sie zum Ersticken verurteilt, sie fallen der Nichtbeachtung anheim.

Ein nicht minder verbreitetes Übel ist es, Fließtexten nicht genug Raum zu geben. Sie erscheinen dann nicht in gut lesbaren, geraden Spalten, wie das im redaktionellen Teil der Fall ist, sondern werden eng an den Konturen einer bauchigen Flasche, an den Hüften einer wohlproportionierten Dame oder an anderen Objekten entlanggeführt. Sie wirken da wie Füllmasse, um den leeren Raum auszufüllen, nicht aber wie Text, der gelesen werden soll.

- Blockbildung

Manche Grafiker und Typografen betätigen sich als »Blockwarte«. Das sieht so aus: der Text wird in mehrere saubere Schriftblocks gegossen – vorn und hinten schön bündig. Diese Blocks werden dann geradezu architektonisch im freien Raum verteilt – besonders gern auf hell verlaufende Töne in Bildteilen. Sie wirken da wie sterile graue Wohnblocks auf einer grünen Wiese – nicht aber wie Text in einer Anzeige. Derartige Typografie hat lediglich ästhetischen, kaum aber Lesewert.

- Zusammenfassend:

Typografie ist kein Spielzeug für die Gestaltung. Aufgabe der Typografie ist die Mitteilung. Es sollte mit allen gestalterischen Manipulationen von Schrift Schluß gemacht werden. Es gilt nicht, Werbekünstler zu befriedigen, sondern Leser.

Typografie heißt: Disziplin. Schrift hat keine zierende, sondern kommunizierende Funktion, Schrift ist zum Lesen da. Das ist keine künstlerische, sondern eine soziale Verpflichtung.

Außer den typo-grafischen gibt es auch einige andere grafische Künsteleien, die im Sinne falsch verstandener Modernität gern angewandt werden.

Zum Beispiel: die völlig unmotivierten Verzerrbilder, aufgenommen mit Froschaugen-Kameras, Zooms, Weitwinkel und ähnlichen technischen Spezialitäten, die heute nicht einmal mehr Hobby-Fotografen in Entzücken versetzen und beim Betrachter nur Befremden auslösen – sofern sie überhaupt etwas auslösen. Damit bewirken sie genau das Gegenteil von dem, was man ihnen gern unterstellt: daß der Betrachter gefesselt wird.

Was hat eine Hausfrau davon, wenn ihre Waschmaschine wie ein Wolkenkratzer aussieht und ihre Küche wie durch ein umgekehrtes Fernglas gesehen wird? Warum muß ein Wagen der unteren Mittelklasse unbedingt den Eindruck eines Straßenkreuzers erwecken? Solche Unarten mögen vielleicht Art- oder besser gesagt Unart-Direktoren erfreuen, nicht aber den Umworbenen. Weitwinkel, Froschauge und ähnliche formale Mittel haben nur dann

Bild-Manipulationen

111

ihre Berechtigung, wenn sie Mittel zum Zweck sind, das heißt: wenn sie einen werblichen Inhalt kommunizieren.

Wenn es zum Beispiel in einer Anzeige heißt, dieser Kleinwagen hat die PS eines Großen, kann man das mit einer bewußt übertriebenen perspektivischen Verzerrung des Wagens symbolisieren.

Angenommen, eine Bank bringt ein tolles Weitwinkelfoto, das alles zeigt, was man bei ihr finanzieren kann – von der Waschmaschine bis zum Fabrikgebäude. Ist das modern?

Eine andere Bank brachte diese Anzeige:

> Bild: ein alter, ovaler Rahmen mit dem leicht vergilbten Portraitfoto eines netten, biederen Großelternpaares.
> Schlagzeile. »Sie hätten lieber Haus und Hof verkauft, als ihre Bank um einen Kredit zu fragen.«

Obwohl diese Anzeige formal überhaupt nicht modern war – im Gegenteil: Sie war bewußt unmodern gehalten – wirkte sie dennoch weitaus moderner als die Weitwinkel-Anzeige.

Nicht die eindrucksvolle Mache, sondern der eindrucksvolle Inhalt macht Werbung neu und zwingend. Manches wird da mißverstanden. Unternehmen, die ein besonders konservatives und seriöses Image haben, meinen oftmals, sie müßten in ihrer Werbung das genaue Gegenteil tun: sich besonders avantgardistisch und modern geben. Daher in der Bankenwerbung die vielen Formalismen, Symbolismen, Abstraktionen. Menschlicher wird eine Bank dadurch nicht, und die Scheu vieler Leute vor den Banken wird damit nicht überwunden. Wie anders dagegen in der Großeltern-Anzeige. Hier wird die Bank zu einer beinahe liebenswerten Institution. Man wäre gern bereit, da hinzugehen und nach einem Kredit zu fragen.

Teaser-Anzeigen Zu den formalen Selbstbefriedigern, die immer noch liebend gern angewandt werden, gehören die sogenannten Teaser-Anzeigen: »Sie kommt ...«, steht auf Seite 25, »Sie kommt ganz bestimmt ...« auf Seite 27, und »Jetzt ist sie da, die biologische Feinseife XY!« auf Seite 29.

Teaser, die nach diesem Prinzip gemacht werden, sind entbehrlich. Wenn der Inhalt der Hauptanzeige stark ist, braucht er keinen Vorspann. Man sollte das Geld dafür sparen und die Hauptanzeige größer machen. Wenn deren Inhalt aber nicht stark genug ist, wenn man ihrem Aufmerksamkeitswert mißtraut, nützen auch Teaser nichts. Doch das ist der – oft unausgesprochene – Grund, warum Teaser vorgeschlagen werden. Man möchte den mangelnden Aufmerksamkeitswert der Hauptanzeige durch Vorschaltungen wettmachen. Solche Teaser sind wie Altweiberknoten. Man setzt immer noch eine Schlinge vor die andere, weil man meint, dann hält's besser. Ein vernünftiger Seemannsknoten aber braucht keine zusätzlichen Schlingen.

112

Es gibt nur einen Grund, der Teaser rechtfertigt: sie müssen der Dramatisierung des Werbeinhalts dienen. Wo das geschieht, wirken sie erstaunlicherweise gar nicht mehr wie »Teaser«, wie »Aufhänger«, wie »Vorspann«, sondern wie ein geschlossenes Ganzes. Zwei Beispiele:

- Schlafwagen-Werbung der Deutschen Bundesbahn mit zwei ganzseitigen, aufeinanderfolgenden Seiten in einer Illustrierten.
  Erste Seite: Münchner Hauptbahnhof bei Nacht. Schlagzeile: »Gute Nacht, München!«
  Zweite Seite: Hamburger Hafen im Morgengrauen. Schlagzeile: »Guten Morgen, Hamburg!«

- VW-Werbung in sechs aufeinanderfolgenden, viertelseitigen Anzeigen in einer Illustrierten – jeweils oben rechts plaziert.
  Sechsmal das gleiche Bild: eine gerade Chaussee mit einem davonfahrenden VW. Auf jeder Anzeige der VW etwas weiter entfernt – in der letzten Anzeige nur noch ganz klein.
  Unter jedem Bild in jeweils kleiner werdender Schrift: Er läuft ... und läuft ... und läuft ... und läuft ... und läuft ... und läuft ...

Man hat diese sechs Anzeigen nicht gemacht, weil man sich eine sechsfache Teaser-Wirkung oder einen sechsfachen Aufmerksamkeitswert erhoffte, sondern weil man die beste Gestaltungsform für das Werbethema »Er läuft und läuft« suchte – und fand. Für solche Form der Anzeigengestaltung ist eine Frage entscheidend, die sonst oft überschätzt wird: die Plazierung. Hier mußten alle sechs Anzeigen stets an der gleichen Stelle stehen – in diesem Falle jeweils oben rechts, in unmittelbar aufeinanderfolgenden Seiten. Plazierung war hier Gestaltung.

Auch wenn einige Werbefachleute vielleicht widersprechen: Die Plazierung einer Anzeige ist ohne Bedeutung für ihre Wirksamkeit – es sei denn, Plazierung ist eine Frage des werblichen Inhalts. Es gibt keinen Test, der das Gegenteil beweisen könnte.

Plazierungs-Ideologien

Dennoch wird häufig die These vertreten, die rechte Seite einer Zeitung oder Zeitschrift wäre besser als die linke, weil der Blick des Lesers zuerst nach rechts geht. Das ähnelt der Behauptung – und die soll sogar durch Tests bewiesen sein, ein Kunde, der einen Laden betritt, schaue zuerst nach links (diesmal links!). Demzufolge sollten gute Angebote immer links plaziert sein.

Solche Theorien zu Empfehlungen oder Prinzipien zu machen ist nur mit einer gehörigen Portion Weltfremdheit denkbar. Kein Kunde wird in den Laden kommen, kurz nach links schauen und dann wieder rausgehen. Kein Leser wird eine Zeitschrift nehmen, kurz die rechten Seiten durchblättern und das Blatt wieder aus der Hand legen. Wenn an der Rechtstheorie etwas dran wäre, müßten die redaktionellen Beiträge alle rechts stehen – und konsequenterweise müßte man die linken Seiten ganz frei lassen. Eine solche Zeitschrift hätte sogar den unvergleichlichen Vorteil, ihren Anzeigenkunden »Nur rechte Seiten!« anbieten zu können.

Ein weiterer Plazierungs-Mythos ist der Wunsch, »möglichst weit vorn im Heft!« zu stehen. Es habe einmal einen Test gegeben, so wird gesagt, in dem festgestellt worden sei, weiter vorn stehende Anzeigen werden etwas besser »erinnert« als weiter hinten stehende.

Dieses Testergebnis – sofern es überhaupt als relevant gelten kann – ist erklärbar. Es handelte sich um einen Erinnerungstest. Es ging darum, sich an bestimmte Marken, die man in vorgelegten Zeitschriften gesehen hatte, zu erinnern. Nun sind große Marken in der Regel auch große Anzeigenkunden und erhalten häufig Plätze, die weiter vorn liegen, während kleinere Anzeigen weiter hinten stehen. Da man sich aber an große, bekannte Marken leichter erinnert als an kleine, unbekanntere, wird das Vorurteil des »möglichst weit vorn« fälschlicherweise gestützt. Inzwischen ist festzustellen, daß die Verlage immer mehr darauf bedacht sind, größere und kleinere Marken möglichst gleichmäßig im Heft zu verteilen. Selbst sehr erfolgreiche Versandanzeigen sind oft weit hinten zu finden.

Die Theorie des »möglichst weit vorn« kann man getrost vergessen, wenn man sich auch hier des normalen, menschlichen Verhaltens erinnert. Kein Mensch wird sich eine Zeitschrift kaufen, um nur die ersten fünf Seiten durchzublättern. Wie oft steht der beliebte Fortsetzungsroman ganz hinten! Und was den betrifft: manche Werbungtreibende legen sogar Wert darauf, daß ihre Anzeige neben interessanter redaktioneller Lektüre erscheint. Weil sie meinen, das käme dem Lesewert der Anzeige zugute. Andere meinen genau das Gegenteil: sie glauben, ein interessanter redaktioneller Beitrag lenkt von der Anzeige ab. Sie möchten daher am liebsten neben Börsenberichten oder dem Impressum stehen.

All das sind Spitzfindigkeiten, die um so mehr Bedeutung gewinnen, je weniger Kommunikationskraft man seiner Anzeige zutraut. Eine interessante Anzeige wird überall Beachtung finden – ob sie rechts oder links, oben oder unten, vorn oder hinten, neben interessanter oder langweiliger Redaktion steht. Eine langweilige Anzeige gewinnt auch durch ausgeklügelte Plazierungsvorschriften nichts an Aufmerksamkeitswert. Sie wird so oder so untergehen. Hätte man all die Mühe, die schon in solche Plazierungs-Ideologien gesteckt wurde, für eine gute Gestaltungsarbeit aufgewandt, wäre unvergleichlich mehr für eine erfolgreiche Anzeigenwerbung getan.

Ein Klassiker aktueller Werbung (bis heute unübertroffen) ist die Anzeige für Parker-Füllhalter, die unmittelbar nach Unterzeichnung des INF-Vertrages in den USA erschien – und kurz danach auch in Deutschland:

(Bild: Ronald Reagan und Michail Gorbatschow bei der Unterzeichnung des INF-Vertrages.) Schlagzeile:
»Die Feder ist mächtiger als das Schwert.
Parker.«

Parker hatte sich die Genehmigung des Weißen Hauses für diese Anzeige geben lassen. (Ob eine solche »amtliche Billigung« auch in Deutschland möglich wäre?) Entscheidend aber:

Diese Anzeige hat einen Neuigkeitswert, der jeden Plazierungswert überspielt.

Daß ein neues, ein aktuelles Ereignis treffend genutzt wurde – das macht diese Anzeige neu und aufmerksamkeitsstark. Hier wurde fast journalistisch gearbeitet. Doch noch viel zu selten wird einmal das genutzt, was aktuell ist, was unmittelbar geschieht. Denn da sind schneller Entschluß und sofortiges Handeln notwendig. Und das fällt einem einfachen Dachdeckermeister leichter als manchem großen Konzern, der es gewohnt ist, Werbeentscheidungen nur von langer Hand zu treffen.

Unmittelbar nach einem schweren Nordweststurm, der Norddeutschland heimsuchte, gab ein Hamburger Dachdeckermeister eine Anzeige auf, mit der er seine absolut sturmsicheren Dächer offerierte. »Strandräuber-Gesinnung«?, wie manche Werbekritiker vielleicht meinen? Für die Betroffenen das genaue Gegenteil: die Lösung eines Problems.

Sturmkatastrophen, Energiekrise, Umweltprobleme, politische Ereignisse – gibt es Themen, bei denen es sich moralisch verbietet, sie für die Werbung einzuspannen? Nicht so sehr das Thema, sondern die Art und Weise, wie man es behandelt, entscheidet.

Die Ruhrgas AG brachte eine eindrucksvolle Anzeigenserie mit Motiven wie diesem:

(Bild: Eine blühende Wiese durch die ein Feldweg führt. Eine Familie mit Fahrrädern macht am Wiesenrand Picknick.) Schlagzeile:

»Ruhrgas macht Erdgas unsichtbar«

(Im weiteren Text wird von dem 9.300 km langen, unterirdischen Leitungssystem gesprochen, das Ruhrgas mit den Nachbarländern verbindet, ohne die Natur zu beeinträchtigen).

Diese neuere Anzeige erinnert an eine ältere, die Esso schaltete:

Bild: eine schöne grüne Alm, auf der in größeren Abständen einige unauffällige grüne Stangen mit kleinen gelben Hütchen zu sehen sind. Schlagzeile: »Diese Ölleitung quer über die Alpen ersetzt 3500 Tankwagen täglich. Und das ist alles, was davon zu sehen ist.«

Werbeanlässe können auch ganz unmittelbar aktuell sein. Zum Beispiel, wenn bei einem plötzlichen Kälteeinbruch »tesamoll« für das Abdichten von Fenstern wirbt. Oder wenn »Alka Seltzer« während der Faschingszeit eine Anzeige mit der Schlagzeile bringt:

»Damit am Aschermittwoch wirklich alles vorbei ist.«

Anzeigen, die aktuelle Ereignisse nutzen, sind nur sinnvoll, wenn sie – und das zeigen die Beispiele – drei Voraussetzungen erfüllen:

1. Es muß eine unmittelbare Beziehung zwischen dem Angebot und dem Ereignis bestehen.
2. Diese Beziehung muß glaubwürdig sein.
3. Es muß ein Nutzen für den Verbraucher erkennbar sein.

Wo diese Voraussetzungen nicht erfüllt sind, wirken aktuelle Bezugnahmen vordergründig, konstruiert, oft auch ärgerlich. So etwa, wenn zu Wahlkampfzeiten alle möglichen Produkte und Dienstleistungen unter dem Aufhänger »Wählen Sie ...« angeboten werden. Oder wenn während der Olympiade Produkte auf dem Siegerpodest gezeigt werden. Oder wenn es während der Kieler Woche in einer Anzeige heißt: »Wir segeln voran!« Auf geblähten Segeln erscheinen dann Sonderangebote.

All das sind kleine Tricks und Schlauheiten, die vielleicht deren Erfinder erfreuen, das Publikum aber gleichgültig lassen. Bestenfalls lösen sie die Reaktion aus: »Die Werbefritzen müssen aber auch alles für ihre Zwecke ausschlachten!«

Eines der schönsten Beispiele für das Wahrnehmen aktueller Anlässe ist vielleicht dieses:

Als die englische Königin die Bundesrepublik besuchte, brachte ein Kaufhaus eine große Tageszeitungsanzeige mit den herrlichsten Sommerhüten.
Schlagzeile: »Die Königin geht nie ohne Hut.«

Wenn es darauf ankommt, schnell zu reagieren, ist die Tageszeitung mit ihrer Aktualität und ihren kurzen Einschaltterminen ein ideales Medium. Diese Erkenntnis scheint sich mehr und mehr durchzusetzen. 1975 entfielen von den klassischen Werbeaufwendungen in der Bundesrepublik 18 % auf Tageszeitungen. 1990 waren es 32 %.

Fragwürdige Druckergebnisse in Tageszeitungen?

Allerdings gibt es Einwände: Man kann in Tageszeitungen keinen »appetite appeal« zeigen, Tageszeitungsanzeigen sind unkosmetisch, man kann keine weichen Töne wiedergeben, Packungen lassen sich nicht farbgetreu darstellen.

Diese Einwände wurden schon erhoben, als die Kreativen noch tief im Kunsthandwerk und der Rotationsdruck noch in den Kinderschuhen steckte. Zeit und Zeitung sind inzwischen darüber hinweggeschritten.

Kreativität scheiterte noch nie am Druckverfahren. Und wenn, so wäre das heute keine Ausrede mehr. Allerdings – solange man Tageszeitungsanzeigen mit dem Fadenzähler statt mit gesundem Werbeverstand beurteilt, wird man diesem Medium selbst bei besten Druckergebnissen nicht gerecht. Dabei ist durch Tests längst bewiesen: der Verbraucher erwartet vom Tageszeitungsdruck nichts als Tageszeitungsdruck – für ihn ist eine vielleicht gröber gerasterte Tageszeitungs-Erbse eine genauso vollwertige und akzeptable Erbse wie eine feingerasterte, supergrüne Illustrierten-Erbse. Abgesehen davon, daß man heute Erbsen auch in der Tageszeitung supergrün haben kann. Aber: daß es diese Erbsen, tiefgekühlt, ab morgen früh zum Sonderpreis von DM 3,20 gibt – das kann man eben nur in der Tageszeitung sagen. Oder: daß man unmittelbar nach der Sturmkatastrophe die neuen, garantiert sturmsicheren Dächer anbietet – oder daß man einen Tag nach der Mondlandung die Landefähre auf dem Mond zeigt (»It's ugly, but it gets you there. VW.«): das macht die Tageszeitung möglich. Die »Mondfähre« war eine der erregendsten Anzeigen, die je erschienen. Aber kein Mensch hat sich darüber erregt, daß in jener Anzeige die Kontraste ein bißchen flau waren. Wenn die Idee groß ist, werden Grauwerte bedeutungslos. Tageszeitungen werden heute schon so gut gedruckt, daß selbst die Leute mit der Lupe und dem Fadenzähler da ihre hellen Ton- und Passerfreuden haben können.

Ob Tageszeitungen oder Zeitschriften – mit keinem anderen Medium wird täglich soviel Werbung verbreitet. Doch in keinem anderen Medium – so scheint es – wird Werbung so wenig beachtet.

Schaut man sich seine zeitungs- und zeitschriftenlesenden Mitmenschen einmal an – in der S-Bahn, im Restaurant, auf der Bank im Park, im Wartezimmer, beim Friseur, im Strandkorb: wie oft kommt es vor, daß mal eine Anzeige richtig »gelesen« wird, daß mehr passiert als ein flüchtiger Blick, ein schnelles Weiterblättern. Es gibt keine repräsentative Erhebung, wie viele Anzeigentexte – und zwar das, was unter der Schlagzeile steht – gelesen werden. Wenn sie nicht gelesen werden, dann gewiß nicht deshalb, weil Anzeigen sich so oft wiederholen, weil man sie »schon kennt«, sondern weil viele Anzeigen den Eindruck machen, als kenne man sie schon.

Zum Glück gibt es viele Anzeigen, bei denen man ziemlich sicher sein kann, daß sie beachtet und gelesen werden. Eine ganze Reihe davon sind in diesem Buch genannt. Die Orientierung an solchen Beispielen kann dazu

Die Kraft der Anzeige

117

beitragen, wirksamere, lesenswertere Anzeigen zu machen. Je mehr solcher Anzeigen es gibt, desto mehr wird der Leser die Überzeugung gewinnen, Anzeigen verdienen Beachtung. Das wiederum kommt der gesamten Anzeigenwerbung und damit der gesamten werbungtreibenden Wirtschaft zugute.

Anzeigen können Kräfte auslösen. Mit ein, zwei Anzeigen räumen Kaufhäuser heute ihre Lager. Mit drei Anzeigen konnte der amerikanische Werbefachmann Howard Gossage die US-Regierung zwingen, ein umweltgefährdendes Staudamm-Projekt zurückzuziehen. Mit einer Anzeige erhielt eine Bürgerinitiative so viele Geldspenden, daß sie ihren geplanten Kinderpark inmitten eines tristen Großstadtviertels errichten konnte. Viele Branchen könnten ohne die Anzeige gar nicht existieren. Anzeigen sind ein Teil des menschlichen Lebens – von der Heirats- bis zur Waschmittel-Anzeige. Ohne sie wäre unser Leben und unser Wirtschaftsleben ärmer. Anzeigen sind auch heute ein Ausdruck der Macht des gedruckten Wortes.

Und diese Macht ist ungebrochen.

Luthers 95 Thesen –
die Charta der Vereinten Nationen –
das Grundgesetz der Bundesrepublik Deutschland –
die Ostverträge –

wären auch heute, im Zeitalter der elektronischen Medien, kaum als TV-Spot oder als Funkdurchsage denkbar. Wohl aber als Anzeige. Ideen, die die Welt bewegten – so richtig oder falsch sie auch immer gewesen sein mögen – waren stets geschriebene, gedruckte Ideen – und nicht nur gesprochene.

Bei Ideen, die die Wirtschaft bewegen, ist das nicht anders.

Kontrollfragen für die Gestaltung von Anzeigen

1. Sagt sie dem Verbraucher etwas Neues, sagt sie es mit einer gewissen Einmaligkeit? Unterscheidet sie sich von den Anzeigen meiner Mitbewerber – auch wenn diese ähnliche Angebote zu machen haben wie ich?

2. Hat sie einen starken, verkäuferischen Inhalt – oder versucht sie, mangelnden Inhalt durch formale Elemente – wie abwegige Aufhänger und komplizierte Symbole – zu überspielen?

3. Stehen Bild und Text in einem Spannungsverhältnis zueinander, ohne widersprüchlich zu sein – oder sagt der Text nur, was das Bild schon zeigt?

4. Erregt die Schlagzeile Aufmerksamkeit, kann sie neben einer guten redaktionellen Schlagzeile bestehen – oder ist sie harmlos und unattraktiv?

5. Ist der Schlagzeile genug Raum gegeben, dominiert sie eindeutig, springt sie den Leser an – oder wird sie durch andere, auch wichtige Textzeilen erschlagen?

6. Ist der gesamte Text zwingend formuliert, das heißt: mit Beweisen, Schlußfolgerungen, Veranschaulichungen – oder bringt er nur aneinandergereihte Feststellungen und Behauptungen?

7. Ist die Gesamtaufmachung der Anzeige einfach und schnell erfaßbar – oder besteht sie aus zu vielen grafischen und typografischen Elementen, aus zu vielen Schrifttypen und Einzelbildern?

8. Dient die Typografie ausschließlich der guten Lesbarkeit, hält sie sich an die bewährten Normen guter redaktioneller Typografie – oder wird sie als gestalterisches Ausdrucksmittel mißbraucht?

»Darf ich für 20 Sekunden
um Ihre Aufmerksamkeit bitten ...?«

Fernsehwerbung
für Erwachsene

Es werden Werbefernseh-Ideen gesucht – und zwar für diese Themen:

1. Ein Auto ist so kletterfreudig, daß man damit auch die steilsten Gebirgsstraßen bewältigt.
2. Eine Brillen-Gemeinschaftswerbung soll deutlich machen, wie wichtig gutes Sehen im Arbeitsleben ist.
3. Mit einer Jalousie kann man ein Zimmer so verdunkeln, daß kein Tageslicht mehr eindringt.

Bevor Sie weiterlesen – und bevor Sie die Lösungen am Schluß des Kapitels lesen: Welche Lösungen würden Sie vorschlagen?

»Fernsehen ist Kaugummi für die Augen«, meinte ein kritischer Zeitgenosse. Er dachte dabei nicht an das Werbefernsehen. Dem galt ein Zwischenruf aus dem Publikum während eines Fernseh-Forums: »Das Werbefernsehen ist einfach besch...«.

Warum steht das Fernsehen so stark im öffentlichen Interesse? Warum können sich Bürger über die Fernseh-Programmgestaltung erregen, während sie Redaktionsprogramme der Zeitungen und Zeitschriften kalt lassen? Warum wird das Werbefernsehen so häufig kritisiert, während die Anzeigenwerbung, die Rundfunkwerbung, die Plakatwerbung kaum jemanden aufregt? Sind diese Werbemittel soviel besser? Werden sie von den guten Werbeleuten gemacht und Werbefernsehen von den weniger guten?

Wenn schon, dann ist es eher umgekehrt. Es gibt zwei Gründe für die starke Kritikbereitschaft dem Werbefernsehen gegenüber. Einen wesentlichen und einen unwesentlichen.

Der unwesentliche: Das Fernsehen ist das beliebteste Medium. Was dort geschieht, interessiert oder mißfällt dem Bürger besonders.

Der wesentliche: Das Fernsehen ist das eindringlichste Medium. Jede Unglaubwürdigkeit wirkt doppelt unglaubwürdig, jede Übertreibung doppelt übertrieben.

Der Bundesbürger verbringt durchschnittlich etwa drei Stunden täglich vor dem Fernseher. Rund 20 % Bundesbürger sehen das Werbefernsehen bewußt – davon ca. 40 % Frauen, 30 % Männer, 30 % Kinder.

Was auffällt, ist die hohe Kinderbeteiligung. Auch dafür gibt es einen wesentlichen und einen unwesentlichen Grund.

Der unwesentliche: »Also gut, noch das Werbefernsehen, dann aber ins Bett!«

Der wesentliche: Kinder sind für Naivitäten sehr empfänglich.

Viele Werbungtreibende freuen sich über die hohe Kinderbeteiligung: »Die zitieren unseren Slogan und singen unseren Jingle.«

Viele Werbungtreibende mißbilligen die hohe Kinderbeteiligung: »Wir machen unsere Spots schließlich für Erwachsene.«

Die Mundpropaganda durch Kindermund wird oft überschätzt. Ihr Radius ist relativ klein. Und das Zitieren eines gesprochenen oder gesungenen Slogans war noch nie kaufentscheidend. Gravierend ist etwas anderes: Angenommen, ein Mediaplaner schlägt vor, für einen Elektrorasierer in einer Zeitschrift zu werben, deren Anzeigen zu 70 % von Frauen und Kindern und nur zu 30 % von Männern gelesen werden – dieser Mediaplaner müßte mit Schlimmerem rechnen als einem nachsichtigen Lächeln. Beim Fernsehen aber verzeiht man ihm diesen »Mißgriff« nicht nur, man erwartet ihn sogar.

Es gibt keine andere Möglichkeit, so einfach, so direkt ins Wohnzimmer des Verbrauchers einzudringen wie mit dem Fernsehen. Man braucht sich dafür nicht einmal zu entschuldigen. Der Versicherungsvertreter, der morgens vor der Haustür abgewiesen wurde, kommt abends per Bildröhre doch noch in die gute Stube. Er muß nur dafür sorgen, beachtet zu werden.

Hören ist leichter als Lesen, Sehen leichter als Zuhören. Sehen und Hören müßten eine ideale Kombination abgeben, um zu kommunizieren. Schon vor vielen Jahren wurde nachgewiesen, daß der Mensch 35 % mehr aufnimmt, wenn Bild und Ton kombiniert sind – und daß er das Aufgenommene um 55 % länger behält. Mehr aufnehmen, mehr behalten – ist das nicht Wunschtraum aller Werbungtreibenden? Dieser Wunschtraum kann nur Erfüllung bringen, wenn er den Wünschen der Umworbenen entspricht.

Unterhaltungs-
Medium

Was wünschen sich die Menschen vom Fernsehen? In erster und in zweiter Linie: Unterhaltung. Nichts anderes – und nichts anderes – wünscht man sich auch vom Werbefernsehen, ob es den Werbungtreibenden ins Werbekonzept paßt oder nicht. »Unterhaltung« – das ist weniger oberflächlich gemeint, als es klingt.

Einer der eindrucksvollsten Filme, der je vom Fernsehen gesendet wurde, war auch einer der – im ernsten Sinne – unterhaltsamsten. Er spielte – nein er »spielte« nicht, er fand statt in der Hamburger Strafanstalt Fuhlsbüttel. Strafgefangene saßen – ohne jede Probe – zu Gericht über drei Mitgefangene. Sie übernahmen ihre Rollen als Richter, Staatsanwalt, Schöffen, Verteidiger. Die drei, um die es ging, waren verurteilt wegen gemeinschaftlichen Raubmordes. Ihr Fall, so wie er sich tatsächlich zugetragen hatte, wurde nochmals aufgerollt. Ein reiner Dialog-Film. Handlung fand nur auf den ungeschminkten Gesichtern der Beteiligten statt. Länge mehr als zwei Stunden – und nicht eine Minute Langeweile.

Wieviel Langeweile kann dagegen eine sogenannte Unterhaltungssendung verbreiten. Oder ein Werbespot. Obwohl diese Sujets doch weit mehr für Unterhaltsamkeit prädestiniert sind als ernste Stoffe.

Das Research-Department der amerikanischen Werbeagentur Walter J.

124

Thompson kommt aufgrund einer Untersuchung zu dem Ergebnis: »Sollen die Fernsehzuschauer nicht vergrault werden, müssen wir ihnen mehr Unterhaltung bieten.« Dagegen drei Stimmen deutscher Agenturchefs:

»Wir sind nicht die Showmaster der Nation, wir wollen Produkte verkaufen.«

»Wir müssen weg von der Werbe-Operette, wir müssen direkt sagen, was der Konsument zu erwarten hat.«

»Wir dürfen dem Verbraucher nicht mit Markentingeltangel auf den Wecker fallen.«

Alle diese Aussagen sind richtig. Sie sollten aber zu keinem Mißverständnis führen: Unterhaltung ist weder Selbstzweck, noch ist Werbung Information ohne Attraktion. »Direkt sagen« heißt nicht ideenlos sein. Jeder gute Verkäufer weiß das und argumentiert so, daß der Kunde zuhört und nicht gähnt. *Information plus Attraktion*

In einen 20-Sekunden-Spot kann man die Langeweile von Stunden hineinpacken – oder die Kurzweil eines überraschenden Augenblicks. Das Fernsehen wird »Unterhaltungs-Medium« genannt. Das ist eine Verpflichtung für die Werbungtreibenden. Von einer »Unterhaltungszeitung« oder einer »Unterhaltungszeitschrift« wird nicht gesprochen. Wie wirbt man in einem Unterhaltungs-Medium?

Angenommen, in einem Fernsehspot tritt ein Mann auf, nur mit Unterhosen und Ringelsocken bekleidet und tanzt einen wilden Cha-Cha-Cha. Höchst unterhaltsam! Jeder wird hinsehen. Die Frage ist nur, was diese amüsante Szene mit der Schmelzkäsepackung zu tun hat, die der Mann dabei präsentiert.

Angenommen, der gleiche Mann würde nicht Schmelzkäse offerieren, sondern Herrensocken, und er würde mit seinem wilden Cha-Cha-Cha beweisen, daß seine Socken absolut rutschfest sitzen. Das wäre alles andere als bloße Unterhaltung, leerer Gag, sinnloser Werbetingeltangel. Das wäre Werbung, wie sie zwingender, verkäuferischer – und unterhaltsamer – kaum sein kann. Keine kindische Klamauk-Werbung, sondern Werbung für Erwachsene.

Es stimmt, was eine alte Werbefernseh-Regel sagt: die ersten fünf Sekunden entscheiden, ob man sein Publikum gewinnt oder verliert. Man kann es aber auch *nach* fünf Sekunden noch verlieren – wenn diese sich nur als trickreicher Aufmerksamkeitshascher erweisen, der mit dem Angebot nichts zu tun hat. Ein Angebot ist kein Pferdefuß.

Die »Aufhänger«-Methode wurde in den Anfangsjahren der Kinowerbung sogar kommerziell genutzt: Clevere Filmproduktionen drehten Aufhänger, an die sich Werbungtreibende anhängen konnten. Es gab zum Beispiel diesen 15-Sekunden-Vorspann in Zeichentrick: Ein kleiner schmächtiger Mann bringt seiner großen voluminösen Frau einen Geschenkkarton.

Sie öffnet den Karton. Heraus kommt ein Nudelholz. Sie haut ihm das Nudelholz erst einmal probeweise auf den Kopf – dann schließt sie ihn dankbar in die Arme. Zu diesem Vorspann hieß es, das Nudelholz könne für viele Gelegenheiten verwendet werden. Das Nudelholz als Holzhammer.

Der Inhalt eines Werbespots, so wird oft gesagt, muß mit Phantasie gewürzt sein, der Gestalter muß seinen kreativen Beitrag hinzufügen. Das ist ein Irrtum.

Phantasie und Kreativität sind keine Gewürze oder Beigaben, sondern die Mahlzeit. Sie dienen nicht der werblichen Anreicherung des Themas, sondern sind Thema. Andernfalls kommt es zur Nudelholz-Werbung oder zur Cha-Cha-Cha-Schmelzkäse-Werbung.

Man kann einen Spot an dem dünnen Haken eines neckischen Einfalls aufhängen, man kann ihn aber auch in das feste Netz einer tragenden Idee legen.

Worin liegt das Wesen von Fernseh-Ideen, in welche Richtung muß der Gestalter denken? Das Wesen des Werbefernsehens ist die Demonstration. Darin wird es von keinem anderen Medium erreicht. Demonstration, das gilt in zweifacher Hinsicht:

Demonstrations-Medium

• Demonstration der Produktidee,
• Demonstration der Menschen, die eine Produktidee »erleben«.

Oft ist es auch eine Mischung von beidem. Immer aber ist es die Einfachheit der Demonstration, die – wie bei jeder guten Idee – auch die gute Fernseh-Idee auszeichnet. In 20, 30 oder 60 Sekunden sind komplizierte Ideen ohnehin nicht zu kommunizieren, auch wenn es mitunter versucht wird.

Eine der einfachsten und eindrucksvollsten Produkt-Demonstrationen war dieser Spot:

> Eine lange, einsame Chaussee. Man hört Motorengeräusch. Ein VW kommt, fährt vorüber und verschwindet.
> Sprecher: »Er läuft – und läuft – und läuft.«

Eine der einfachsten und eindrucksvollsten »Mensch-Demonstrationen« war die folgende. Dazu noch eine Vorbemerkung:

Während einer Orchesterprobe verlangte Toscanini bei einer bestimmten Stelle einer Schumann-Sinfonie einen besonders zarten, schwebenden Klang. Die ersten beiden Versuche überzeugten ihn nicht. Da zog er ein seidenes Ziertuch aus der Tasche, warf es hoch und ließ es sanft zu Boden schweben. »So sollen Sie es spielen«, sagte der Meister. Die nächste Probe klappte besser: sie »schwebte«.

126

Man sieht nicht nur, was man sieht, man sieht auch, was man hört. Und – erstaunlich genug – man kann sogar riechen, was man sieht. Manche Experten glauben das zwar nicht und stellten schon absurde Versuche mit einem sogenannten »Geruchsfernsehen« an. Wozu? Man kann sehr wohl den Geruchssinn per Fernsehen aktivieren. Das zeigt diese »Mensch-Demonstration«:

> Ein schlafender Mann. Man hört eine Kaffeemaschine glucksen. Das Gesicht des Mannes beginnt höchstes Wohlbehagen auszudrücken, man sieht, wie ihm Kaffeeduft in die Nase steigt.
> Sprecher: »It's wonderful to wake up to Maxwell House Coffee – the coffee that tastes as good as is smells.«

»So sollen Sie es spielen ...!«, »So soll Kaffee schmecken ...!« Einfache, anschauliche Demonstration – Sichtbarmachen des Nicht-Sichtbaren!

Sichtbarmachen des Nicht-Sichtbaren!

In der Einfachheit einer Idee liegen auch ihr Neuigkeitswert und ihr zwingender verkäuferischer Wert – vorausgesetzt, es ist eine Idee und nicht nur ein filmischer Ablauf.

Wie hätte denn der VW-Spot ausgesehen, wäre er nur filmischer Ablauf gewesen? Etwa so:

> Der Wagen auf der Autobahn, dann auf der Landstraße, dann auf einem Gebirgsweg, dann auf einem Feldweg.
> Sprecher: »Ob auf der Autobahn, auf der Landstraße, im Gebirge oder auf Nebenwegen: er läßt Sie nicht im Stich.«

Was wäre aus dem Gedanken »tastes as good as it smells« geworden, hätte man ihn nur als Filmablauf abgewickelt, nicht aber in eine Idee umgesetzt? Etwa das:

> Ein Mann sitzt mit seiner Frau fröhlich am Kaffeetisch. Er führt die Tasse zum Mund, schnuppert vorher kurz daran und sagt dann: »O Liebling, der duftet aber gut!«
> Sie: »Ja, Schatz, es ist ja auch der gute X-Kaffee, der schmeckt so gut, wie er duftet.« Er: »Du solltest nur noch X-Kaffee kaufen, Liebling.«

... Ein neuer Spot? Ein zwingender, ein verkäuferischer Spot? Nichts von dem – eine Harmlosigkeit.

Im Entwurfsstadium werden TV-Spots als sogenannte »Story-boards« zu Papier gebracht: links eine Skizze des Bildes, rechts der dazugehörende Text und Angaben zum Ton. Mit fünf bis zehn solcher Bild-Text-Folgen läßt sich ein 20- oder 30-Sekunden-Spot etwa beschreiben.

Viele Story-boards heißen nur so, sind es aber nicht. Sie sind nur »boards«, die »story« fehlt. Dennoch wirken sie auf manche Beteiligte wie

Stories, nicht nur Story-boards

127

»richtige« Filme, weil der Ablauf richtig ist, weil die richtigen Illustrationen gebracht werden und die richtigen Worte gesagt werden, wie sie ja auch im Briefing stehen. In einem solchen »Film« ist wirklich alles drin, was der Werbungtreibende will: er zeigt, was gezeigt werden muß, er sagt, was gesagt werden muß – und das in der vorgeschriebenen Zeit von 20 Sekunden. Also muß es wohl ein guter Film sein.

Es ist genau das Gegenteil davon.

TV-Gestalter sind keine Bildchenmaler und Worteschreiber, sondern Kommunikations-Fachleute mit Schwerpunkt »Film«. Ihre Aufgabe ist es nicht, Filmabläufe zu schreiben, sondern kommunikationsfähige Filmideen für ein Thema zu finden.

Es gibt ein Kennzeichen für Ideen: man kann sie mit einem Stichwort bezeichnen. Man kann sie ohne einen Ablauf, ohne ein Story-board einer Filmproduktion geben, man hat sofort das Wesentliche des Films vor Augen.

Stories, nicht Story-boards, sind das Geheimnis guter Werbefilme. Hier einige Beispiele für den Unterschied zwischen beidem (bemerkenswert: die Ideen-Spots lassen sich alle mit einem Titel kennzeichnen):

Thema: Strapazierfähiger Reisekoffer

Ablauf-Spot:	**Ideen-Spot:**
Die Strapazierfähigkeit auf Reisen wird demonstriert.	»Elefant.« Ein Elefant tritt auf den Koffer, setzt sich drauf.

Thema: Nicht-einlaufender Pullover

Ablauf-Spot:	**Ideen-Spot:**
Eine Frau verweist auf das Etikett »Nicht einlaufend.« Dann zieht sie den Pullover an und sagt, wie wohl sie sich darin fühlt.	»Lippenstift-Linie.« Ein junges Mädchen streift sich den Pullover über die nackte Haut und zieht, wo er endet, mit Lippenstift eine Linie um den Körper. Nach dem Waschen geht der Pullover wieder genau bis an die Linie.

Thema: Wasserdichte Uhr

Ablauf-Spot:	**Ideen-Spot:**
Ein Mann hält die Uhr ins Wasser und nimmt sie wieder heraus. Sie geht noch.	»Wasserski.« Uhr wird unter einen Wasserski geschnallt. Nach rasanter Fahrt geht sie noch.

Thema: Reisen mit der Bahn

Ablauf-Spot:
Ein Mann setzt sich im Speisewagen an den Tisch, bestellt ein Menü und bewundert die vorüberziehende Landschaft.

Ideen-Spot:
»Flugzeug verwandelt sich in Bahn.«
Ein Mann sitzt beengt im Flugzeug. Plötzlich (Filmtrick) werden die Sitze breiter und die Fenster größer. Ein Tisch saust heran. Ein Ober kommt. Der Mann sitzt unversehens bequem in der Bahn.

Thema: Winterfestes Auto

Ablauf-Spot:
Auto fährt durch die Winterlandschaft. Der Fahrer lobt die guten Fahreigenschaften bei Schnee.

Ideen-Spot:
»Schneepflugfahrer.«
Ein Mann – von Beruf Schneepflugfahrer – steigt an einem Wintermorgen in sein Auto und fährt über verschneite Straßen zu seinem Schneepflug.

Thema: Bügelfreies Hemd

Ablauf-Spot:
Eine Frau nimmt ein Hemd von der Leine und zeigt, wie glatt es ist. Ihr Mann zieht es an und staunt, daß das Hemd nicht gebügelt worden ist.

Ideen-Spot:
»Waschsalon.«
Ein Mann kommt in den Waschsalon, zieht vor den erstaunten Hausfrauen sein Hemd aus und gibt es in den Automaten. Das gewaschene Hemd zieht er wieder an und geht, fröhlich winkend.

Thema: Schnell und sauber arbeitendes Fotokopiergerät

Ablauf-Spot:
Das Gerät in Betrieb. Ein Sprecher erklärt, wie schnell und sauber es arbeitet. Die Kopien wären vom Original nicht zu unterscheiden.

Ideen-Spot:
»Das Vervielfältigungs-Wunder.«
Ein Mönch überreicht seinem Pater eine Abschrift aus einer alten Schriftenrolle. Der Pater verlangt 100 weitere Abschriften. Als sie ihm der Mönch bald darauf (fotokopiert) überreicht, schaut der Pater ehrfürchtig gen Himmel: »Ein Wunder ist geschehen, Bruder Dominic.«

Thema: Herrenschuhe mit atmungsaktivem Innenfutter

Ablauf-Spot:
Ein Mann geht mit den Schuhen auf und ab und erklärt, wie wohl er sich darin fühlt.

Ideen-Spot:
»Schuh-Führung.«
Fototrick: riesiger Schuh. Eine Gruppe von Leuten wird von einem Führer durch das Innere des Schuhs geleitet. Der Führer erläutert die Verarbeitung.

Thema: Haarfestiger, der das Haar elastisch hält

Ablauf-Spot:
Eine Frau kämmt sich das Haar und erklärt, wie zufrieden sie mit dem Haarfestiger ist.

Ideen-Spot:
»Die Versuchung.«
Zwei Rücken-an-Rücken-Sitze in einem Flughafen-Warteraum. Auf der einen Seite eine junge Frau, die sich lebhaft mit ihrer Freundin unterhält, ihr Haar wippt dabei. Der hinter ihr sitzende seriöse Herr kann der Versuchung nicht widerstehen, ihr Haar heimlich zart zu berühren.

Thema: Busfahrt durch Amerika

Ablauf-Spot:
Ein Reisebus hält vor verschiedenen Sehenswürdigkeiten.

Ideen-Spot:
»Stimmen aus dem Bus.«
Ein Highway in der Abendsonne. Ein Reisebus kommt näher. man hört nur die Stimmen der Insassen, die sich über den erlebnisreichen Tag unterhalten.

Erst die Idee, dann die Verständlichkeit!

Richtige Abläufe werden richtig verstanden. Das ist alles. Mit Werbung hat das nichts zu tun. Es ist wichtig, daß ein Spot richtig verstanden wird, doch die Reihenfolge der Wichtigkeit ist diese: An erster Stelle steht die Frage nach der Kommunikationsidee. Dann erst kommt die Frage, wie diese Idee aufzubereiten ist, wie sie ablaufen muß, um richtig verstanden zu werden.

Als die Zuschauer nach einer Vorstellung des berühmten Pantomimen Marcel Marceau stark beeindruckt das Theater verließen, meint einer von ihnen: »Wenn der Mann auch noch sprechen könnte, wäre er eine Sensation.«

Fotografierter Rundfunk?

Solche »Sensationen« erwarten manche Werbeleute vom Fernsehen. In dem Bestreben, auch ja richtig verstanden zu werden, produzieren sie statt Fernsehen fotografierten Rundfunk: Da bringt ein Mann seiner Frau Blumen mit, und der Sprecher sagt: »Blumen für die Dame«. Da prüft ein Tankwart den Reifendruck, und der Sprecher sagt: »Unsere Tankwarte prüfen auch den Reifendruck«. Da streicht eine Frau die Margarine X auf's Brot, und der Sprecher sagt: »Gesundheit aufs Brot – X-Margarine«.

Der Text muß hart am Bild bleiben, heißt eine alte Fernseh-Regel. Richtig. Das heißt aber nicht, daß er das Bild wiederholen muß – das wäre nichts anderes als ein sprechender Marcel Marceau. Der Text soll nicht sagen, was das Bild schon sagt, er soll etwas *über* das Bild sagen. Er muß gedanklich »über« dem Bild stehen.

Bild-Text-Parallelität ist ebenso harmlos wie Bild-Ton-Parallelität. Bei einer pfeifenden Lokomotive die Lokomotive zu zeigen ist wenig aufregend. Viel interessanter wäre die Wirkung des Pfeifens auf den Bahnhofsvorsteher oder auf eine Herde Kühe. Läutende Kirchenglocken zu zeigen ist weniger mitteilsam als die Wirkung des Läutens auf ein Brautpaar. Beim Quietschen der Bremsen das Auto zu zeigen ist weniger dramatisch als das erschrockene Kind, das gerade über die Straße gehen wollte.

Bild-Ton-Parallelität ist nicht nur langweilig, sondern auch kostspielig. In 20, 30 oder 60 Sekunden sollte alles getan werden, die Kommunikationswege kurz zu halten und sinnlose Doppelkommunikation zu vermeiden. Es ist nicht nötig, erst das schreiende Kind zu zeigen und dann die Mutter, die auf das Schreien reagiert. Man kann gleich die reagierende Mutter zeigen, während man das Kind schreien hört. Das spart mindestens fünf Sekunden Zeit – bei zehnmaliger Einschaltung nur über ZDF und RTL sind das rund DM 300.000,– Ersparnis. Nicht anders ist das bei dem Bahnhofsvorsteher, der Kuhherde, dem Brautpaar, dem erschrockenen Kind an der Fahrbahn und bei beliebigen Beispielen solcher Art. *Keine Doppelkommunikation*

Genau so verfehlt ist es, bei einem Werbelied oder Jingle die Sänger zu zeigen, statt die bildliche – und damit werbliche – Interpretation des Gesungenen.

Das gilt selbst dann, wenn Placido Domingo den Jingle singen würde (es sei denn er wirbt für Halstabletten).

Es wird gesagt, beim Fernsehen sei das Bild wichtiger als der Ton. Kann sein, das stimmt. Nichts zu halten ist jedoch von der Patentregel, die sagt, man muß einen Spot auch ohne Ton verstehen können, nur dann sei er gut. Es gibt viele hervorragende und in Cannes und mit dem Clio-Award ausgezeichnete Spots, die ohne Ton absolut unverständlich wären. Zum Beispiel dieser:

Während des ganzen 60-Sekunden-Spots sieht man lediglich das Gesicht einer jungen Frau, die mit einem – nicht sichtbaren – Verkäufer spricht:

Frau: »Let me see your shorts.«

Verkäufer: »What? Oh, Yes, Ma'am. Mmm-hmm. We have, uh – what size does your husband wear? Hmm?«

131

Frau:	»Hmm, 34.«
Verkäufer:	»Fine. Now we have these in a boxer model with a nice pattern of salamanders, little side vents, mmm-hmm. These are very nice. We feel ...«
Frau:	»Are they labeled Sanforized?«
Verkäufer:	»Well, we've marked them down a third for just this week. That's a third off the price, of course, not a third off the shorts.«
Frau:	»Are they Sanforized?«
Verkäufer:	»Why, all our goods are preshrunk. Now you see how the little salamander here is crawling around in ...«
Frau:	»San-for-ized.«
Verkäufer:	»Well, not in so many words, but they probably forgot, what with the salamanders and all.«
Sprecher:	»You can't be sure the fabric won't shrink unless you see Sanforized right there on the label. Be suspicious.«

Bild- und Worthektik vermeiden!

Als Mitte der zwanziger Jahre die ersten Hörspiele gesendet wurden, schwelgte man in Geräuschen. »Wallensteins Lager« ging mit gewaltigem Waffengeklirr über die Hörspielbühne, die damals tatsächlich eine Bühne war, denn man spielte in Kostümen, weil man meinte, das erhöhe die Suggestivkraft. Filmamateure, die das erste Mal mit ihrer Videokamera auf die »Jagd« gehen, schwelgen meistens in Bewegung: schnelle Szenenwechsel, viele Schwenks und rasche Zoomfahrten, viele Geräusche, viel hektisches Gerede. Bis man dann dahinterkommt, daß es besser ist, die Kamera ruhig zu handhaben und den Motiven Zeit zu geben.

Etwas von dieser Video-Anfänger-Hektik scheint noch im Werbefernsehen drinzustecken. Bei den ersten Fernsehspots war das Bildgeschehen oft überdimensioniert: Bilder in rascher Folge und reicher Fülle. Der »Sanforized«-Spot – nur eine Einstellung in 60 Sekunden – wäre damals ein Unding gewesen.

Später wurde dann die Regel aufgestellt: Pro Szene mindestens drei Sekunden – das ist das wenigste, um sie erfassen zu können. Diese Mindestzeit wurde häufig zur Normalzeit gemacht – bis heute. 20-Sekunden-Spots mit sechs bis sieben Einstellungen sind keine Seltenheit. Viele Werbungtreibende und Werbegestalter glauben das Medium Fernsehen besonders gut zu nut-

132

zen, wenn sie besonders viel mit Bildern operieren. Doch genauso wie bei den ersten Hörspielen das Zuviel an Geräuschen, bei den ersten Super-8- und Video-Versuchen das Zuviel an Bewegung, bei den ersten Farbfernsehsendungen das Zuviel an Farben, so sollte das Urübel beim Werbefernsehen – das Zuviel an Bildern – endgültig überwunden werden. Man hätte den »Sanforized«-Spot auch sehr bildreich – und sehr harmlos – machen können:

1. Bild: Frau vor einem Schaufenster.
2. Bild: Ranfahrt an die Shorts im Schaufenster.
3. Bild: Frau öffnet die Ladentüre.
4. Bild: Ein Verkäufer kommt der Frau entgegen.
5. Bild: Gesicht des Verkäufers.
           Er fragt, was die Frau wünscht.
6. Bild: Gesicht der Frau.
           Sie verlangt Shorts.

Der Spot beginnt mit dem sechsten Bild. Aus der Fragestellung ergibt sich, daß die Frau mit einem Verkäufer spricht. Das genügt.

Die hohe Kunst des Weglassens, des Vereinfachens demonstriert auch dieser Spot. Sein Thema ist der Alkoholmißbrauch:

Kunst des Weglassens

Wassertropfen fallen unentwegt auf einen gehöhlten Stein.
Ein Sprecher kommentiert die Gefahr des steten Alkoholtrinkens.

Manche Gestalter mißtrauen der »Dramatik« einfacher, ruhiger Bildabläufe. Es »passiert« ihnen da nicht genug. Viele, schnelle Schnitte hintereinander, das wäre zwingend, wäre Dramatik, meinen sie. Dramatik ist aber nicht Hektik, Form nicht Inhalt. Wenn das verwechselt wird, kommt es nie zu einem »steten Tropfen«, nie zu einem steten »Sanforized«.

Oder man meint, ein Produkt müsse »verjüngt« werden. Also wählt man eine moderne, rhythmische Musik und läßt junge Leute agieren. Damit das Ganze noch »jünger« wirkt, macht man's in vielen schnellen Bildschnitten. Nur, es ging hier eben nicht um ein Pop-Rock-Magazin, sondern um ein Waschmittel.

Natürlich wäre es abwegig zu verlangen, ein Spot dürfe nur noch aus *einer* Einstellung bestehen. Ein Spot kann sogar hektisch sein, wenn Hektik sein Thema ist – beispielsweise um deutlich zu machen, daß alle zwei Sekunden ein Verkehrsunfall passiert. In 90 % der Fälle ist Bildhektik aber kein Stilmittel, sondern Regiefehler.

Man sieht nicht nur, man hört oft auch Hektik im Werbefernsehen: Texte werden nicht gesprochen, sondern der Stoppuhr hinterhergejagt. Auch hier wäre es verfehlt, nur noch auf Zeit und Ruhe zu setzen. Die Sprache kann sogar hektisch sein, wenn Hektik das Thema ist. Der schnell und nervös sprechende Verkäufer im »Sanforized«-Spot, der mit seinem Wortschwall die ruhige Hartnäckigkeit der Kundin ersticken möchte, ist Thema des Spots, ist Stilmittel. Doch auch hier: bei 90 % aller zu schnell gesprochenen Spots geschieht das nicht aus Stil-, sondern aus Zeitgründen.

Wenn man vom Nebenzimmer das Fernsehen hört, wenn die Stimmen, die Musik, der Gesang plötzlich laut und aufgeregt werden, weiß man nur allzu oft, auch ohne das Gehörte zu verstehen: jetzt ist Werbefernsehen. Einem Menschen, der so laut und aufdringlich in die Wohnung eindringt wie mancher Fernsehspot, würde man entschieden die Tür weisen.

*Einfache Bilder –
wenig Worte!*

Sehr einfache Bildabläufe erfordern nicht zwangsläufig um so »dramatischere« Kommentare. Ein sehr eindrucksvoller Spot zeigte weiter nichts als einen kleinen Jungen, der sich Margarine auf eine Scheibe Brot streicht. Entsprechend ruhig und einfach war der Kommentar gesprochen:

> »Er weiß nichts von hochungesättigten Fettsäuren. Er weiß auch nichts
> von den Vitaminen A, D und E. Er weiß nur: Es schmeckt.«

Noch behutsamer sollte der Umgang mit Text bei sehr dramatischen Bildern sein: je dramatischer das Bild, desto zurückhaltender der Kommentar. Auf dem Höhepunkt des Trapezaktes ist nichts weiter zu hören als ein Trommelwirbel. Bei einer sehr spannenden Szene eines Fußballspiels ist vom Kommentator nichts weiter zu hören als: »Möller – – schöner Doppelpaß! – – Ziege – – Tor!« Ein guter Fernseh-Reporter weiß, er ist nicht Rundfunk-Reporter. Viele Fernseh-Werbetexte klingen wie Rundfunk-Werbetexte. Es wurde vergessen, daß auch Bilder sprechen, daß Fernsehen nicht fotografierter Rundfunk ist. Ein amerikanischer Spot, der für neue »tire in a tire«-Reifen wirbt, beginnt so:

> Blick durch die Windschutzscheibe eines fahrenden Autos auf eine einsame, nächtliche Straße. Dicker Nebel. Plötzliches Bremsen. Der Wagen hält. Man hört die Wagentür schlagen. Eine Frau steigt aus, sieht ihren platten Reifen – und schaut hilflos in Nacht und Nebel.

Während dieser ganzen Szene wird – wozu auch? – nicht ein einziges Wort gesprochen. Wäre diese Szene deutscher Textergründlichkeit anheimgefallen, wäre sie kaum ohne folgenden – für die Dramatik tödlichen – Kommentar ausgekommen:

> »Unterwegs. Bei Nacht und Nebel. Halt, was war das! Aussteigen? Jetzt mitten in der Nacht? Es muß sein. Oh weh – der Reifen. Platt!«

134

Der Texter wird vermutlich noch stolz darauf sein, wie »knapp«, wie »zwingend« und mit welch' »einfachen« Worten er das formuliert hat. Für das Fernsehen gilt: Je dramatischer das Bild, desto überflüssiger sind Worte. Wer gute Werbespots schreiben will, muß sein Medium kennen. Er muß wissen, was machbar ist, und wie es gemacht werden kann – er muß wissen, wann Realfilm, wann Trickfilm die geeignete Technik ist.

Am weitesten verbreitet ist der Realfilm – auch als Werbefilm. Das liegt nicht an den Filmproduktionsgesellschaften, sondern an den Menschen, für die Filme gemacht werden. Die meisten Menschen sind weit mehr am Realen als am Irrealen interessiert, auch wenn es um Unterhaltung geht. Übertreibungen und Verzeichnungen werden als Abwechslung akzeptiert, als Normalkost aber abgelehnt. Man kann jeden Abend Realfilme sehen, jeden Abend Zeichentrickfilme wäre unerträglich.

Der Realfilm – darüber sind sich die Experten einig – ist die glaubwürdigste Filmtechnik. Der Seher kann eine reale Verkaufsbotschaft am leichtesten auf sein eigenes Leben übertragen.

»Glaubwürdigkeit? Das ist genau das, was wir wollen«, könnte ein Werbungtreibender sagen, »also drehen wir unseren Film mit dem jungen Mädchen, das Körpergeruch hat und von seinem Freund verlassen wird, als Realfilm.« Ein Grundgedanke, der auf Übertreibung beruht – was durchaus legitim sein kann –, wird nicht dadurch real, indem ich ihn in Real drehe. Als Zeichentrick hingegen kann er attraktiv und überzeugend wirken. Beispielsweise, indem man die Geschichte mit dem verlassenen Mädchen und ihrem Körpergeruch als bewußt übertriebenes Märchen erzählt.

Bevor ein Drehbuchautor einen unglaubwürdigen Realfilm entwickelt, sollte er sich überlegen, ob sein Thema nicht besser in einer Tricktechnik realisierbar wäre: als Zeichentrick oder Puppentrick, der humorvollen Art der Übertreibung. Oder als Sach- oder Fototrick, der »sachlichen« Übertreibung, mit der man eine Gruppe von Leuten ganz »realistisch« im Inneren eines Schuhs herumlaufen lassen kann oder ein »leichtes« Omelett durch die Luft schweben läßt.

Angenommen, ein Drehbuchautor steht vor der Aufgabe, für eine Kinder-Eiskrem einen Spot zu drehen. Thema: die relativ große Portion dieser Eiskrem. Doch ist die Portion wiederum nicht so groß, als daß man das real deutlich machen könnte – wohl aber als bewußte Überdramatisierung, als Zeichentrick:

> Ein riesiger Eiskremberg. Kinder als Gipfelstürmer. Sie legen eine Feuerwehrleiter an, klettern mit Eispickeln hinauf, setzen eine Gipfelfahne. Andere umfliegen den Berg mit einem Hubschrauber, andere winken von unten.

Hier ist der Zeichentrick in zweifacher Hinsicht richtig: das Thema der großen Portion läßt sich so am besten dramatisieren und – da es um ein Kinderprodukt ging: Kinder sehen Zeichentrickfilme gern.

Verfehlt wäre es, reale Situationen mit realen Menschen, die reale Dinge tun, in Zeichentrick darzustellen. Bei irrealer Filmtechnik müssen irreale Dinge passieren, sonst ist sie vergeblich und verderblich. Ebenso verderblich wäre es, wenn in Realfilmen Irreales passiert. Und das passiert laufend – auf Kosten der Glaubwürdigkeit und damit der Verkäuflichkeit von Werbe-Inhalten.

Wie real ist der Realfilm?

Wie real ist der deutsche Realfilm?

- Ist es real, wenn in einem Werbespot eine Pfanne gezeigt wird, in der zentimeterdick der Schmutz klebt?
- Ist es real, wenn ein Fußboden wie eine Kunsteisbahn glänzt?
- Ist es real, wenn eine Hausfrau im feinsten Nachmittagskleid ihre Küchenarbeit verrichtet?

Ist das neu, ist das einfach? Ist das zwingend, ist das verkäuferisch? Es ist nur eins: unglaubwürdig. Und man muß weiter fragen:

- Ist es real, wenn niemand hüstelt, niemand sich räuspert, sich niemand verspricht, nie jemand dem anderen ins Wort fällt, nie ein Satz unvollendet bleibt?
- Ist es real, wenn nie eine Krawatte mal etwas schief sitzt, nie eine Bluse mal ein bißchen verrutscht ist, nie ein Knopf mal nicht zugeknöpft ist?
- Ist es real, wenn eine Familie am Frühstückstisch sitzt, auf dem nie ein Krümelchen zu sehen ist, wo nie etwas herunterfällt, nie jemand mal den Kaffeelöffel falsch anfaßt, nie eine Tasse umkippt, nie jemand sich verschluckt und nie jemand sich die Margarine viel zu dick aufs Brot streicht (es sei denn die beworbene)?
- Ist es real, wenn man so selten zu dicke, zu dünne, zu kleine oder zu große Menschen sieht – so selten jemanden mit Glatze, abstehenden Ohren, zu langer Nase oder gar Falten?

Erst die kleinen Unvollkommenheiten machen einen Realfilm real. Man kann nicht darauf warten, daß ausgerechnet bei der Aufnahme einem Kind mal die Tasse umkippt (»muß sich bei Tisch gut benehmen können«, hieß die Auflage) oder daß ein Darsteller mal hüstelt (er wird das krampfhaft unterdrücken) oder der Darstellerin eine Locke unkontrolliert in die Stirn rutscht (sie war vorher beim Friseur). Es gehört zu den Aufgaben eines perfekten Regisseurs, daß solche kleinen Unperfektheiten beim Dreh passieren, sie sollten sogar eingeplant sein. Meistens passiert das Gegenteil: Wenn

136

wirklich mal jemand die Tasse schief auf die Untertasse setzt, stoppt die Kamera sofort. Wenn sich wirklich mal jemand verspricht, wird sofort wiederholt. So ist das Leben! Denn mit der Brille spielen darf nur Erich Böhme bei »Talk im Turm«, aber keineswegs ein »Produkt-Präsenter« in einem Werbespot.

In Theater- oder Filmkritiken liest man oft, eine gute schauspielerische Leistung hätte den mäßigen Inhalt des Stückes zum guten Teil wettgemacht. Diese Chance hat auch der Werbespot. Der Regisseur kann kein neues Drehbuch schreiben, aber er kann für eine gute schauspielerische Leistung sorgen. Er sollte ein schwaches Drehbuch nicht all zu voreilig zum Alibi für einen schwachen Spot machen. Wenn er meint, ein Thema kommt nicht an – er hat die Möglichkeit, noch beim Dreh wirkungsvolle kleine »Ankommer« zu setzen. Dazu gehören all die liebenswerten kleinen Unzulänglichkeiten, die selbst einen trockenen Stoff menschlich machen.

Ankommer sind das Salz an der Suppe, nicht die Suppe. Die muß der Drehbuchautor schon selbst kochen. Ankommer ersetzen nicht die Idee.

Wie sehen die Ideen aus, die neu und einfach, zwingend und verkäuferisch sind? Dazu drei Beispiele – Lösungen der anfangs gestellten Aufgaben:

Lösung Aufgabe 1:
Das Auto fährt eine Ski-Sprungschanze hoch.

Lösung Aufgabe 2:
Ein Kranführer in der Kanzel seines 20 Meter hohen Baukrans. Er zeigt seine neue Brille und bietet einen Beweis dafür an, wie prima er damit sieht: Mit dem Greifer seines Krans erfaßt er eine Bierflasche.

Lösung Aufgabe 3:
Dunkler Bildschirm. Man hört Schnarchen.
Sprecher: »So sieht die Morgensonne aus – durch eine Luxaflex-Jalousie.«

Kontrollfragen für die Gestaltung von Werbespots

1. Zeigt der Spot dem Verbraucher etwas Neues, zeigt er es mit einer gewissen Einmaligkeit – oder gibt er nur den richtigen Produktnutzen richtig wieder?

2. Hat er einen starke verkäuferische Idee – oder versucht er, den Mangel an Ideen durch filmische Gags zu überspielen?

3. Wurde bedacht, daß das Fernsehen ein Unterhaltungs-Medium ist?

4. Bringt der Spot nur einen filmischen Ablauf oder enthält er einen typischen, einzigartigen kommunikativen Inhalt?

5. Wird die Möglichkeit der Demonstration genutzt – sei es des Produktes oder der Menschen, die das Produkt »erleben«?

6. Laufen Bild und Ton mit der nötigen Ruhe ab, um den Spot mühelos erfassen zu können?

7. Werden unnötige Bildsequenzen vermieden – kann man vielleicht mit der zweiten Einstellung beginnen statt mit einer lahmen Einstiegsszene?

8. Ist der Text knapp gehalten, läßt er das Bild sprechen?

9. Ist der Spot glaubwürdig, vermeidet er Übertreibungen (es sei denn, sie sind eindeutig Stilmittel).

10. Ist der Spot liebenswert – enthält er kleine menschliche Unvollkommenheiten?

»Sprich, damit ich Dich sehe.«

Das untrügliche Medium

»Redner, Raucher, Sänger,
räuspern sich nicht länger,
denn kein Husten quält
den, der Wybert wählt.«

Verfasser dieses gelungenen Werbefunk-Verses ist die Frau eines deutschen Bundespräsidenten: Frau Elli Heuss-Knapp. Sie war einmal Werbetexterin. Und sie hat zur Rundfunkwerbung selbst einmal Stellung genommen. In einem Fachaufsatz schrieb sie über das Beispiel Wybert:

»Es handelt sich um eine Reihe von Durchsagen und kleinen Hörspielen, die ich für die Firma Wybert GmbH in Tumringen/Baden geschrieben und aufgenommen habe. Die Aufgabe war, durch Rundfunksendungen den Namen der Firma einzuprägen und auf die Bedeutung ihres Präparates, der Wybert-Pastillen gegen Husten und Heiserkeit, hinzuweisen. Der Name ist keineswegs leicht zu sprechen oder durch den Lautsprecher gut zu verstehen. Bei den Aufnahmen wurde viertelstundenlang probiert, bis das Wort Wybert klar und deutlich herauskam. Am Anfang und am Schluß jeder Sendung ertönt ein akustisches Warenzeichen, und zwar wird der Firmenname in einzelnen Buchstaben nach der Melodie des Dreiklangs gesprochen. Man kann heute schon sagen, daß dieses Experiment geglückt ist. Das Wybert-Motiv wurde vom Publikum gesungen. Auch die Reisenden der Firma konnten überall feststellen, wie schnell es populär wurde. Für den Zuhörer am Lautsprecher bedeutet das Zeichen gleichsam die Visitenkarte der Firma, er soll dabei denken: »Halt, das muß ich hören, das war das letzte Mal lustig und hat mir gefallen.«

Eine Reklamesendung, die lustig ist und gefällt? Sträubt sich da nicht das »Kulturinstrument« Rundfunk?

Eine Anstalt des öffentlichen Rechts sollte auch eine Anstalt der öffentlichen Pflicht sein – und die des »nicht-öffentlichen« Rechts erst recht. Dazu gehört auch die Informationspflicht durch Werbung. Wenn sich die Werbung als unerläßliches Stimulans für eine florierende Wirtschaft erwiesen hat – und eine florierende Wirtschaft als unerläßliche Voraussetzung für Wohlstand, Arbeitsplätze und Sozialleistungen, dann ist es – logischerweise – unsozial, die Werbung in einem ganz selbstverständlichen und unverzichtbaren Kommunikationsmedium weitgehend abzuwürgen. Allerdings mag das wiederum verständlich erscheinen, wenn man sich ansieht und anhört, was die Werbung sich an »kreativer« Leistung oft abwürgt – zurückgehend auf die ersten Nachkriegs-Rundfunkjahre, als der Intendant Axel Eggebrecht die Werbung als eine »Fruchtkiste übelriechenden Inhalts« bezeichnete. Während einer beliebten Unterhaltungssendung »Froher Samstagnachmittag« waren die Werbesprüche vielleicht etwas zu penetrant eingeflossen. Aber:

Die Funkwerbung hat sich in den letzten Jahren positiv entwickelt. Kein Mensch spricht mehr von »Ätherpest«. Es wird unterhaltsamer, menschlicher, humorvoller geworben. Damit hat die Funkwerbung etwas von dem gewonnen, das schon die Wybert-Verse auszeichnete. Was noch zu verbessern ist, darüber wird zu sprechen sein.

Humor ist wichtiger als Pathos

Rundfunkwerbung ist eingebettet in Unterhaltungsmusik. In diesem Bett ist Humor wichtiger als Pathos. Man muß dem Funkspot die Chance der ansteckenden guten Laune geben. Schon nach kurzer Inkubationszeit kann solche Gute-Laune-Ansteckung chronisch werden – und vererbbar. Noch heute – schon in der vierten Generation – gehören manche Werbefunk-Verse zu den geflügelten Werbeworten, obwohl sie längst nicht mehr gesendet werden:

> »Hast Du Minimax im Haus,
> breitet sich kein Feuer aus.«

Selbst die Parodie setzt die gute Laune fort und hat dem Produkt gewiß keinen Abbruch getan:

> »Minimax ist großer Mist,
> wenn Du nicht zu Hause bist.«

Von »Keine Feier ohne Meyer« über »Es gibt viel zu tun, packen wir's an« bis zu »Mach mal Pause – Coca Cola« und anderen Werbeaussagen ließe sich die Reihe der treffenden Aussagen fortsetzen.

Alle diese Beispiele zeichnen sich durch einfache Sprache und zwingende Formulierung aus. Das Produkt wurde dem Verbraucher »auf die Zunge gelegt«, es wurde ihm leicht gemacht, das Produkt zu verlangen.

Rundfunk beschleunigt die Merkfähigkeit. Es ist viel leichter, etwas in den Mund zu nehmen, was man schon mal gehört hat, als etwas, das man nur gelesen hat. Der Rundfunk ist ausschließlich an-*sprechende* Werbung. Im Rundfunk sind Bilder Worte – oder Geräusche und/oder Musik.

Schnell und aktuell

Ein Gestalter von Rundfunkwerbung sollte sich aber nicht davon leiten lassen, Werbung für Generationen zu formulieren. Das ist ein angenehmer Nebennutzen. Entscheidend ist, was Rundfunkwerbung hier und heute von sich hören läßt. Der Rundfunk ist ein schnelles Medium, man kann ihn kurzfristig einschalten. Und er ist ein aktuelles Medium. Man kann Aktionen mit ihm starten – um Sonderangebote bekanntzumachen, um eine Sendung vollreifer Bananen abzusetzen, um auf die frisch eingetroffenen Schokoladen-Ostereier hinzuweisen. Auch der Einzelhandel und die Kaufhäuser nutzen den Rundfunk. Er kann fast so lokal wie ein Lokalblatt eingesetzt werden. Markenartikel-Unternehmen können Schwerpunkt-Werbung mit ihm betreiben, können kurzfristige Verkaufsförderungs-Aktionen ansetzen – Preisausschreiben, Gewinnspiele, Produkteinführungen.

Ein Speiseöl-Hersteller startete eine Aktion »Salatrezepte aus europäischen Urlaubsländern«. An jeder Flasche hing ein kleines Rezeptheftchen. Das sollte in einer kurzfristigen Werbeaktion bekanntgemacht werden. Durch Werbefunk? Kann man da ein Rezeptheft mit zehn verschiedenen Salatrezepten vorstellen? Vielleicht so?:

(Fanfaren-Signal)
Sprecher:
»Wichtig für alle, die gern Salat essen und die Abwechslung lieben! An jeder Flasche X-Salatöl hängt jetzt ein Rezeptheftchen mit zehn verschiedenen Salatrezepten aus zehn europäischen Urlaubsländern – Rezepte, die mit X-Salatöl erst vollkommen sind: aus Italien, Spanien, Griechenland, Jugoslawien, der Türkei, der Schweiz, Holland, Belgien, Dänemark und Deutschland.
Also jetzt das bekömmliche X-Salatöl mit Rezeptheft und den Vitaminen E und F.«
(Schlußfanfare)

Dieser Spot *klingt* nur verkäuferisch, *ist* es nicht. Er hat zwar etwas Neues anzubieten, sagt aber das nicht in Form von Funkwerbung, sondern in der trockenen Form einer Werbekonzeption.

Funkwerbung ist weder Werbekonzeption noch Anzeigentext. Viele Funkspots werden leider noch immer nach diesem althergebrachten Rezept »gestaltet«: Man nehme den Text aus der laufenden Anzeigen-Kampagne, der ist vom Werbungtreibenden ja schon genehmigt, man erspart sich also mühsame Abstimmungsgespräche. Damit's »funkischer« wirkt, nehme man noch zwei Fanfaren: vorn eine, hinten eine. Oder man unterlege den Text mit einem Musikteppich.

Gestaltet – und nicht nur gesprochen – sieht der Salatrezept-Spot so aus:

Kein gesprochener Anzeigentext

(Geräusche in einer Flughafen-Wartehalle. Lautsprecherdurchsage):
»Die Fluggäste nach Palermo bitte zum Ausgang B!«
Stimme einer älteren Frau:
»Also nochmals Kinder: erholsamen Urlaub. Und bringt mir wieder so ein schönes Salatrezept mit!«
Mann, Frau und Kind durcheinander:
»Danke, Oma, danke! Mach's gut!
(Verklingend:)
Und das Salatrezept bekommst Du ...«
(Geräuschneutraler Hintergrund)
Sprecher:
»... Darauf braucht Oma nicht zu warten. Jetzt gibt es auf den Livio-Dosen zehn der schönsten europäischen Salatrezepte – bei denen auch genug Vitamin E und F dran ist. Weil Livio dran ist.«

Das ist »funkisch« – ein kleines Hörspiel. Solche Spots sind für den Gestalter unbequem, deshalb hört man sie auch nicht oft. Sie sind unbequem, weil man sie nicht einfach vom Anzeigentext abschreiben kann – unbequem, weil man sie nicht dauernd wiederholen kann (wie einen Aufruf-Spot: »An alle, die gern Salat essen!«) – unbequem, weil man sich immer wieder etwas Neues einfallen lassen muß, es immer wieder mit dem Auftraggeber abstimmen muß. Aber man kann, wenn man will. Man kann die kleine Abschiedsszene mal auf dem Flughafen, mal auf dem Bahnhof, mal auf der Straße vor der Abfahrt mit dem Wagen spielen lassen. Die zurückbleibende Person kann mal die Oma, mal die Tante, mal eine andere vertraute Person sein, die das Haus hütet.

Hörbares sichtbar machen

Ein Hörspiel-Spot vermittelt etwas, das ein sogenannter »proklamativer« Spot nie zustande bringt: Lebensnähe. Man sieht, was man hört: die Szene im Flughafen-Warteraum, die Oma, die abreisende Familie.

Die Phantasie kennt keine »Regiefehler«. Alles, was wir mit dem Rundfunk sehen, ist richtig. Die Agierenden haben das richtige Alter, das richtige Aussehen, die richtige Mimik. Die »Fehler«, die Film und Fernsehen da oft machen, gibt es nicht. Die Besetzung der Rollen, die wir im Rundfunk sehen, übernimmt jemand, der selbst einem Bergmann oder Fellini weit überlegen ist: unsere Phantasie. Sie kennt nur Idealbesetzungen. Mit ihr sehen wir nicht nur die richtigen Menschen, sondern auch die richtige Umgebung – Landschaften, Städte, Dörfer, Straßen, Häuser, Wohnungen.

Wir sehen zum Beispiel das Leben auf einem holsteinischen Gutshof im Winter, wir sehen die Menschen, die Pferde, den Schlitten ...

(Jagdhorn-Duo, Vogelgezwitscher, Pferdewiehern)
Sprecher:
»Und nun von Unox eine Geschichte vom Gutshof.«
Erzähler (Uwe Dallmeier):
»Also damals – na, können Sie nicht wissen – damals gab's im Winter noch Schnee, manchmal sogar viel Schnee. Und in ein'm solchen Winter hatten wir mal'n richtigen Professor mit seine Frau zu Besuch. Die meiste Zeit hat er ja mit'm Chef im Clubzimmer gesessen. Aber als die Professorsfrau fragte, ob se nich mal 'ne schöne Schlittentour machen könnt', konnten 'se nich gut Nee sagen. Das heißt: der Chef hätt' schon gekonnt, weil der Kutscher sich'n Fuß gebrochen hatte. Andererseits war für solche Fälle ja ich da – seine rechte Hand.
Nur die Pferde schien'n das nich zu wissen, daß ich die rechte Hand war. Die guckten so komisch, als ich sie vor'n Schlitten spannte. Und wir war'n kaum auß'm Hof raus, da wußt' ich auch schon, warum. Die Biester hatten keine Lust. Die versucht'n zu bummeln und merkten auch gleich, daß ich mich nich durchsetzen konnt'. Jedesmal, wenn ich sie an-

trieb, dann legten sie zwar so'n klein Zahn zu, aber das hielt höchstens
hundert Meter vor. Die schönen Herrschaften hinter mir hatten recht:
dafür konnte man die Fahrt viel ausgiebiger genießen. Aber geärgert
hab ich mich doch, als wir viel früher als geplant umkehren mußten.
Tja – und das hätt'n Sie mal seh'n soll'n: als die Pferde merkten, daß das
nach Haus ging – nicht wiederzuerkennen! Die galoppierten wie ver-
rückt durch den verschneiten Wald. Und wenn' se manchmal so zurück-
guckten – tja, ich kann mir nich helfen: die machten sich über mich lustig!
Und je mehr wir uns Gut Schollendorf näherten, desto weniger konnt'
ich sie zurückhalten, die wurden immer schneller. Und Hinrich Schollendorf fragte, ob er mich mal ablösen sollte. Und leider stieg mir ausgerechnet in dem Augenblick das blöde Ehrgefühl auf. »Nee, das mach ich
schon«, sagte ich nach hinten und keine Minute später hob ich den Kopf
aus'm Schnee!
»Oh, Verzeihung!«, sagte ich, als ich den umgekippten Schlitten sah.
Und dann tauchte noch'n Kopf auf. Und ich hörte die Stimme vom
Chef. »Eigentlich müßte ich ja mit Ihnen Schlitten fahren, aber'n steifen
Grog wär' auch was Feines.«
Und den hat uns dann zu Haus die Lotte serviert. Und als ich auch noch
das Grogglas umstieß, da sah sie mich kopfschüttelnd an ...«
Lotte:
»Donnerwetter, bist Du heut' umwerfend!«
(Jagdhorn-Duo)
Lotte:
»Tja, das sind nu mal so die Tücken einer Schlittenfahrt, nich? Aber ist
ja alles nochmal gut abgegangen. Und der heiße Grog und die Suppe,
die ich danach servierte – ooh – die bracht' alle wieder ins rechte Lot.
Vor allem die Suppe, Sie, ich kann Ihnen sagen, die stürzten sich da
drauf wie hungrige Löwen.
(Lotte schildert nun, wie beliebt Unox-Suppen auf dem Gutshof sind.)
Sprecher:
»Das war's für heute. Also dann bis zum nächsten Mal, wenn's wieder
heißt: Und nun von Unox eine Geschichte vom Gutshof.«
(Jagdhorn-Duo, Vogelgezwitscher, Pferdewiehern)

Für den Hörer stimmt bei dieser Geschichte alles. Was nicht unbedingt so
wäre, hätte er sie als Film erlebt. Da erschiene der Gutsherr womöglich als
korpulenter, rotbäckiger Mittvierziger, während wir ihn als drahtigen, weiß-
haarigen Siebzigjährigen sehen. Da sind der Professor und seine Frau alt-
ehrwürdige Herrschaften, während wir sie als saloppe Lodenmantel-Typen
sehen. Da ist der Gutshof ein klassizistisches Bauwerk mit Eingangssäulen,
während wir ihn als soliden Backsteinbau mit schlichtem Torbogen sehen.
Da herrscht während der Schlittenfahrt dichtes Schneetreiben, während wir
uns einen klaren Wintertag vorstellen.

Die Phantasie hat immer recht. Die Phantasie phantasiert nicht, sondern ist realistisch. Was sie sieht, kennen wir, das haben wir selbst schon gesehen – genau so. Wir kennen einen solchen drahtigen Siebzigjährigen. Und so ein Professoren-Ehepaar im Lodenmantel. Und so einen Gutshof sahen wir im letzten Urlaub in Schleswig-Holstein. Mit Torbogen. Und links und rechts davon waren schmiedeeiserne Lampen. Und bei der rechten war das Glas kaputt.

Unsere Phantasie trügt nicht. Film und Leinwand trügen. Deshalb ist der Rundfunk ein untrügliches Medium.

Sprich, damit ich Dich sehe ...

Das Wort ist der wichtigste Kommunikator in der Funkwerbung. Auf Musik und Geräusche kann man vielleicht verzichten, auf das Wort nie – und sei es nur, um den Markennamen zu nennen. Beim Wort werden auch die meisten Fehler gemacht. Es geht dabei nicht so sehr um die altbekannten sprachlichen Primitivregeln des Hörfunks – daß man »Waagen«, »Wagen« und »wagen«, »Sie« und »sie«, »Räder« und »Reeder« nicht unterscheiden kann –, sondern es geht um die Regie der Sprache.

Dialog-Regie

Regie vermißt man dort am meisten, wo sie am meisten gebraucht wird – bei der am meisten gebräuchlichen Sendeform: dem Dialog. Vielen Dialogen hört man die klinisch reine Studioatmosphäre an:

Sprecher A spricht seinen Satz. Punkt.
Sprecher B spricht seinen Satz. Punkt.
Sprecher A spricht seinen Satz. Punkt.
Und so weiter.

Das Ganze nennt sich »Zwiegespräch«. In Wirklichkeit haben da nicht zwei Leute miteinander gesprochen, sondern sich gegenseitig etwas vorgelesen. Es passiert nichts, was in einem Zwiegespräch wirklich passiert: daß der eine den anderen mal nicht ganz aussprechen läßt, daß eine kleine Denkpause entsteht, ein Satz unvollendet bleibt, ein Wort (nicht nur der Markenname) ganz unmotiviert wiederholt wird, daß mal jemand hüstelt, sich räuspert, sich verspricht, die Luft hörbar durch die Nase läßt. Zu allem Glück hat's unsere Tonstudio-Technik soweit gebracht, daß man selbst das Atmen eines Menschen nicht mehr hört. Atemlos heißt aber nicht unbedingt spannend.

Die meisten Dialoge werden nicht gesprochen, sondern abgelesen. Man »hört« das Manuskriptpapier rascheln. Und da im Manuskript nur schöne ganze Sätze stehen, auch keine Sätze ineinanderfließen oder gar unvollendet bleiben, da kein Hüsteln und Räuspern vorgeschrieben ist und keine Denkpausen, da zwar manche Versprechen, aber keine Versprecher drinstehen, hört man auch nichts davon. Würden sich die Leute am Kaffeetisch so unterhalten, wie sie es in manchen Funk- oder Fernsehspots tun – die Szene wäre kabarettreif.

Was oft versäumt wird: Dialoge rechtzeitig abzubrechen. In dem Salatrezept-Spot sähe das so aus: Nach der kleinen Abschiedszene käme die Oma noch einmal zu Wort.

Oma:
»Ihr wißt ja, Kinder, ich nehme für alle Salatrezepte nur das gute X-Salatöl, weil es die lebenswichtigen Vitamine E und F enthält.«

Welche Oma sagt schon so etwas bei einer Verabschiedung auf dem Flughafen! In Funkspots kommt dergleichen vor.

Manche Texter sind so verliebt in ihre Dialoge, daß sie den rechtzeitigen Schnitt verpassen – und damit die Chance der Glaubwürdigkeit. Verkaufsaussagen gehören in den Mund von Verkäufern. Das kann ein neutraler Sprecher sein, aber niemals eine Person aus der Spielszene. Der Spot wäre dann nicht verkäuferisch, sondern kabarettistisch.

In manchen Kabaretts treten Schnellredner auf. Das passiert auch bei manchen Funkspots. In ein 1-Liter-Gefäß kann man nicht eineinhalb Liter einfüllen, in einen 20-Sekunden-Spot nicht den Text von 30 Sekunden. Letzteres wird oft versucht. Entscheidend ist aber nicht, wieviel man in 20 Sekunden sagt, sondern wieviel der Hörer in 20 Sekunden aufzunehmen gewohnt ist. Das ist weit weniger, als viele Funkspot-Autoren glauben.

Wer rechtzeitig einen Absatz macht ... schafft Spannung, läßt aufhorchen. Absätze sind auch Text, Pausen auch Musik, weißer Rand auch Buch.

Absätze, Pausen, weißer Rand ... viele Funkspots lassen das vermissen. Was man mit der Stoppuhr in der Hand in der vorgeschriebenen Zeit ohne Pausen heruntersprechen kann: das ist – in der Regel – der Funkspot. Die Regel sollte heißen: abzüglich 25 % für Pausen. Doch was geschieht oftmals, wenn ein Funkspot-Vorschlag diesem Ideal entspricht? Man sieht hier noch Raum für ein »herzhaft«, da für ein »köstlich« und dort für eine fünfte Nennung des Markennamens. Mehr Worte – weniger Kommunikation.

Menschen sind keine Metronome, sie sprechen nicht in einer einmal eingestellten Schlagzahl. Die Funkspot-Sprache ist häufig eine untemperierte Sprache, keine menschliche Sprache. In Wirklichkeit sprechen Menschen selbst innerhalb eines Satzes oft in ganz verschiedenen Tempi. Einige Passagen werden schnell gesprochen (ja, man kann auch schnell sprechen in Funkspots), andere langsamer, betonter. Ein Wort wird mal hervorgehoben, gedanklich unterstrichen, einiges wird sprachlich in Kursiv gesetzt, es gibt sprachliche Schlagzeilen, Zwischenüberschriften, Fließtext, Absätze, Doppelpunkte. Vielen Funktexten fehlt die Typografie der Sprache. Stattdessen hört man metronomische Monotonie – Tempo allegro. Gut artikulierte Sprache »zwingt« zum Hinhören. Funktexte brauchen – im Vergleich zu normaler Sprache – eher mehr als weniger Artikulation.

Wie weit reicht das Mittel der Sprache? Man kann – nur durch sie – sogar deutlich machen, wie alt jemand ist. Es gibt einen Funkspot, der innerhalb von 60 Sekunden sechs verschiedene Lebensalter eines Menschen akustisch darstellt. Der Spot wirbt für die öffentlichen Bücherhallen in New York. Er macht deutlich, wie wertvoll diese Institution für das Leben sein kann. Stimmlage, Artikulation und Inhalt des Gesprochenen grenzen die sechs verschiedenen Lebensalter eines Menschen trennscharf gegen einander ab. Gedruckt kommt das nur unvollkommen zum Ausdruck – Stimmlage und Sprechweise muß man sich schon selbst ein wenig vorstellen:

Age 4:
»I remember when I was just a widdle kid I used to go all dee time to dee Liberry where I could hear nice stowies and look at gweat pitchers. I couldn't wait to learn to wead ...

Age 8:
and then I got a little older and I could read and I used to every day after school to the Library ... which I learned to say instead of Liberry ...

Age 16:
and when I became a teenager, like it was a Librarian who helped me pick out the College I went to – to which I went – Well, I guess I ...

Age 20:
don't have to tell you how much help the Public Library can be to a College Man. Why, the Career Guidance Section alone...

Age 34:
Business-wise, I'm there often myself these day, researching Corporate matters, statistic-wise. With things going well at the shop, I have more time for leisure, and the Library is a Center for books on Sailing and Golf. And, when the kids ...

Age 70:
are married and gone, Marthy and I plan to spend a lot of time catching up on our reading, seeing films, and enjoying all the activities for Senior Citizens. Yes, the Public ...

Straight:
»... Library is more than Books. It's a way of Life.«

Das Ganze ist ein wenig artikulierter gesprochen als normal, wirkt aber dennoch sehr menschlich.

Bewußte Überartikulation

Mitunter ist im Funk übertriebene Artikulation erwünscht. Das geschieht nicht, um neuartig zu wirken oder akustische Gags zu kreieren, sondern um besser zu kommunizieren. Übertriebene Artikulation wird hier zum bewußt angewandten Stilmittel im Sinne des Themas.

Vor Jahren sollte erstmals eine Funkserie für das Kinderprodukt »Smarties« gestaltet werden. Kinder spielen darin die Hauptrolle. Es entstand aber ein Problem: die Kinder sprachen das »Smarties« nicht deutlich genug aus. Es wurde entweder ein »Smaaties« daraus – oder ein unnatürliches, übertriebenes »Smarrties«. Aus dieser Not entstand eine Serie von Funkspots, von denen einer hier vorgestellt sei:

(Ladengeräusche, Registrierkasse, Stimmen).
Kaufmann:
»Und Du, Jürgen?«
Junge:
»Ne Rolle Smaaties, Herr Bollmann.«
Kaufmann:
»Aber Jürgen, das heißt nicht Smaaties, sondern Smarties.«
Junge:
»Sag ich doch auch: Smaaties.«
Kaufmann:
»Nicht Smaaties – Smarrties. Genau wie Bindfarrden!«
Junge:
»Bindfarr ... Sie, das heißt doch gar nicht Bindfarrden, sondern Bindfaden.«
Kaufmann:
»Und es heißt auch nicht Smaaties, sondern Smarties.«
Junge:
»Smarrrties! Gut, nicht? Also – Tschüß denn!«

Kaufmann:
»Halt, halt – die 50 Pfennig für die Smarties!«
Junge:
»Ach ja – die 50 Pfennig für die Sma... für die Smarties.«
(Jingle: »Viele, viele bunte Smarties ...«)

Nach ähnlichem Rezept ist ein Kurzspot gestaltet, der sich die Tatsache zunutze macht, daß Chinesen kein »r« sprechen können:

Kräftige Männerstimme, bayrisch gefärbt:
»An alle Kienesen in München!
Folgenden Spruch sollten Sie unbedingt auswendig lernen ...«
Hohe chinesische Stimme:
»Dlaß Dil laten, dlinke Spaten, plost!«
(Kurze Musikeinblendung)
Kräftige Männerstimme:
»Laß Dir raten, trinke Spaten!«

Auf diese Weise kann man Slogan-Werbung ohne Holzhammer, aber mit Humor betreiben.

»Alfa Romeo« brachte eine sehr verkäuferische, sehr wettbewerbsbezogene Anzeigen-Kampagne. Man bezog sich auf die Konkurrenz, ohne sie zu nennen: Überall, wo der Konkurrenz-Name hätte erscheinen müssen, machte ein dicker schwarzer Balken die Schrift unleserlich. Möglicherweise hätte ein Konkurrent sich dennoch betroffen fühlen können, weil die Länge des durchstrichenen Wortes der Länge seines Markennamens entspricht. Im Funk ließ sich das einfacher und eleganter lösen:

Sprecher:
»Der schärfste Konkurrent des Alfa ist der ... (Hüsteln des Sprechers). In der Beschleunigung ist der Alfa nur wenig schneller. Dafür bietet der schöne Alfa vier Türen, fünf Gänge, Achslast-Ausgleich, Dideon-Aufhängung, und der ... (Hüsteln des Sprechers) hat das nicht. Der Alfa von Alfa Romeo ...« (usw.)

... Mit einem ganz einfachen akustischen Mittel entstand ein sehr zwingender, verkäuferischer Spot.

Wer Werbefunk hört, will Musik – das heißt: Werbung im Rahmen von Musiksendungen. Das ist ein durchaus nicht überraschendes Ergebnis einer Untersuchung.

Rundfunk-Werbeblocks sind unterhaltsamer als Fernseh-Werbeblocks. Die Blockbildung ist beim Rundfunk aufgelockerter: ein buntes Kaleidoskop aus Musik und Werbung. Und die Werbung ist zum gut Teil selbst Musik.

Niemand muß Musikexperte sein, um Musikerlebnisse zu haben. Selbst unmusikalische Menschen haben daran teil. Musik wirkt auf jeden. Darin liegt auch ihre Chance für die Werbung – vorausgesetzt, man gibt sie ihr.

Bei der Abnahme von Funkspots machen viele Werbungtreibende einen entscheidenden Fehler: »Nehmen wir die Musik noch etwas zurück, damit der Text noch besser rauskommt, dann ist es gut.«

150

Meistens ist dann nichts gut. Was oft verkannt wird: Der Hörer ist mehr an der Musik interessiert als am Text. Wenn die Musik zu leise ist, hört man den Text nicht besser, sondern schlechter. Wer die Musik nicht richtig hört, versucht sie mit erhöhter Konzentration zu verfolgen – auf Kosten des Textes. Er will die Musik mitbekommen – und bekommt den Text nicht mehr mit.

Und noch etwas geht verloren: die Impression, die eine Musik zur Kommunikation der Werbebotschaft vermitteln soll. Der Gefühlswert der Musik bleibt ungenutzt. Weil sie zu leise ist, ist sie nur noch Störfaktor. Das geschieht auch, wenn man der Musik nicht genügend Pausen, nicht genügend Freiraum läßt, um wirken zu können. Musik in der Werbung ist nicht bloße Unterhaltung, sondern dient der Vertiefung der Werbebotschaft.

Für einen perfekten Werbefunk-Autor sollte der Umgang mit Musik genau so selbstverständlich sein wie der Umgang mit Worten. Noten sollten keine Geheimzeichen für ihn sein. Er sollte möglichst selbst ein Instrument spielen. Er sollte in der Lage sein, anhand einer Beispiel-Musik einen Jingle oder einen Song zu gestalten.

Da diese Fähigkeiten oft fehlen, fehlt es oft an musikalischen Lösungen eines Werbethemas. Bei absoluter Kenntnis des Ogilvyschen »a salesman doesn't sing« und absoluter Unkenntnis von Noten werden musikalische Lösungen oft gar nicht erst angedacht. Im übrigen: in seinen beiden neueren Büchern vertritt Ogilvy diese These nicht mehr. Und in den USA wird weit mehr und sehr erfolgreich mit Musik und Gesang geworben als bei uns.

Es ist zwar keine Schande, wenn ein Texter keine Noten kennt, kein Instrument spielt und keinen Song gestalten kann. Eine Schande ist es nur, wenn er aus diesem Grunde musikalische Lösungen unterschlägt. Werbefunk ist Musikfunk. Deshalb muß nicht jeder Spot musikalisch sein. Doch bevor er's nicht ist, sollte geprüft werden, ob er's nicht sein könnte. Dieser Aufgabe darf sich selbst der unmusikalischste Texter nicht entziehen – und wenn er sie einem anderen überträgt. Zahlreiche musikalische Werbehits (*Werbe*hits, nicht nur Unterhaltungshits) wären sonst nie entstanden. Zum Beispiel dieser Funkspot im Funkspot:

> Eine Sekretärin hat ihr Radio im Büro laufen. Man hört den bekannten Pepsi-Song. Dabei klickt der Schreibcomputer, und die Sekretärin singt und summt kleine Liedfetzen während des Tippens fröhlich mit.

Bei der Anzeige gibt's den Blickfang – beim Funkspot den Hörfang. Das Klicken des Schreibcomputers ... schon ist man in einem Büro »sieht« die Dame an der Maschine. Geräusche im Funkspot sind nicht Untermalung,

Die »Grafik« des Funkspots

151

sondern Bebilderung. Sie sind die »Grafik« des Funkspots. Nicht jeder Spot braucht Grafik. Wohl aber einer wie dieser, ein Beispiel aus den USA (Werbung für ein schnurloses Talefon):

> Man hört – etwas entfernt – ein Telefon klingeln. Nochmals klingeln. Dann Schritte, die einen Flur entlanglaufen, eine Treppe hinauflaufen, wieder einen Flur entlanglaufen. Währenddessen klingelt mehrfach das Telefon. Dann hört man, wie der Hörer abgenommen wird. Doch es ertönt nur das Leerzeichen – und ein leiser Fluch.
> (Schnitt)
> (Ein Sprecher erklärt die Notwendigkeit eines Handy.)

... Eine ebenso neue wie einfache und verblüffende Lösung. Das »Hörbild« macht die kleine Szene weitaus spannender als ein »Sehbild« im Fernsehen.

»Beim Fernsehen hat man das Bild, beim Rundfunk nicht, deshalb ist Fernsehen besser.«

Wer so denkt, gleicht einem Menschen, der aus der Tatsache, daß eine Rose besser riecht als ein Kohlkopf, den Schluß zieht, Rosen geben eine bessere Suppe. Rundfunk ist nicht weniger, sondern anders als Fernsehen. Wenn dem nicht so wäre, gäbe es den Rundfunk längst nicht mehr.

Kontrollfragen für die Gestaltung von Funkspots

1. Bringt der Spot dem Hörer etwas Neues – bringt er es mit einer gewissen Einmaligkeit – oder ist er nur normal, richtig und mittelmäßig?

2. Hat er einen starken verkäuferischen Inhalt – oder versucht er, mangelnden Inhalt durch akustische Gags zu überspielen?

3. Wurde bedacht, daß der Spot im Rahmen von Unterhaltungsmusik gesendet wird – ist er unterhaltsam genug?

4. Ist der Spot funkgemäß gestaltet – oder bringt er nur die Verlesung eines Anzeigentextes mit (oder ohne) Musikuntermalung?

5. Wenn Musik verwendet wird: Kommt sie genug zur Geltung, kann sie ihren Gefühlswert ausspielen?

6. Wenn keine Musik verwendet wird: Ist geprüft worden, ob das Thema musikalisch vielleicht noch besser kommuniziert?

7. Klingt das Gesprochene natürlich oder nur abgelesen? Hört man den Menschen heraus oder nur den Sprecher?

8. Sind Geräusche nur dort eingesetzt, wo sie zur Veranschaulichung notwendig sind? Dienen sie der Verdeutlichung des Themas – oder sind sie nur akustisches Beiwerk?

9. Ist der Spot anschaulich, stimuliert er die Phantasie des Hörers – oder wirkt er vordergründig und reklamehaft?

10. Ist das Thema wirklich so ernst – oder ließe sich das auch humorvoller darstellen?

»This is the last medium
before point of sale.«

Das Plakat.
Oder: die Idee als Signal

Das erfolgreichste Plakat, das je in Deutschland erschien, war ein Ladenplakat, sehr schlicht, ohne besondere grafische Gestaltung, ohne aufwendigen Mehrfarbdruck. Doch kein Plakat hat jemals wieder einen so unmittelbaren Verkaufserfolg ausgelöst wie jenes einfache Textplakat: »Heute ein Ei auf Abschnitt B!« Das war vor mehr als einem halben Jahrhundert.

Was den Erfolg des »Heute ein Ei auf Abschnitt B« ausmachte, ist leicht zu erklären. Was aber erklärt den Erfolg einer »Lila Kuh« in einer freien Marktwirtschaft? Wie muß ein Plakat aussehen, um Erfolg zu haben?

Man kann sogar Werbelaien danach fragen – und die Antworten kommen oft erstaunlich schnell und präzise: »einfach«, »originell«, »schnell zu erfassen«, »großzügig«, »einprägsam«. Wären alle Plakate nach diesen »laienhaften« Angaben gestaltet, es müßte eine Lust sein, durch die deutsche Plakatlandschaft zu wandern.

Wie immer bei der Kunst des Einfachen und Vereinfachens: die Merkmale sind leicht erkannt, die Gestaltung um so schwieriger. Wenn Einfachheit ein Kennzeichen jeder guten Werbung ist, ist das Plakat die vereinfachte Einfachheit, die Komprimierung zum Signal. *Komprimierung zum Signal*

Ein Plakat, das für reine Wolle wirbt – wie könnte es aussehen, soll es der Forderung nach Einfachheit entsprechen? Ein junges Mädchen, das sich in einem wollenen Pullover räkelt? Oder noch einfacher: ein großes Wollknäuel mit dem Text »Nichts geht über reine Wolle!«? Oder ganz einfach: nur das Wollsiegelzeichen mit dem Text »Achten Sie auf dieses Zeichen!«?

Der große französische Plakatkünstler Raymond Savignac schuf ein Woll-Plakat, das weltberühmt wurde: Die Strickmamsell – eine Mädchenfigur, die sich selbst strickt. Neben der Einfachheit hat dieses Plakat ein weiteres, entscheidendes Merkmal: Originalität. Es bringt eine optische Überraschung, eine verblüffende Signalwirkung. Abgesehen davon, daß es auch noch Humor hat.

In Deutschland werden keine schlechten Plakate gemacht. Deutsche Plakate sind in der Mehrzahl einfach, lassen eine werbliche Konzeption erkennen und sind meist hervorragend gedruckt. Aber genügt das?

Ein Plakat muß plakativ sein. Plakativ heißt einfach, schnell zu erfassen. Jeder, der Werbung macht und über Werbung entscheidet, weiß das – und unterliegt dann allzu leicht dem schweren Irrtum, ein plakatives Plakat müsse zwangsläufig ein gutes Plakat sein. Ein großes Wollknäuel mit dem Text »Nichts geht über Wolle« ist gewiß ein plakatives Plakat – und zwar kein schlechtes. Aber auch kein gutes. Was ihm fehlt, ist Originalität. Vereinfachen ist eben mehr als beschränken. *Die plakative Pointe*

Alte Fehler der Plakatgestaltung werden heute kaum noch gemacht. Die meisten Plakatgestalter haben gelernt, ihre Motive großzügig und konturenscharf auf der vorgegebenen Fläche anzuordnen, sie wissen, wo die grafischen Gewichte und Gegengewichte sitzen müssen. Es gibt viel gutes plakatives Handwerk. Was es weniger gibt, ist plakatives Denken. Man sieht viele Vergrößerungen, aber noch zu wenig Großes.

Vereinfachen heißt beim Plakat: verdichten. Und das ist keine grafische, sondern eine intellektuelle Arbeit. Verdichten bis zur Pointe – bis zur Strickmamsell, bis zum »Alle reden vom Wetter, wir nicht«, bis zum »Ich freu' mich auf's Büro!«

Ein Plakat muß Signal sein. Das forderten Werbexperten schon vor 50 Jahren, und das gleiche steht heute noch in den Lehrbüchern. Was sind Signale? Signale sind Pointen. Bei Verkehrssignalen sind uns die Pointen schon so vertraut, daß wir sie gar nicht mehr als solche erkennen. Ein schwarzes Ausrufungszeichen: Gefahrenstelle. Drei kreisförmig angeordnete Pfeile: Kreisverkehr. Ein mit einem Querbalken durchstrichenes Ortsschild: Ende einer Ortsdurchfahrt. Bei weniger bekannten Verkehrssignalen bemerken wir die Pointe noch: ein Auto, das von einer Böschung ins Wasser fällt: Achtung, Ufer! Wären alle Plakate so pointiert gestaltet wie Verkehrsschilder, gäbe es eine großartige Plakat-Renaissance.

Die Pointe eines Plakates muß nicht unbedingt in der grafischen Lösung liegen, sie kann sich auch aus der Bild-Text-Spannung ergeben oder nur aus dem Text. Entscheidend ist: das Plakat nicht nur als Plakat, sondern als Pointe. Sie gibt dem Plakat das Neue, das Überraschende – sie macht es zwingend und verkäuferisch. Es ist ein Unterschied, ob ein Plakat nur plakativ gemacht oder ob dabei auch plakativ gedacht wurde:

Nur plakativ:

Bild: Wollsiegel.
Text: »Achten Sie auf dieses Zeichen!«

Bild: Frauen beim Volleyball-Spiel.
Text:»Für Sport und Spiel
Triumph-BH's«

Bild: Ein Glas Bier.
Text: »Es gibt nichts Schöneres
gegen Durst!«

Bild: Ein Junge trinkt ein Glas Milch.
Text: »Täglich Milch – fürs gesunde
»Wachstum!«

Plakativ und pointiert:

Bild: Figur der Strickmamsell, die
sich selbst strickt.
Text: –

Bild: Zwei eng nebeneinander
liegende Volleyball-Bälle.
Text: »Sport-BH's, die alles
mitmachen. Triumph.«

Bild: Ein Glas Bier als Fata-Morgana
in der Wüste.
Text: –

Bild: Beine eines kleinen Jungen, die
in viel zu großen Turnschuhen stecken.
Text: »Deans milk grows giants.«

Bild: Taxi bei Nacht.
Text: »Allzeit bereit – das Taxi!«

Bild:
Text: »Abfahrt: 23.59 Uhr,
0.00 Uhr, 0.01 Uhr, 0.02 Uhr ...
Taxi. Mach Dir's bequem«

Bild: Eiscreme-Dessert.
Text: »Kinder mögen's besonders gern!«

Bild: Eiscreme-Dessert.
Text: »Damit Sabinchen mal den
Mund hält.«

Bild: Rauschgiftsüchtiger.
Text: »Laß es nicht so weit kommen!«

Bild: Junger Mann, ca. 17, nett und freundlich.
Text: »If your son is old enough to shave, he
is old enough to get Aids.«

Bild: Verschmutztes Gewässer.
Text: »Kampf der Umweltverschmutzung!«

Bild: Globus in einem Nachttopf.
Text: »Pallo on nyt meillä.« (»Es ist unsere
Erde.«)

Als das Plakat noch das Werbemittel Nr. 1 war, waren Werbe-Ideen Plakat-Ideen. Heute sind Werbe-Ideen meistens Anzeigen-Ideen, manchmal Fernseh-Ideen. Oft wird ein Anzeigenmotiv als Plakat-Motiv übernommen. Das muß nicht falsch sein, es kommt der Kontinuierlichkeit einer Kampagne zugute. Kontinuierlichkeit ist aber nicht alles. Auf Plakaten das gleiche zu zeigen wie in Anzeigen oder im Fernsehen verschafft nur Werbeleuten Befriedigung, der Verbraucher bricht deshalb nicht in Wiedersehensfreude aus. Seine Aufmerksamkeit gilt nur dem, was interessant für ihn ist. Das kann ein Plakat sein, das er auch schon mal als Anzeige gesehen hat – muß aber nicht.

Anzeigen als Plakate?

Das allzu schnelle Übernehmen von Anzeigenmotiven für Plakate verhindert oft ungewöhnliche Plakate. Eine Strickmamsell wäre auf diese Weise nie entstanden, genauso wenig wie andere Meisterleistungen eines Savignac, Hohlwein, Leupin und anderer.

»Früher wurde die Plakatwerbung von namhaften Plakatkünstlern gemacht, heute von namenlosen Werbegrafikern. Früher wurden Plakate gemalt, heute werden sie fotografiert. Die Fotografie hat die große Plakatkunst abgelöst.« Diese Feststellungen sind ebenso wahr wie unwahr.

Das Foto in der Plakatwerbung

Wahr ist: die Fotografie ist die moderne visuelle Ausdrucksform, gemalte Plakate findet man fast nur noch als cartoon oder als Abstraktion.

Unwahr ist, daß die Fotografie zum Tod der großen Plakatkunst geführt hat. Es gibt dafür brillante Gegenbeispiele – wenn auch nicht genug.

Die Fotografie ist keine Rechtfertigung für weniger gute Plakat-Ideen. Es gibt keinen Grund, auf den Auslöser zu drücken, bevor sich im Kopf etwas ausgelöst hat. Und das muß nicht minder aufregend sein als das, was die großen Meister des Plakates erdachten und mit dem Pinsel zu Papier brachten.

Produkte und Anwendung von Produkten zu fotografieren – gut zu fotografieren – erfordert ein gutes Auge und gute Technik. Ein guter Fotograf kann die Tautropfen auf einer Rose, den mattseidenen Glanz eines Seidentuches oder die feinen Sandkörnchen auf der samtenen Haut einer Bikini-Schönheit meisterhaft aufs Bild bannen – das hat etwas mit der Kunst der Fotografie zu tun, nicht unbedingt etwas mit der Kunst des Plakates. Die Kunst des Plakates ist die Kunst der Plakat-Idee, der plakativen Pointe. Eine Idee ist eine Idee, ob sie gemalt oder fotografiert ist.

- Einen Globus in einem Nachttopf zu zeigen, um damit Umweltverschmutzungen zu verdeutlichen, entspricht dem gleichen kreativen Denken, das ein Savignac mit seiner Strickmamsell bewies. Daß das eine fotografiert und das andere gemalt war, ist unerheblich.
- Das Plakat zum Musical »Cats«, das nur zwei gespenstisch wirkende Augen auf schwarzem Grund zeigt, entspringt dem gleichen kreativen Denken, das ein Thomas Theodor Heine mit seinen bissig dreinschauenden Doggen für die Zeitschrift »Simplizissimus« bewies. Daß das eine Fotomontage und das andere gemalt war, ist unerheblich.
- Eine Ananas-Dose zu zeigen, die in einer aufgeschnittenen Ananas eingebettet ist, entspringt dem gleichen kreativen Denken, das ein Tomi Ungerer mit seiner steinsprengenden Mohnblume »From poppy with love« bewies. Daß das eine fotografiert und das andere surrealistisch dargestellt war, ist unerheblich.

Das beste Werkzeug der Plakatkunst ist nicht die Fotografie, sondern die Phantasie.

Nochmals: es muß nicht unbedingt das Bild sein, das die plakativen Pointe hervorbringt, es kann genau so gut das Wort sein. Das muß nicht lediglich der Slogan sein. Doch wer denkt beim Plakattext schon über den Slogan hinaus?

Ein Großflächenplakat zeigt auf weißem Grund einen großen Kartoffelpuffer. Das wäre gewiß noch keine große Idee sein. Die Pointe lag im Text:

»*Haut mich in die Pfanne.*«

Der Text war es auch, der einer schlichten Darstellung eines Elektrorasierers die Pointe gab:

»*Dem ist kein Bart gewachsen.*«

Das erwähnte Taxi-Plakat »Abfahrt 23.59 Uhr, 0.00 Uhr...« (usw.) war ein reines Text-Plakat (übrigens, eine Aktion von Mercedes-Benz).

Wenn Plakatgestalten nichts weiter als Kürzen wäre, hätte man's noch kürzer sagen müssen: »pfannenfertig« statt »Haut mich in die Pfanne« und »Für stärksten Bart« statt »Dem ist kein Bart gewachsen« usw.

Ein Plakat muß in einer Sekunde erfaßbar sein, heißt eine alte Regel. Deshalb heißen die klassischen Prinzipien für die Plakatgestaltung:

- Konturenscharfe Darstellung.
- Beschränkung auf *ein* grafisches Element.
- Nicht mehr als fünf Wörter Text.

Ein sehr eindrucksvolles Plakat der Deutschen Bundesbahn sah so aus:

> Großfoto: Weite Landschaft, durch die eine Landstraße führt. Im Vordergrund auf der Landstraße ein Warndreieck.
> Text: »Die Bundesbahn wünscht Ihnen, daß Sie keine Stunde Urlaub verlieren ... Urlaub von Anfang an.«

Dieses Plakat war unmöglich in einer Sekunde zu erfassen. Es hatte 14 Wörter Text, das Bild war alles andere als konturenscharf. Dennoch war es ein sehr zwingendes Plakat – ein Großflächenplakat. Plaziert war es unter anderem auf S-Bahnhöfen, so, daß der Blick der Wartenden darauf fiel – Zeit genug, es aufnehmen zu können.

Die klassischen Gestaltungsregeln für das Plakat entstanden zu einer Zeit, als man das Großflächenplakat noch nicht kannte. Dennoch werden sie heute oft noch als »die« Prinzipien für »das« Plakat verkündet. Es ist gewiß kein Fehler, auch Großflächenplakate danach zu gestalten, doch die Möglichkeiten dieser modernen Plakatform sind damit nicht erschöpft. Großflächenplakate haben heute oft die Funktion werblicher »Wandzeitungen«. Das aber spricht nicht gegen das Bekanntmachen von Theaterspielplänen oder anderen Mitteilungen auf Säulenplakaten.

Möglichkeiten des Großflächenplakates

Wenn heute über Plakatentwürfe gesprochen wird, kommt auch prompt das Wort vom »vorbeibrausenden Autofahrer« und vom »vorüberhastenden Fußgänger«. Tatsache ist aber, daß sich der Autofahrer in unseren Großstädten oft nur schleichend fortbewegt und daß die meisten Fußgänger nicht hasten, sondern ein normales, ruhiges Schrittempo bevorzugen. Das gibt dem Großflächenplakat alle Chancen, aus der Ein-Sekunden- und Fünf-Wörter-Regel auszubrechen. Die Zeitschrift »Petra« tat das sehr gründlich und verblüffte mit dieser »Wandzeitung«:

> »46 723 Frauen werden heute einen Seitensprung machen. Warum, steht in der neuen Petra.«

... 14 Wörter! Man sieht immer häufiger Großflächenplakate mit längerem Text. In den USA war das noch nie ungewöhnlich. Ein hübsches Beispiel ist dieses Elf-Wörter-Plakat, das auf amerikanischen Bahnhöfen erschien:

> Großfoto: Zwei Tauben an einer Bahnsteigkante.
> Text: »Good morning! Have a good day with the New York Times.«

Großflächenplakate halten sich zwar nicht immer an die klassischen Plakatgestaltungsregeln, doch wenn sie gut sind, sind sie eines immer: einfach. Ein großes stimmungsvolles Foto mit einem schlichten, wenn auch elf Wörter langen Satz – das ist einfach. 14 Wörter in großen schwarzen Lettern auf weißem Grund – das ist einfach.

Angenommen, in einem Entscheidungsgespräch über Gestaltungsvorschläge geschieht folgendes: Man hat eine Anzeigen-Kampagne verabschiedet und einen Fernsehspot. Was noch fehlt, ist das Plakat. Es soll ein Großflächenplakat sein. Ein Gestalter meint: »Nehmen wir doch einfach das Story-board des Fernsehspots dafür.«

Das kann natürlich nur ein Witz sein. Welcher Werbefachmann nähme einen solchen Vorschlag ernst? Wie soll man mit einem Zwölf-Bilder-Storyboard plakative Wirkung erreichen?

Eines der besten Großflächenplakate, die je in Deutschland erschienen, war dieses:

> Zwölf aneinandergereihte Fotos, drei Reihen à vier Bilder. Die Bilder zeigen, wie ein Elefant einen Koffer mit dem Rüssel packt, ihn herumschwenkt, über eine Planke wirft, sich daraufsetzt, ihn über den Boden schleift und schließlich drauftritt.
> Schlußbild: der unversehrte Koffer.
> Schlagzeile: »Von Sarah getestet: der neue Samsonite Saturn II.«

Bei diesem Plakat passierte etwas völlig Unplakatives, etwas, das laut werbeakademischen Erkenntnissen bei der Plakatwerbung gar nicht hätte passieren dürfen: man blieb stehen, verweilte davor, studierte es.

»Ein Plakat muß sekundenschnell erfaßbar sein ...«.

Muß?

Es gibt ein Plakat, das keineswegs nach der 6-Wörter-Schnellerfaßbarkeitsregel gestaltet ist, sondern aus 21 Wörtern besteht. Ein Großflächenplakat also. Nein, eben nicht. Vielmehr ein Kleinplakat 15 x 38 cm – an den Fensterscheiben der Hamburger S- und U-Bahnen. Text:

»Das einzige, was man in vollen Zügen genießen kann, ist und
bleibt das Abendblatt.
Hamburger Abendblatt – wenn Sie's genau wissen wollen.«

Inzwischen gibt es an die hundert solcher textreichen, originell formulierter Kleinplakate mit größtem Aufmerksamkeits- und Lesewert. Sie erscheinen immer wieder zur Freude der Bahnfahrer und zum Nutzen des Abend-
blattes.

Plakate waren nicht immer erfreulicher Natur, ihr Image ist vorbelastet,
für zu vieles mußten sie schon herhalten: »Räder müssen rollen für den
Sieg«, »Der Sozialismus wird siegen!«, »Vorwärts mit ...«, »Kämpft gegen ...«, »Alles für ...«. Immer wenn der Staat viel zu plakatieren hat, haben
die Menschen wenig zu lachen. In der Hand der freien Wirtschaft konnte
sich das Plakat am freiesten entfalten. Es schlug dabei zwar manchmal über
die Stränge, doch es gab sich nie Strenge. Selbst die weißesten Riesen sind
immer noch sympathischer als die rollenden Siegesräder.

Heute trägt das Plakat dazu bei, daß Räder in den Urlaub rollen. Davon
handelt auch das letzte Beispiel dieses Kapitels. Es ist das Beispiel für die beste Plazierung, die je ein Plakat fand. Vielleicht steckte ein genialer Mediaplaner hinter der Sache, die man selbst erlebt haben muß:

In Österreich an einem heißen Sommertag. Man steht mit seinem Wagen
in einer langen Kolonne vor einer geschlossenen Bahnschranke. Das Hemd
klebt am Leibe, die Kinder quengeln, es riecht nach Abgasen. Endlich
kommt der Zug. Man erkennt die Leute, die entspannt im offenbar klimati-
sierten Speisewagen sitzen. Ein kleiner Junge winkt freundlich hinaus. Endlich geht die Schranke hoch. Langsam setzt sich die Kolonne in Bewegung.
Und dann ... rechts neben der Bahnschranke das Plakat: »Nimm Urlaub
vom Auto, fahr mit der Bahn!«

Kontrollfragen für die Gestaltung von Plakaten

1. Wirkt das Plakat neu, hat es eine plakative Pointe – oder ist es nur normal, richtig und mittelmäßig?

2. Hat es einen starken verkäuferischen Inhalt – oder versucht es, mangelnden Inhalt durch optische oder verbale Formalismen zu überspielen?

3. Ist das Plakat einfach, bringt es die Werbebotschaft in denkbar knapper Form?

4. Hat das Plakat Signalwirkung?

5. Wurde bedacht, daß Plakate dort, wo Zeit zu eingehenderer Betrachtung gegeben ist, nicht unbedingt nur aus fünf Wörtern Text und einem konturenscharfen Bild bestehen müssen?

6. Ist das Plakat für die vorgesehene Entfernung gut erkennbar, ist der Text gut lesbar? (Eventuell selbst testen!)

7. Wenn ein Anzeigenmotiv als Plakat übernommen werden soll: entsteht so wirklich das beste Plakat (im Sinne der 6 genannten Punkte)?

Wer gute Liebesbriefe schreibt,
schreibt auch gute Werbebriefe.

Das klassischste aller Werbemittel

**Der erste, große EDV-Boom ist passé.
Jetzt muß Werbe-Schubkraft ran!**

Liebe EDV-Kollegin, lieber EDV-Kollege,

der Leiter eines kleineren Softwarehauses erklärte mir kürzlich:
»Ich habe in den letzten Jahren verschiedene EDV-Seminare besucht –
alles gute und nützliche Seminare, die mich in meinem EDV-Wissen wei-
terbrachten. Doch mit meinem Geschäft ging's keineswegs entsprechend
weiter.«
Dieser Kollege erinnerte mich an jenen Tennisprofi, der zwar ständig
sein Schlagrepertoire verbesserte, dennoch nie ein Spitzenspieler wurde.
Warum? Weil er es versäumte, endlich einmal seine allzu langsame Bein-
arbeit auf Trab zu bringen.
Vielleicht ist es an der Zeit, auch Ihrer Werbung einmal »Beine« zu machen? Ihr EDV-Know-how mag noch so perfekt sein – Sie werden nicht
den verdienten Erfolg erreichen, wenn Ihre Werbung hinterherhinkt.
Die EDV-Branche ist mit all ihren Bereichen nach wie vor eine der stärksten Wachstumsbranchen. Wie weit partizipieren Sie davon? Mit 3 %,
5 %, 10 % Mehrumsatz? Marketing-Experten sagen: Wer die Marktent-
wicklung voll nutzt, muß heute ohne weiteres auf 10–20 % kommen.
Auf wieviel Prozent kommen Sie? Wäre es womöglich an der Zeit, Ihre
Aufmerksamkeit verstärkt auf Ihre Werbung zu richten? Genau in diesem für Ihr Geschäft so lebenswichtigen Bereich will unser Seminar
»*EDV-Werbung, die ankommt*« Sie weiterbringen – und zwar nicht mit
dem »großen Werbegeld«, sondern mit der besten aller Werbemünzen:
Ideen!
Dieses Seminar fand bereits zweimal im Frühjahr diesen Jahres statt –
mit großem Erfolg. 90 % aller Teilnehmer bewerten es mit »sehr nütz-
lich« und »nützlich«. Das gab mir Anlaß, Herrn Schönert um weitere
Termine zu bitten – und Sie dazu herzlich einzuladen.
Ein wenig Vorfreude dürfen Sie schon jetzt haben, denn ich kann Ihnen
versprechen: Die lebendige und anschauliche Stoffvermittlung durch
Herrn Schönert, die damit verbundenen Diskussionen (auch mitge-
brachter Beispiele der Teilnehmer!) und nicht zuletzt das angenehme
Ambiente des Hotels »Hafen Hamburg« werden dieses Seminar zu einem Seminar-Erlebnis für Sie machen.

Und darauf freut sich mit Ihnen
Rainer Schuppenhauer

»Werbe-Seminare für die EDV-Branche? Aussichtslos. Die Branche boomt und boomt, ganz gleich, wie gut oder schlecht da geworben wird.«

Das war die Meinung von Experten. Dennoch: Mit diesem Werbebrief – und einem entsprechenden Prospekt – gab es Rückläufe für drei ausgebuchte, nicht ganz billige Seminare.

Warum wird der Werbebrief nicht noch viel mehr eingesetzt?
Weil's kein »klassisches« Werbemittel ist?

Niemand, der sich ein wenig in der Musik auskennt, käme auf die Idee, Mozart für einen Nicht-Klassiker zu halten. Nichts anderes ist es, den Werbebrief – im Gegensatz zu Anzeige, Plakat, Funk- und Fernsehwerbung – für ein »nicht-klassisches« Werbemittel zu halten. Er ist das klassischste aller Werbemittel, das älteste Kommunikationsmittel der Wirtschaft. Jeder Geschäftsbrief ist ein Werbebrief – ob gewollt oder ungewollt, ob im positiven oder negativen Sinne.

Werbebriefe – nur im Versandhandel?

Im Versandhandel ist der Werbebrief das Werbemittel Nummer 1. Die Umsatzerfolge des Versandhandels – jährlich rund 15 Milliarden DM – sind nicht zuletzt Werbebrieferfolge.

Werbebriefe sind – außer dem Verkaufsgespräch – die beste und direkteste Werbemöglichkeit. Könnten die großen Markenartikel-Unternehmen jeden Verbraucher mit persönlichen Werbebriefen erreichen, bräuchten sie keine Anzeigen, Fernsehspots und andere Massenmedien. Dennoch: in vielen Bereichen ist es auch heute möglich, Verbraucher durch Werbebriefe anzusprechen. Die Chancen des Werbebriefes sind noch längst nicht ausgeschöpft.

In wievielen Mediaplänen großer Markenartikler taucht schon der Werbebrief auf? Weil hier keine Direktwerbung betrieben wird?

Warum eigentlich nicht? Warum schlagen die großen Werbeagenturen ihren großen Markenartikelkunden nicht auch mal planmäßig durchzuführende Direktwerbeaktionen vor – einschließlich Werbebrief? (Natürlich nicht, um direkt beim Hersteller zu kaufen, sondern mit Hinweis auf den Handel).

Ein Unternehmen, das Damenwäsche herstellt, könnte z.B. mit seinen Sport-BH's alle Badminton- und Basketball-Vereine ansprechen. Die Adressen gibt es.

Ein Unternehmen, das Taschenrechner herstellt, könnte damit z.B. alle Mathematiklehrer ansprechen. Die Adressen gibt es.

Ein Unternehmen, das ein sehr handfreundliches Geschirrspülmittel herstellt, könnte beispielsweise alle Mitarbeiter von Kosmetiksalons ansprechen. Die Adressen gibt es.

Wie wertvoll ist Adressenmaterial?

Schon die Durchsicht eines Adressenverlag-Kataloges kann kreative Werber auf ungeahnte Möglichkeiten für den Werbebrief bringen. Markenartikel-Unternehmen, die solche Möglichkeiten nutzen, gewinnen damit etwas, das ihnen sonst nur selten zuteil wird: unmittelbaren Kontakt zum Verbraucher. Für Versandhäuser ist das lebensnotwendig, für Markenartikel-Unternehmen – so scheint es – eher lästig.

Julius Rosenwald, Manager bei Sears Roebuck & Co., dem größten Versandhaus der Welt, sagte: »Wenn über Nacht eine unvorstellbare Katastrophe alle Gebäude und Waren von Sears Roebuck & Co. wegwischen würde, wäre ich deswegen nicht besonders betrübt, solange unsere Adressenliste erhalten bleibt. Wir könnten neue Häuser bauen, neue Waren kaufen und sofort unsere Geschäfte fortführen. Wenn aber die Adressen unserer Kunden verlorengingen, müßten wir erneut von ganz klein anfangen.«

Wenn ein Versandhaus ein Preisausschreiben veranstaltet und viele tausend Antwortkarten eingehen, bedeutet das wertvolles neues Adressenmaterial, das man hütet und für Werbebriefe nutzt. Wenn ein großes Markenartikel-Unternehmen ein Preisausschreiben veranstaltet, geschieht zumeist genau das Gegenteil, etwas, worüber Mister J. Rosenwald die Hände über dem Kopf zusammenschlagen würde: das gesamte Adressenmaterial wandert erbarmungslos in den Reißwolf. Nun ist ein Markenartikel-Unternehmen kein Versandhaus – aber: ist es nicht sonderbar, daß das, was für ein Unternehmen absolut lebenswichtig ist, für ein anderes absolut nutzlos sein sollte?

Preisausschreiben und andere Aktionen sind oft die einzige Möglichkeit für Markenartikel-Unternehmen, Adressen von Verbrauchern zu bekommen – von Menschen also, denen das Unternehmen seine Existenz verdankt. Gäbe es dafür wirklich keine bessere Verwendung als den Reißwolf? Vielleicht gibt es einmal Spezialunternehmen, die sich anbieten, solches Adressenmaterial nutzbar zu machen. Vielleicht bilden solche Verbraucher-Adressen eines Tages den Grundstock für gezielt einzusetzende Werbebriefe.

Wie setzen sich neue Ideen durch? IKEA wurde anfangs für unmöglich gehalten (»Wer schleppt schon seine Möbel selbst nach Haus!«). Der Werbebrief half hier entscheidend mit. Fielmann (»Wer will den Leuten schon einen Nulltarif einreden!«) wirbt nicht nur per Anzeigen, sondern nutzt jede Kundenadresse für Werbebriefe. Aber auch Autohäuser, Banken und manch andere »Nicht-Direktwerber« nutzen heute Werbebriefe als selbstverständliches Medium. Aber dennoch:

Der Werbebrief ist weitgehend das Privileg der Versandunternehmen geblieben – und die können sich darob eigentlich nur ins Fäustchen lachen. Die Stärke des Werbebriefes: Er ist Direktwerbung. Und zwar ist er das in jedem Falle, ob der Empfänger nun direkt beim Versender bestellt oder ob er an seinen Einzelhändler verwiesen wird. Direktwerbung – das haben Untersuchungen gezeigt – wird von 75 % aller Empfänger gelesen oder zumindest angelesen. Welches andere Werbemedium findet so hohe Beachtung?

Ed Mc.Lean, einer der besten amerikanischen Werbetexter, textete einen

Werden Werbebriefe gelesen?

Werbebrief, der fünf Seiten lang war und innerhalb weniger Wochen 1500 Mercedes-Wagen in den USA verkaufen half. Verkaufen muß der Werbebrief, sonst ist er sinnlos. Es müssen aber nicht immer goods, es kann auch goodwill sein, was verkauft wird.

Ein Hersteller von Trockenhauben für Frisiersalons kann sich sagen: »Der Kunde hat erst kürzlich eine Trockenhaube gekauft, er ist offenbar zufrieden damit, in den nächsten drei Jahren braucht er bestimmt keine neue. Also brauche ich mich einstweilen nicht mehr zu bemühen.« Er kann sich aber auch sagen: »Welche Möglichkeiten gibt es, in der Zwischenzeit den Kontakt mit dem Kunden zu erhalten?« Zum Beispiel könnte man ihm ein Politurmittel für die gekaufte Haube zuschicken – und dazu einen Brief:

Sehr geehrter Geschäftsfreund!

Wir erlauben uns hiermit, Ihnen eine Tube Poliermittel für Ihre X-Trockenhaube zu überreichen, die Sie kürzlich bei uns kauften. Bitte verwenden Sie dieses Mittel von Zeit zu Zeit entsprechend beigefügter Gebrauchsanleitung. Ihre Haube wird dann immer einen gepflegten Eindruck machen. Im übrigen hoffen wir, daß die Haube nach wie vor zu Ihrer vollsten Zufriedenheit arbeitet, und verbleiben

mit freundlichen Grüßen

Die Idee mit dem Poliermittel ist gut, doch die Chance, die sich damit bot, wurde nur halbherzig genutzt. Der begleitende Brief war wirklich nur ein »Begleitbrief«, ein Geschäftsbrief, kein Werbebrief. Statt daß die Politur den Brief begleitete, begleitete der Brief die Politur. Als Werbebrief sah er dann so aus:

Gönnen Sie ihr ab und zu noch einen anerkennenden Blick?

Jeden Morgen, wenn Sie Ihren Salon betreten, haben Sie einen Grund zur Freude: »Sie« ist schon da! Nett und adrett wie immer. Es ist ein Vergnügen, sie zu sehen, sie als Mitarbeiterin um sich zu wissen – sie, Ihre neue X-Trockenhaube.
Seit etwa einem halben Jahr ist sie nun bei Ihnen. Ihre »Probezeit« hat sie also hinter sich. Wir denken, Sie waren zufrieden mit ihr, würden uns aber sehr freuen, wenn Sie uns Ihr Urteil durch die beiliegende Antwortkarte mitteilen könnten.
Auch künftig soll Ihre X-Trockenhaube stets einen »glänzenden« Eindruck machen. Eine kleine Politur ist da hin und wieder von Nutzen. Deshalb senden wir Ihnen diese Tube Poliermittel. Damit können Sie Ihre X-Haube rasch auf Hochglanz bringen.

Und noch einen Tip: Die X-Haube ist anspruchslos, sie bedarf kaum einer »Wartung«. Dennoch ist sie dankbar, wenn sie ab und zu gereinigt wird. Tun Sie ihr diesen Gefallen. Zufrieden summt sie dann ihr leises Lied – für lange, lange Zeit.

Mit freundlichem Gruß

Hier wurde über das Pflegemittel hinausgedacht – und in diesem Sinne sollten Werbebriefe Pflegemittel für Kundenkontakte sein.

Vom Einzelhandel noch wenig genutzt

Wenn der Werbebrief das ideale Direktwerbemittel ist, warum wird er dann so selten dort eingesetzt, wo der direkteste Kontakt zum Kunden gepflegt werden kann: vom Einzelhandel? Eine Hausfrau kommt schon seit Jahren in ihr Lebensmittelgeschäft, der Inhaber kennt sie mit Namen, er weiß, wo sie wohnt, er kennt ihren Mann, ihre Kinder und ihren kleinen Dackel, der immer brav vor der Ladentür auf Frauchen wartet. Wieso bekommt diese treue Kundin nicht mal einen Geburtstagsgruß von ihrem Kaufmann? Weil er ihr Geburtstagsdatum nicht kennt? Schlimm genug.

Wie ist es, wenn eine Kundin mal abspringt? In der Regel ist sie dann für den Einzelhändler erledigt. Es gibt welche, die grüßen sie dann nicht mal mehr auf der Straße. Doch wieviele Einzelhändler schicken schon mal Werbebriefe an die Hausfrauen ihres Einzugsgebietes? Warum liegen nicht regelmäßig Werbebriefe mit günstigen Angeboten des Einzelhandels im Briefkasten der Hausfrau und nicht nur die unpersönlichen »Superangebote« der Supermärkte? Dazu bedarf es weder großer Formulierungskünste noch großer Kosten. Und zuverlässige Jungen, die solche Briefe austragen, gibt es überall.

Immerhin – es kann vorkommen, daß selbst redegewandte Einzelhändler Schwierigkeiten haben, ein paar Zeilen Werbebrief zu Papier zu bringen. Das ist keine Schande. Was aber kann man tun?

Angenommen, ein Einzelhändler eröffnet ein Geschäft und möchte das mit einem Werbebrief bekanntmachen. Es sind auch einige Eröffnungsknüller vorgesehen. Der Einzelhändler weiß aber nicht recht, wie man einen solchen Brief wirksam formuliert. Ein bekanntes Markenartikel-Unternehmen bot seinen Kunden für solche Fälle Formulierungshilfe an – mit Erfolg. Ein Texter oder ein guter Verkaufskorrespondent übernimmt das aufgrund einiger Vorgaben und gibt mitunter auch noch gute Tips dazu. Oft lassen sich auch gut formulierte Musterbriefe einsetzen. Dieser Werbeservice ist vermutlich sinnvoller als manches »Werbegeschenk« und bringt dem Unternehmen einen beachtlichen goodwill.

Was oft verkannt wird: Auch Mahnbriefe, Antwortbriefe auf Reklamationen, Absagebriefe und andere Geschäftsbriefe sind Werbebriefe. Natürlich

Auch Geschäftsbriefe sind Wertbriefe

kann man aus einem Absagebrief keinen Zusagebrief machen, aber einen Werbebrief kann man immer daraus machen – zumal es der vielzitierte Ton ist, der »die Musik« macht.

Hochaktuell sind zur Zeit Absagebriefe an junge Menschen, die sich bei den Unternehmen um einen Ausbildungsplatz bewerben – die sogenannten Azubis. Was und wie schreibt man ihnen?

> Sehr geehrter Herr Jürgens,
>
> Ihre Bewerbung vom ..... haben wir dankend erhalten und freuen uns, daß Sie unser Unternehmen für Ihren Ausbildungswunsch gewählt haben.
> Doch bei der Vielzahl der eingegangenen Bewerbungen ist es uns leider nicht möglich, allen Wünschen gerecht zu werden, sondern wir waren gezwungen, nach eingehender Prüfung aller Zuschriften eine enge Auswahl vorzunehmen. Es tut uns leid, daß wir Sie, sowie zahlreiche andere Bewerber auch, leider nicht berücksichtigen konnten.
> Beiliegend reichen wir Ihnen Ihre Unterlagen zurück und hoffen auf Ihr Verständnis für unsere Entscheidung. Für Ihre berufliche Zukunft wünschen wir Ihnen alles Gute.
>
> Mit freundlichen Grüßen
> (Unterschrift)

Der Personalchef eines Elektronik-Unternehmens meinte: »Das kann man kaum anders schreiben. Schließlich geht's bei der Auswahl nach den Abschlußzeugnissen. Doch das kann man den Abgelehnten keinesfalls sagen.« Kann man's wirklich nicht? Vielleicht so?:

> Guten Tag, lieber Jens Jürgens,
>
> und unsere Anerkennung! Denn Sie haben mit Ihrer Bewerbung treffsicher unser Unternehmen gewählt, das in der Branche für die gute Ausbildung junger Menschen bekannt ist. Deshalb erhalten wir alljährlich ungewöhnlich viele Azubi-Bewerbungen. Wie sollen wir da auswählen? Uns bleibt nichts anderes, als auf die Abschlußzeugnisse zu schauen.
> Aber selbst von Madame Curie, Albert Einstein, Professor Sauerbruch und auch von unserem Firmengründer, Dr. h.c. Sowieso weiß man, daß sie durchaus keine glanzvollen Schulzeugnisse aufzuweisen hatten. Wenn's also danach ginge...
> Doch wonach sollen wir nun gehen, wenn von 137 Bewerbungen nur 4 berücksichtigt werden können? Es können nur die Zeugnisse sein. Vielleicht tun wir Ihnen damit sogar Unrecht. So muß es denn keinesfalls ge-

172

gen Sie sprechen, wenn wir Sie nicht in die allerengste Wahl nehmen konnten.

Wir hoffen nun, daß es Ihnen gelingt, in einem anderen Unternehmen einen guten Ausbildungsplatz zu finden – vielleicht dort, wo sich nicht so viele Bewerber melden.

Das wünschen wir Ihnen –
und dafür drücken wir Ihnen die Daumen.
(Unterschrift)
(Kleine Vignette: daumendrückende Hand)

Klar, es ist schon etwas mehr als nur »Formsache«, die diesen Brief so ganz anders werden ließ. Aus einem Absage-Brief wurde ein Ankommer-Brief. Und dem liegt eine Idee zugrunde – die Idee, mit der notgedrungenen Bewertung nach Abschlußzeugnissen durchaus nicht immer richtig zu liegen. Damit drängen sich Beispiele wie Albert Einstein usw. geradezu auf. Und die daumendrückende Hand ist dann auch nicht mehr weit.

Also wieder: die unerläßliche Kommunikationsidee. Sie hat nicht nur etwas mit Werbung zu tun, sondern auch und vor allem mit Korrespondenz – sie macht aus Geschäftskorrespondenz Werbung.

Das ließe sich noch an einer ganzen Reihe von So-oder-so-Geschäftsbriefen jeder Art nachweisen. Dieses eine mag für viele stehen. Doch zum eigentlichen Wertbrief:

Wie bei der Anzeige die Schlagzeile, entscheidet beim Werbebrief der erste *Briefanfang* Satz. Wie beginnt man am besten? Am besten mit dem Wort, das jeder am liebsten hört: seinen eigenen Namen. Wenn das nicht geht, gibt es – je nach Thema – eine Menge fast gleich guter Möglichkeiten. Einen persönlich wirkenden Brief zu schreiben, ist nicht unbedingt Sache der persönlichen Anrede.

Wie »persönlich« kann man zum Beispiel an Beamte schreiben, die einem völlig unbekannt sind? Wie könnte ein Waagenfabrikant seinen Brief an Gemeindevorsteher beginnen, denen er seine Viehwaagen und seine Eich-Dienste anbieten will? Vielleicht so?:

Sehr geehrter Herr Gemeindevorsteher,

genaugehende Gemeindewaagen sind für einen ordnungsgemäßen und reibungslosen Viehhandel unerläßlich. Daher erlaube ich mir ...

Das ist zwar richtig, aber unpersönlich, un-menschlich. Werbebriefe sind die beste Möglichkeit, menschlich zu schreiben:

173

Manchmal bilden sich die Bauern es nur ein, manchmal ist es aber auch tatsächlich so: das Vieh wiegt zu Hause mehr als auf der Gemeindewaage, der Metzger freut sich, und der Bauer ärgert sich. Das sollte nicht sein.

Briefmitte

Starker Anfang tut not. Starker Anfang ist aber auch Verpflichtung – Verpflichtung zur starken Weiterführung. Wie schreibt man weiter, wie schreibt man gute Werbebriefe? Nicht anders als jeden guten Werbetext. Was in diesem Buch über den Werbetext gesagt wird, gilt auch für den Werbebrieftext.

Wer einen Anzeigentext wie einen Werbebrief formuliert, kommt immer zu gutem Text. Der Werbebrief richtet sich nie an eine anonyme Verbrauchermasse, sondern immer an jemanden persönlich. Etwas Besseres kann auch dem Anzeigentext nicht passieren. Man kann sogar einen Werbebrief unmittelbar als Anzeige übernehmen – als »offenen Werbebrief«, wie das mit dieser Anzeige geschah:

Liebe Kaffeetrinker,

was Sie neben Duft und Geschmack am Kaffee so schätzen, ist sein Koffein. Es regt Herz und Kreislauf an. Und macht Sie munter. Nun regt mehr Koffein auch mehr an. Und wenn Sie, was jedem mal passiert, ein paar Tassen zuviel getrunken haben, kann Sie das sogar eher aufregen als anregen.

Wir erzählen Ihnen das nicht etwa, um Sie vom Kaffee abzubringen. Wir meinen jedoch, daß Sie Tee etwas besser kennenlernen sollten; denn Tee enthält keine intensiv wirkenden Röststoffe, und das im Tee vorhandene Koffein (auch Tein genannt) ist chemisch an andere Stoffe gebunden. Tee wird deshalb in der Regel auch von koffeinempfindlichen Personen besser vertragen.

Wenn Sie den Tee kurz ziehen lassen, wirkt er anregend. Nach längerem Ziehen wirkt Tee entspannend. Also können Sie beim Tee zwei Wirkungen haben: Anregung und Entspannung – ganz wie Sie wünschen.

Könnte Teetrinken nicht ein echter Ausgleich für Sie sein? Falls Sie dem Tee dennoch nicht so richtig Geschmack abgewinnen, muß das andere Gründe haben. Vielleicht haben Sie bisher zu dünn aufgebrühten Tee getrunken. Oder das Wasser nicht bis zum Sprudeln kochen lassen. Oder aber Sie nahmen keinen guten Tee.

Gold-Teefix z.B. ist nicht besonders billig – denn dafür suchen wir schließlich die hocharomatischen Hochlandteesorten aus den besten Tee-Anbaugebieten aus. Das kann man natürlich schmecken. Und trotzdem kann man eine Tasse Gold-Teefix schon für weniger als 20 Pfennig zubereiten (1 Beutel = 2 Tassen).

Wie wäre es, wenn Sie einfach mal eine Tasse Gold-Teefix probieren? Heute abend zur Entspannung. Oder morgen früh – zur Anregung.

174

Eine Werbebrief-Regel trifft immer zu: Wer einen guten Liebesbrief schreibt, kann auch einen guten Werbebrief schreiben. Doch ob Liebes-, Werbe- oder andere Briefe: wir Menschen von heute haben viel von der Kunst des Briefeschreibens verlernt. Uns fehlt die Übung. Wir schreiben nicht mehr, wir telefonieren.

Zum Glück gab's zu Bismarcks Zeiten das Telefon noch nicht. Sonst wären die meisten seiner schönsten Briefe ungeschrieben geblieben – Briefe, die in ihrer Lebendigkeit und Anschaulichkeit jedem Werbebriefschreiber Vorbild sein können. Er schrieb an seine Frau:

> Seit dem Aufwachen sitze ich nun schon wieder und zanke mit dem Juden Bloch, um 2 geh ich spazieren, dann Essen, dann Fraktion, dann viele Leute sprechen, Diplomaten, Schwätzer, Abgeordnete, und dann Thee und zu Bett, so geht es alle Tage; bin ich einmal aus, so komme ich nicht wieder nach Haus, und bringe doch nie zu Ende, was ich für den Tag vorhabe. Eben gibt mir der Mann auch Dein Briefchen; wie verängstigt Du schon wieder bist; am Montag und am Dienstag hat Gott schon geholfen, es ist gar nicht möglich, daß die Kinder schon gesund sind, das Kranksein dauert jedenfalls sechs Wochen bei Scharlach. Gott verläßt uns nicht, da er uns soweit geholfen hat, sei nur freudig in Deinem Vertrauen zu ihm, mein Liebling, die großen Gefahren hat er gnädig abgewandt, er wird auch über die kleinen helfen. Was will der Esel mit Jod bei dem Jungen, leide das nicht, laß lieber Scheunemann kommen, der säuft nicht; Jod ist sehr giftig; Gott behüte Euch alle, und ganz besonders Dich mein Allerliebstes, was ich habe. Dein treuester v. B.

Ein Brief, der ein Stück Leben wiedergibt. Genau das gleiche geschieht in dem folgenden Brief, mit der gleichen knappen Diktion, der gleichen Anschaulichkeit. Einziger Unterschied: Es ist ein Werbebrief von heute:

> Aus Parakong kommt heute morgen per Fax ein Export-Auftrag. Der Auftrag selbst ist ganz ansehnlich, und auch das zur Bestellung benutzte Formular weckt Ihr Vertrauen. Bei den Preisen bleibt auch hübsch was hängen. Also danke, der Tag beginnt gut! Wollen wir die Sache gleich mal bestätigen.
> Doch halt! Erstmal über Datenbank bei den Außenhandels-Infos nachfragen, ob alles glatt geht...
> Nanu, was ist denn das! Vorsicht geboten! – Vorkasse empfehlenswert.
> Nicht ausgelöste Güter werden vom Zoll versteigert. Prozesse langwierig. Deutsche Urteile werden nicht vollstreckt.
> Nee – also dann lieber nicht!
> Wieder mal ein Beweis: Diese Datenbank für den Außenhandel ist eine unersetzliche Auslands-Auskunftei. Man muß sie haben!

»Man muß sie haben«   *Briefschluß*

Wirklich kein Holzhammer, sondern logisch-zwingende Folgerung –

Schluß und Entschluß zugleich. Wie phrasenhaft dagegen die Briefschlüsse, die man leider immer wieder liest:

»Ihrer Rückantwort mit Interesse entgegensehend ...«
»Wir würden uns freuen, wenn Sie sich auch für XY entschließen könnten ...«
Der sorgfältigen Ausführung Ihres Auftrages dürfen Sie versichert sein ...«
»Für weitere Auskünfte stehen wir jederzeit gern zur Verfügung ...«.

Wer lahme Briefschlüsse schreibt, gleicht einem Langstreckenläufer, der kurz vor dem Ziel, statt ein Finish hinzulegen, müde wird und abbaut. Schlechte Schlußsätze stehen oft in sogenannten »Geschäftsbriefen« – obwohl auch sie Werbebriefe sein sollten. Geschäftsbriefe werden oft von Leuten geschrieben, die gut im Telefonieren und schlecht im Schreiben sind. Das ist insoweit nicht tragisch, als man keine Sorge wegen des Lesewertes haben muß, wenn es sich um den Abschluß von Kaufverträgen oder die Regelung von Reklamationen handelt. Bei Geschäftsbriefen besteht Lesezwang, bei Werbebriefen nicht. Und das läßt an letzteren zweifeln.

Oft wird gesagt: »Werbebriefe sind sinnlos, sie wandern doch nur in den Papierkorb.« Na und? Da gehören sie auch hin. Wenn ein Werbebrief gelesen wurde, kann ihm gar nichts Vernünftigeres passieren. Daß er gelesen wird, dafür möge der Texter bitte sorgen. Entweder er erfüllt dann seinen Zweck oder auch nicht. Es gibt keinen Grund, ihn darüber hinaus noch aufzuheben. Werbung wird nicht zum Aufheben, sondern zum Wegwerfen gemacht. Wem diese nüchterne Erkenntnis nicht behagt, möge lieber Literat oder Bildhauer werden.

»Werbebriefe sind sinnlos, die wandern doch nur in den Papierkorb ...«, das meinte auch ein Marketing-Direktor, als ihm sein Werbeberater einen Werbebrief-Entwurf vorlegte. Wenn dem so sei, erwiderte der Werbeberater, dann könne man doch ohne weiteres in den letzten Absatz ein »Sie sind ein Idiot, wenn Sie nicht bestellen« einfügen. Da der Brief ja ohnehin nicht gelesen wird, könnten auch keine Beleidigungsklagen kommen.

Der »Idiot« wurde nicht eingefügt, der Werbebrief ging raus.

Kontrollfragen für die Gestaltung von Werbebriefen

1. Sagt der Brief dem Empfänger etwas Neues, sagt er es mit einer gewissen Einmaligkeit – oder wirkt er wie ein »normaler« Geschäftsbrief?

2. Macht schon der erste Satz neugierig, reizt er zum Weiterlesen? Und ist jeder Satz so geschrieben, daß man neugierig wird auf den nächsten?

3. Hat der Brief einen starken verkäuferischen Inhalt – oder versucht er, mangelnden Inhalt durch schöne Worte wettzumachen?

4. Ist der Brief knapp gehalten, sagt er nur das, was wirklich entscheidend ist, um sich mit dem Angebot zu befassen? Wiederholt er wörtlich keine Details, die ohnehin im beiliegenden Werbematerial stehen?

5. Wirkt der Brief menschlich, vermeidet er das übliche Kaufmannsdeutsch, würde man mit dem Empfänger so sprechen?

6. Wurde beachtet, daß Knappheit nichts mit der Brieflänge zu tun hat.

7. Gibt er dem Empfänger einen starken Anreiz, das zu tun, was der Brief bezweckt? Kann der Leser das Gefühl haben, etwas zu verlieren, wenn er's nicht täte?

8. Bringt der Brief zum Schluß nochmal einen attraktiven Gedanken – oder endet er mit den üblichen, formalen Schlußsätzen, wie man sie in Briefen immer wieder liest?

Ungewöhnliches mit
gewöhnlichen Worten sagen –
nicht umgekehrt.

Wie kommt man
zu besseren Texten?

Wenn in einer Anzeige eine gut frisierte junge Frau gezeigt wird und darunter steht

>»Mit einer XY-Perücke sehen Sie immer gut frisiert aus.«,

dann ist das nicht getextet, sondern geschrieben. Wenn aber darunter steht

>»Ich war nicht beim Friseur, sondern in der Sauna.«,

dann ist das nicht geschrieben, sondern getextet. Texten und Schreiben werden oft miteinander verwechselt. Mancher Texter meint, weil er Texter ist, ist alles, was er zu Papier bringt, zwangsläufig Text. So zwangsläufig ist das keinesfalls. Jeder Texter ist der Versuchung ausgesetzt, beim Geschriebenen hängenzubleiben, statt zum Getexteten vorzudringen. Geschriebenes macht oft den Eindruck von Text – solange jedenfalls, bis etwas Getextetes danebensteht. Oft genügt schon eine geringfügige Veränderung des Satzes – dem allerdings eine geringfügige Veränderung des Denkens vorausgegangen sein muß, wie bei diesem Werbe-Klassiker:

>»Das einzige Pfefferminz mit dem Loch.«
>»Das einzige Loch mit Pfefferminz drumrum.«

Man muß kein Bäcker sein, um zu wissen, ob ein Stück Pflaumenkuchen frisch ist oder altbacken. Man muß auch kein Texter sein, um zu wissen, ob ein Text »frisch« ist oder »altbacken«, ob er uns interessiert oder kalt läßt, kurz: ob er Text ist oder nur Schreibe. Jeder Verbraucher empfindet das. Und er urteilt darüber – härter als jeder Marketing-Director –, indem er den Text liest oder nicht liest, indem der Text etwas bei ihm bewirkt oder nicht. Deshalb ist Texten eine so schwierige Aufgabe.

Schreiben ist weniger schwer ...

>»Wir sind glücklich in Palermo gelandet und genießen jeden Tag Sonnenschein und Wein.«

Das ist der gleiche Ansichtspostkartenstil, der auch in der Werbung oft geschrieben wird:

>»Jeden Morgen X-Margarine aufs Frühstücksbrötchen – das schmeckt und ist gesund!«

Texten heißt denken. Ansichtspostkartenstil erfordert kein Denken, sondern nur Schreiben. Er bringt das Gängigste, das Erstbeste über ein Thema. Und das ist selten etwas Falsches. Geschriebenes lebt davon, nicht falsch zu sein. Was wäre gegen ein »Mit einer XY-Perücke sehen Sie immer gut frisiert aus« schon einzuwenden? Oder gegen ein »Das einzige Pfefferminz mit dem

Loch«? Oder gegen ein »Jeden Morgen X-Margarine aufs Frühstücksbrötchen«?

Ein Klavierspieler spielt vom Blatt, ein Pianist interpretiert. Ersteres kann jeder Notenkundige leicht beurteilen, letzteres bedarf eines geschulten Ohres. Ob einer Klavierspieler oder Pianist ist, ob einer Schreiber oder Texter ist, läßt sich heraushören und herauslesen. Schwieriger ist es, das Herausgehörte und Herausgelesene zu begründen. Deshalb sind Kunstkritiken und Werbekritiken so umstritten.

In jeder Werbeagentur und bei jedem Werbungtreibenden gibt es genug »Notenkundige«, die ohne weiteres abzulesen vermögen, ob ein Text notengetreu von der Konzeptions-Partitur abgespielt wurde. Das ist lediglich eine Frage des »richtigen« oder »falschen« Spielens. Weil aber Richtig oder Falsch so leicht und Gut oder Schlecht so schwer zu begründen sind, besteht die Gefahr, sich mit dem Richtig-Falsch-Maßstab zu begnügen und den Gut-Schlecht-Maßstab gar nicht erst anzulegen. Das ist auch der Grund, warum Geschriebenes oft so »glatt über die Bühne« geht.

Der Kontakter einer Werbeagentur kommt von einer Präsentation und erstattet Bericht. Schließlich fragt ihn der Texter, ob denn auch über Text gesprochen wurde. »Nein«, erwidert der Kontakter, »über Text wurde überhaupt nicht gesprochen, der ging glatt durch und wurde kommentarlos akzeptiert.«

Über eine solche Antwort kann sich vielleicht ein Schreiber freuen, nicht aber ein Texter. Denn das wäre etwa so, als ob nach einer Opernpremiere das Publikum ohne jede Bekundung von Beifall oder Pfiffen aufsteht und teilnahmslos den Saal verläßt.

Gute Texte erregen immer Aufsehen, sei es Beifall oder Widerspruch. Kaum ein Werbungtreibender ist so kaltschnäuzig, als daß ihn das, was über sein Produkt gesagt wird, nicht auf das Lebhafteste interessierte. Allerdings ein »Mit einer XY-Perücke sehen Sie immer gut frisiert aus« wird jeden Perückenhersteller ungerührt lassen. Der Satz ist so richtig und so nichtig, den hätte auch die Raumpflegerin oder der Pförtner schreiben können. Diskussionen über seine Richtigkeit wird es kaum geben, Konzeptionslosigkeit wird man seinem Verfasser nicht vorwerfen können. Der Satz hat alle Chancen, kein Aufsehen zu erregen – weder beim Werbungtreibenden noch beim Umworbenen.

Texter leben weniger angenehm als Schreiber. Weil ein Texter mit seinem Text beim Umworbenen etwas anstoßen will, erregt er leicht Anstoß – beim Creative-Director, beim Kontakter, beim Product-Manager. Womit keinesfalls gesagt sein soll, daß alle Texte, die diesen Anstoß nicht erregen, keine guten Texte sind. Aber: Gute Texte fordern weit mehr zur Kritik heraus als nur richtige Texte. Beifall und Pfiffe liegen oft nah beieinander. Ein

> »Und was haben Sie Ihrem Kind heute morgen aufs Schulbrot gegeben?«

ist weitaus griffiger, aber auch weitaus angreifbarer als ein »XY-Margarine aufs Frühstücksbrötchen – das schmeckt und ist gesund!«. Daß dieser Satz absolut konzeptionsgerecht ist, steht außer jedem Zweifel. Der Satz ist Konzeption. Ob der »Schulbrot«-Satz jedoch eine Vertiefung oder Verfälschung der Konzeption darstellt, darüber läßt sich trefflich streiten (»Es geht uns doch schließlich nicht nur um Schulkinder«). Das Ergebnis ist dann oft, daß man sich für den »richtigen« Satz entscheidet, weil er konzeptionsgerechter und damit »gefahrloser« ist. Die meisten Einwände gegen gute Texte beginnen etwa so: »Das ist zwar eine sehr interessante Lösung, aber besteht nicht die Gefahr, daß ... .« Wer wollte schon eine »bestehende Gefahr« nicht sehen, schon, um sich nicht einem eventuellen »Ich hab's doch gleich gesagt« aussetzen zu müssen.

Um kein Mißverständnis aufkommen zu lassen: Gut und Richtig schließen sich keinesfalls gegenseitig aus. Im Gegenteil: Gut kann ein Text nur sein, wenn er auch richtig im Sinne der Konzeption ist. Ein guter Text wird – von wenigen Ausnahmen abgesehen – niemals die Konzeption wörtlich wiedergeben. Doch gerade der vertraute Wortlaut der Konzeption ist es, der sich als allzu bequemer Bewertungsmaßstab anbietet, so, als wollte man ein DIN-A4-Blatt nochmals nachmessen, um festzustellen, daß es tatsächlich das DIN-Format von 29,7 x 21 cm hat. Wenn – wie das bei kreativen Texten meistens der Fall ist – eine Konzeption nicht in, sondern zwischen den Zeilen steht, muß man sie herauslesen können. Auch das ist eine kreative Aufgabe des Werbers (nicht des Umworbenen!). Nicht jeder »Entscheidungsbefugte« nimmt diese Aufgabe gern auf sich.

Ablesen ist immer leichter als Herauslesen – weil ja auch das Abschreiben einer Konzeption leichter ist als ihre Interpretation.

Ein leeres Blatt Papier ist bekanntlich eine Herausforderung für den Texter. Ein Schreiber hat weniger Mühe mit leeren Blättern, weil es wenig Mühe macht, sie mit leeren Gedanken zu füllen (Letzteres läßt sich per PC spielend bewerkstelligen).

Ein Schreiber, der einem Texter bei der Arbeit zuschaut, kann nur milde lächeln: »Da sitzt dieser ehrenwerte Kollege nun schon den halben Vormittag an seiner Autoradio-Anzeige und hat gerade zwei Sätze zu Papier gebracht. Und heute nachmittag geschieht auch nichts. Da will er sich mit einem Experten über Autoradios unterhalten. Wenn jeder Texter solchen Aufwand treiben wollte, wo käme die Agentur da hin?«

Schauen wir uns zunächst einmal an, wo der Schreiber hinkam, der in der Rekordzeit von 20 Minuten diesen Text baute:

»Die Entscheidung für den Fortschritt: Ein X-Autoradio!
Wo immer Sie auch fahren – er läßt Sie nicht im Stich. Er unterhält Sie, und versorgt Sie mit den neuesten Verkehrsmeldungen. Der X-Empfänger hat sich als besonders leistungsstark bewährt, seine ausgereifte Technik wird höchsten Ansprüchen gerecht. Dank seiner Senderschnellwahl ist er problemlos zu bedienen. Der X ist der Empfänger für den Kenner. Mit dem X wird das Autofahren angenehmer und sicherer. Deshalb – Ihnen und Ihrer Familie zuliebe: einen X in Ihr Auto – es gibt keinen besseren!«

Für den nun folgenden Text brauchte der Texter 8 Stunden – einschließlich seines Gesprächs mit dem Auftraggeber. Doch wer möchte dem Texter schon einen Vorwurf aus dem 24-fachen Zeitaufwand machen?

»Wie gut ein Autoradio ist, erkennt man im Talkessel.
Bei Fahrten im Talkessel sind die Empfangsbedingungen fast immer schlecht. Die Radiowellen prallen an den Berghängen ab, werden reflektiert – einmal oder mehrmals. Folge: Die Stärke des Sendersignals schwankt oft auf wenigen Metern zwischen überlaut und fast nicht mehr wahrnehmbar. Das ist nun einmal so.
Beruhigend, daß der X-Empfänger mit solchen Problemen meist fertig wird. Er hält die Lautstärke konstant, denn er hat eine große Reserve an Verstärkerleistung und damit eine sehr breit ausgelegte Lautstärke-Automatik. Überstarke Sendersignale werden heruntergeregelt – schwache Signale herauf. Das geht in Sekundenbruchteilen. Der Hörer merkt es nicht. Das ist der X, mit 5 Stationsdrucktasten zur Senderschnellwahl. In 112 Tests bewährt. Und mit Anschlußmöglichkeit für einen Verkehrsrundfunk-Decoder. Er macht es Ihnen leicht, unter den vielen Sendern den zu finden, der speziell über Ihren Streckenbereich berichtet. Das ist ein Teil des ARI-Systems (Autofahrer-Rundfunk-Information).
Ein X-Konzept, das in Zusammenarbeit mit dem Institut für Rundfunktechnik und den Sendeanstalten entwickelt wurde – ein komplettes System für Ihre Sicherheit auf Deutschlands Straßen.«

Kann man das
Texten lernen?

Gute Texte – selbst wenn sie eine schwierige technische Materie behandeln – klingen stets so, daß kein Leser oder Hörer auf die Idee käme, man müsse das Texten mühsam lernen. Er wird eher meinen: »So hätte ich das auch gesagt!« In der Tat: »Wie gut ein Autoradio ist, erkennt man erst im Talkessel«, hätte er auch sagen können. Oder »Nicht immer, aber immer öfter« (Clausthaler). Oder »Er läuft und läuft und läuft«. Alles gut Getextete

184

hätte jedermann sagen können, weil es mit Jedermann-Worten und nicht mit Kunst-Worten gesagt wird.

Wer hingegen redet schon mit Worten wie »Ausgereifte Technik, die höchsten Ansprüchen gerecht wird«? Oder »X setzt schon heute die Maßstäbe für morgen«? Oder »Y – der Ausdruck modischer Eleganz«?

So einfach, wie solche Werbephrasen zu Papier zu bringen sind, so gekünstelt klingen sie. Hier muß der Leser tatsächlich das Gefühl haben, es handele sich um eine Art Kunstsprache, die Texter in irgendwelchen Werbesprachlaboratorien mühsam erlernen. In Wirklichkeit ist nichts einfacher als die Werbekunstsprache und nichts schwieriger als die Jedermann-Sprache. Jedermann-Sprache heißt: mit gewöhnlichen Worten Ungewöhnliches sagen – nicht mit ungewöhnlichen Worten Gewöhnliches.

Darin liegt der Erfolg jeder sprachlichen Kommunikation. Das erfordert harte Denkarbeit, und die kostet Zeit, Geld, Schweiß und Mühe.

Werbeschreiber kann jeder sein. Wie aber ist das mit dem Werbetexter? Ist Texten nur Sache des Talents – oder kann man es auch lernen?

Wenn jemand Bäcker, Schlosser oder Schreiner werden will, muß er vier Jahre lernen. Dann muß er seine Gesellenprüfung ablegen. Und wenn er weiterkommen will, muß er noch mehr lernen, um seine Meisterprüfung zu machen. All das muß ein Texter nicht. Texter sind ungelernte Arbeiter. Und das macht diesen Beruf für manche Leute sehr attraktiv.

Was braucht man als Texter? Die stimulierende Wirkung von reichlich Kaffee-, Zigaretten- oder auch Alkoholgenuß – mitunter tun's auch faule Äpfel in der Schreibtischschublade –, und schon werden die ungewöhnlichen Ideen aus den tieferen Schichten des Unterbewußtseins zutage gefördert. Die Vorstellungen manches Ahnungslosen, der glaubt, auf angenehme Weise ein gutes Stück Geld verdienen zu können, sind von diesem Bild nicht allzu weit entfernt.

Natürlich – zum Texten gehört Talent. Darüber braucht kein Wort verloren zu werden. Aber zum Texten gehört eine Menge Erlernbares. Und darüber wären einige Worte zu verlieren.

Ein textlich talentierter, werblich aber ungelernter »Texter« mag in einem Slogan-Wettbewerb noch ganz passabel abschneiden. Doch setze man ihn einmal an die Aufgabe, eine Werbekampagne zu texten, und schaue sich dann das Ergebnis an.

Schon immer einen guten Schulaufsatz geschrieben zu haben, ist gewiß keine schlechte Voraussetzung für den künftigen Texter. Doch ausreichend ist nicht einmal, zuvor journalistisch oder schriftstellerisch tätig gewesen zu sein.

Es soll hier nicht von den allgemein werbekundlichen Grundlagen gesprochen werden, die ein Texter braucht und lernen muß, sondern von den speziell werbetextlichen Grundlagen, die ebenfalls gelernt sein wollen. Wenn es beim Texten nichts Erlernbares gäbe, wäre dies wahrscheinlich der einzige Beruf der Welt, bei dem es nur auf Begabung und nicht auch auf Ausbildung ankäme. »Technik« – also das, was man als Arbeitsweise oder Handhabung erlernt – gehört zu jedem Beruf, ob geistig oder manuell. Und sogar peduell: Jeder halbwegs gute Fußballspieler braucht Technik und nicht nur Talent. Das Talent wurde ihm in die Wiege gelegt, die Technik muß er sich aneignen.

Es gibt eine Technik des Managens, des Klavierspielens, des Boxens – und des Textens. Und wenn in Deutschland noch immer Mangel an guten Textern herrscht, so liegt das nicht so sehr an mangelnden Talenten, sondern am mangelnden Interesse, sich die Techniken des guten Textens zu erarbeiten. In den USA kommt kaum ein Texter um diese Mühe herum. Er beherrscht das Handwerkliche seines Jobs, nämlich die Prinzipien des guten Schreibers – Prinzipien, die bei uns zwar vielfach intuitiv, aber noch nicht oft genug bewußt angewandt werden. Es gibt noch zu viele Talente und zu wenige Professionelle unter den deutschen Textern.

Während bei uns das Texten oft nur als Zwischenstation zu einem »richtigen« Werbe- oder Marketingberuf angesehen wird, ist das Texter-sein in den USA ein Beruf für gestandene Männer und Frauen. Texter sind dort häufig Akademiker. Es gibt mehr Ausbildungsmöglichkeiten und mehr Fachliteratur. Vor allem aber: es gibt mehr Einsicht in die Notwendigkeit, sich zu schulen. Das wiederum hängt mit der größeren Konkurrenz zusammen: gute Texter stehen vor den US-Agenturen Schlange.

All das sind sicher Gründe dafür, warum die Amerikaner immer noch bessere Werbetexte schreiben als die Deutschen. Sprachliche Vorteile – wie viele deutsche Texter behaupten – sind kein Grund dafür.

Die ideale Werbesprache

Eine amerikanische Anzeige zeigte das fragende Gesicht eines älteren, seriösen Geschäftsmannes. Darunter die Schlagzeile:

>>Why don't you go into plastics, son?<<

Es ging hier um eine Freiwilligen-Werbung für die US-Army. Ein deutscher Texter, dem man diese Anzeige vorlegte, meinte: »Ja, die Amerikaner, die haben's leicht, gute Texte zu machen. Allein wie die sowas sagen können, das kann man auf Deutsch gar nicht. Natürlich: »Warum gehst Du nicht in Plastik, Sohn?« wäre unmöglich. Aber kann man nicht sagen: »Warum steigen Sie nicht in die Wirtschaft ein, junger Mann?« Ist das schlechter, nur weil es nicht wörtlich übersetzt ist? Doch vor allem: Es geht hier gar nicht so sehr um die Übertragbarkeit von einer Sprache in die andere, sondern um die Idee, die für dieses Thema gefunden wurde. Das wiederum hat mit einer angeblich höheren Werbequalität der amerikanischen Sprache nichts zu tun.

186

Irgend jemand brachte mal den Unsinn auf, das Amerikanische sei die ideale Werbesprache. Mit dem gleichen Recht könnten das die amerikanischen Texter von der deutschen Sprache sagen. »Gemütlichkeit«, »Heimweh«, »Wanderlust«, »Mutterliebe« – um solche emotionsgeladenen Begriffe sind wir nur zu beneiden. »Ja aber die Wortspiele, die man in Amerikanisch machen kann, das ist im Deutschen unmöglich«, sagen manche deutschen Texter. Genau das Umgekehrte sagt ein deutschkundiger amerikanischer Texter, als er in einer deutschen Tageszeitung diese Anzeigen-Schlagzeile für ein Desinfektionsmittel las:

>»Lassen Sie Ihr Kind nicht auf allen Viren herumkriechen.«
>(Abb.: Kind, das auf allen Vieren auf dem Fußboden kriecht.)

Ein guter Texter wird seine Sprache nie als unzulänglich empfinden – ganz gleich, ob sie der germanischen, amerikanischen, romanischen, afrikanischen oder sonst einer Sprachfamilie angehört. Entscheidend ist allein, wie er mit ihr umzugehen versteht. Die ideale Werbesprache ist immer die eigene.

Die Amerikaner arbeiten mit den Mitteln ihrer Sprache, wir mit den Mitteln unserer – und die sind gewiß nicht geringer. Geringer sind bei uns oft die Fähigkeiten, unsere sprachlichen Mittel einzusetzen. Das wiederum ist eine Frage der besseren Technik des Textens.

Es wurde von vier Werbegesetzen gesprochen, deren Beachtung unerläßlich ist, wenn Werbung kommunizieren soll:

Sei neu – und nicht nur neu-artig!
Sei einfach – aber nicht harmlos!
Sei zwingend – aber nicht mit dem Holzhammer!
Sei Verkäufer – und kein Unterhalter!

Ein Text, der diesen vier Gesetzen entspricht, wird gewiß ein wirksamer Text sein. Doch wie kommt man zu solchen Texten? Was kann man praktisch tun? Gibt es dafür spezielle Arbeitstechniken, die der Texter anwenden kann?

Angenommen, es liegen für eine Werbekampagne schon erste Textversuche vor. Sie sind jedoch noch unbefriedigend. Es sind lediglich hingeschriebene oder auch hingesprochene Gedanken, die nicht einmal von einem Texter stammen müssen, sondern vielleicht vom Konzeptionisten oder vom Kontakter oder vom Werbungtreibenden selbst. Wie kann man aus solchen Gedanken Werbetext machen – Text, der nicht nur dasteht, sondern auch etwas bewirkt?

Es gibt dafür drei Arbeitstechniken, Techniken, die für jede wirksame verbale Kommunikation gültig sind – besonders aber für Werbung. Sie heißen:

- Das Allgemeine konkretisieren.
- Das Langweilige dramatisieren.
- Das Weitschweifige komprimieren.

Es gibt Texter, die sich noch nie mit diesen Techniken befaßt haben. Dennoch schreiben sie gute Texte. Und schaut man sich diese Texte an – sie entsprechen sogar den drei Techniken: Nichts ist allgemein, langweilig oder weitschweifig – alles ist konkret, hat Dramatik und ist knapp und komprimiert dargestellt. Der Texter hat etwas getan, was manche guten Texter ohnehin tun: Er hat die drei Techniken völlig unbewußt richtig angewandt. Besser wäre jedoch, es bewußt zu tun. Auch weniger begabte Texter kämen dann schneller und gezielter zu Erfolgen. Es lohnt daher, sich mit den Techniken des Textens etwas näher zu befassen.

Das Allgemeine konkretisieren!

Eine kleine Kostprobe aus einem bekannten Roman: *Beispiel Literatur*

> »Herr Schwejk saß in einer Gaststätte, um wieder einmal über große Politik zu diskutieren. Er war früher einmal Soldat gewesen, aber dann wegen Untauglichkeit vom Militär befreit worden. Jetzt lebte er vom Verkauf von Hunden, einem Gewerbe, das er nicht immer auf ganz gesetzlichem Wege betrieb. Außerdem war er kränklich und brauchte stets irgendwelche Medikamente.«

Beginnt Jaroslav Hašek so seinen »Schwejk«? Nein, wir kennen die Geschichte anders:

> »Also sie ham uns den Ferdinand erschlagen«, sagte die Bedienerin zu Herrn Schwejk, der vor Jahren den Militärdienst quittiert hatte, nachdem er von der militärärztlichen Kommission endgültig für blöd erklärt worden war, und der sich nun durch den Verkauf von Hunden, häßlichen, schlechtrassigen Scheusälern, ernährte, deren Stammbäume er fälschte. Neben dieser Beschäftigung war er vom Rheumatismus heimgesucht und rieb sich gerade die Knie mit Opodeldok ein.«

Worin besteht der Unterschied zwischen beiden Schilderungen? Es ist der Unterschied zwischen dem Abstrakten und dem Exakten, zwischen dem Ungenauen und dem Genauen – zwischen einem Schreiber und einem Schriftsteller. Überall, wo in der ersten Schilderung nur allgemeine Ausdrücke verwendet werden, wählt Hašek sehr konkrete.

Allgemein:	**Konkret:**
»Über große Politik diskutieren.«	»Also, sie ham uns den Ferdinand erschlagen.«
»Wegen Untauglichkeit befreit worden.«	»Von der militärärztlichen Kommission endgültig für blöd erklärt worden.«
»Auf nicht ganz ehrliche Weise.«	»... deren Stammbäume er fälschte.«

»Kränklich.«

»Vom Rheumatismus heimgesucht.«

»Brauchte stets irgendwelche Medikamente.«

»Rieb sich gerade die Knie mit Opodeldok ein.«

Daß Schwejk in der Gaststätte saß, daß er wegen Untauglichkeit vom Militärdienst befreit worden war, daß er vom nicht ganz ehrlich betriebenen Hundeverkauf lebte: all das sind doch, so könnte der oberflächliche Betrachter meinen, recht konkrete Mitteilungen. Wie allgemein sie in Wirklichkeit sind, zeigt uns Hašek. Hätte er im Stil des ersten Beispiels geschrieben, wäre der Schwejk nie ein Werk der Weltliteratur geworden.

Es ist ein Kennzeichen mittelmäßiger Literatur, Allgemeines zu sagen – im Gegensatz zu guter Literatur, die Konkretes sagt. Das ist es auch, was gute von mittelmäßigen Werbetexten unterscheidet.

A)
»Täglich Apfelsinen – reich an wertvollem Vitamin C! –, so kommen Sie gut durch den Winter! Apfelsinen sind ein Geschenk der Natur, wie Sie es sich besser nicht wünschen können. In ihnen finden Sie das volle Aroma und den ganzen Gesundheitswert der pflückfrischen Frucht.«

Gegen diesen Text ist nichts einzuwenden. Er erscheint kaum verbesserungsfähig. Wer wollte behaupten, daß er nicht gute Dinge über Apfelsinen sagt?

Es gab jemanden, der das behauptete – und diesen Text schrieb:

B)
»Zwei Apfelsinen täglich geben Ihnen den vollen Tagesbedarf – 75 mg – an natürlichem Vitamin C, dem wichtigsten aller Winter-Vitamine. Die Natur selbst hat die Apfelsine so liebevoll für uns verpackt: mundgerechte, saftige Scheiben in goldgelber Schale – dieser sinnvollen Frischhaltepackung der Natur: jede Apfelsine so frisch, als hätten Sie sie gerade selbst gepflückt.«

Es ist hier wie im Schwejk-Beispiel: Überall, wo in der ersten Fassung allgemeine Ausdrücke stehen, finden wir in der zweiten konkrete.

Allgemein:	Konkret:
»Täglich Apfelsinen.«	»Zwei Apfelsinen täglich.«
»Reich an wertvollem Vitamin C.«	»Den vollen Tagesbedarf – 75 mg – an natürlichem Vitamin C.«

190

»Vitamin C.«	»Winter-Vitamin.«
»Apfelsinen sind ein Geschenk der Natur.«	»Die Natur selbst hat die Apfelsine so liebevoll für uns verpackt.«
»Wie Sie es sich besser nicht wünschen können.«	»Mundgerechte, saftige Scheiben in goldgelber Schale.«
»In ihnen finden Sie das volle Aroma.«	»Sinnvolle Frischhaltepackung der Natur.«
»Pflückfrische Frucht.«	So frisch, als hätten Sie sie gerade selbst gepflückt.«

Daß der erste Texter nicht auf »Winter-Vitamin« oder »Frischhaltepackung der Natur« kam, könnte man ihm noch verzeihen. Weniger verzeihlich ist, daß er sich nicht gut informierte und nicht einmal danach fragte, wieviel Vitamin C der Mensch wohl täglich braucht. Er scheute die Mühe genauer Angaben und genauer Ausdrücke. Er blieb im Allgemeinen hängen. So kam kein Apfelsinen-Text zustande, sondern ein Vielfrucht-Text, der für Äpfel, Kirschen oder Himbeeren genau so hätte stehen können.

Die Mühe, sich zu informieren

»Täglich Apfelsinen« (»täglich Margarine X aufs Brot«, »täglich Frisiercreme Y ins Haar«, »reich an Vitaminen«, »Geschenk der Natur«, »Pflückfrische Frucht«, »Wie Sie es sich besser nicht wünschen können«): all das sind keine falschen Formulierungen. Mancher Texter wäre sogar empört, wollte man von ihm verlangen, dergleichen nicht mehr zu schreiben. Er wird nachzuweisen versuchen, daß »Täglich Apfelsinen«, »Geschenk der Natur« und ähnliche Aussagen richtig sind und absolut das Thema treffen – und daß man es gar nicht besser sagen kann. Er wird das solange behaupten, bis er die Gegenüberstellung der Texte A und B sieht – und dann einsieht, daß man auf solche Allgemeingültigkeiten durchaus verzichten kann – verzichten muß, wenn man zu besseren Texten kommen will.

Veranschaulichungen wie »Winter-Vitamine«, »Frischhaltepackung der Natur«, »Mundgerechte Scheiben« sind keine Glückstreffer, die dem Texter als reife Frucht einer kreativen Sternstunde in den Schoß fielen, sondern das Ergebnis zielgerichteten Denkens. Was hat der Texter getan, um darauf zu kommen? Nicht mehr und nicht weniger, als eine Apfelsine genommen, sie langsam geschält, die Scheiben auseinandergenommen und gegessen. Er hat beobachtet und nachgedacht über das, was er sah (und aß). Wer texten will, muß sehen können.

Das Prinzip, sich nicht allgemein, sondern spezifisch auszudrücken, ist im Journalismus und in der Literatur seit jeher bekannt. Es ist dort oberster Lehrsatz des guten Schreibens. Warum wird dieses Prinzip beim Werbetext nicht ebenso bewußt angewandt? Warum ist es nicht Lehr- und Übungsstoff an jeder Werbefachschule? Wo hätte dieses Prinzip mehr Berechtigung als in der Werbung?

»Kundigkeit«

Der amerikanische Schriftsteller Herman Melville schreibt in seinem Buch »Billy Budd«:

> »An Bord der Indomitable wurde unser Mann sehr bald als tüchtiger Matrose geschätzt und der Steuerbordwache am Fockmast zugeteilt ... in der Messe gab's keinen Vergnügteren als ihn; sehr zum Unterschied von gewissen anderen Matrosen ... sie waren auch nicht so jung wie unser Topmatrose ...«

Thomas Mann, der Herman Melville sehr schätzte, schrieb einmal über den »Billy Budd«: »Dieser Autor weiß Bescheid auf einem Segeldreidecker der britischen Kriegsmarine zur Zeit der französischen Revolution, er weiß Bescheid in dem äußeren und inneren Leben der Mannschaft und ihrer Offiziere, daß man vor soviel sicherer Kundigkeit die Augen niederschlägt. Kundigkeit, genaue, sachlich mindestens so exakte, wie seelische.«

In der Tat – wer den »Billy Budd« liest, spürt: Hier war ein »Texter« am Werk, der sein Produkt genau kannte. Da wird nicht von irgendeinem »Dienst« gesprochen, dem der Matrose zugeteilt wird, sondern von der »Steuerbordwache«. Und dieser Dienst findet auch nicht irgendwo statt, auch nicht an irgendeinem »Mast«, sondern am »Fockmast«. Und der Matrose, von dem die Rede ist, ist nicht »bei den Mahlzeiten« sehr vergnügt, sondern »in der Messe«. Und er ist auch nicht irgendein Matrose, sondern »Topmatrose«.

Es wird deutlich: Bevor Herman Melville auch nur eine Zeile zu Papier brachte, hat er sich über seinen Gegenstand genauestens informiert. Wenn »Kundigkeit« – um mit Thomas Mann zu sprechen – schon in der Literatur ein Erfordernis ist, wieviel mehr erst in der Werbung? Von der Werbung erwartet der Verbraucher – im Gegensatz zur Literatur – einen ganz materiellen Nutzen. Wenn ihm der versagt wird, hat die Werbung versagt. So ist – wenn es um Werbung geht – Kundigkeit nicht nur ein Mittel der Kommunikation, sondern auch der Information und des handfesten Nutzens. Unkundige Texte sind geradezu eine Beleidigung des Verbrauchers. Sie füttern ihn mit Allgemeinheiten ab und enthalten ihm spezifischere – und auch lesenswertere – Angaben über das Produkt vor.

192

Unkundig:	**Kundig:**
»Wo Sie auch fahren – ein X-Autoradio läßt Sie nicht im Stich.«	»Wie gut ein Autoradio ist, erkennt man erst im Talkessel.«
»Man hat es unterwegs immer mal mit ungünstigen Empfangsverhältnissen zu tun.«	»Radiowellen prallen an Berghängen ab, werden reflektiert – einmal oder mehrmals.«
»Radiohören ist dann kaum mehr möglich.«	»Die Stärke des Sendersignals schwankt oft auf wenigen Metern zwischen überlaut und fast nicht mehr wahrnehmbar.«
»Der X-Empfänger hat sich als besonders leistungsstark bewährt. Seine ausgereifte Technik wird höchsten Ansprüchen gerecht.«	»Er hält die Lautstärke konstant, denn er hat eine große Reserve an Verstärkerleistung und damit eine sehr breit ausgelegte Lautstärke-Automatik.«
»Mit dem X-Empfänger wird das Autofahren angenehmer und sicherer. Er versorgt Sie mit den neuesten Verkehrsnachrichten.«	»Der Verkehrsrundfunk-Decoder macht es Ihnen leicht, unter den vielen Sendern den zu finden, der speziell über Ihren Streckenbereich berichtet.«

In der Werbung wird oft von »informationsbedürftigen« Produkten gesprochen. Man könnte einwenden, ein Autoradio sei ein solches Produkt, und somit wäre es doch selbstverständlich, daß man da besonders konkret sein muß. Für einfachere Produkte träfe das nicht zu, da muß man zwangsläufig allgemeiner bleiben. Insofern sei das Autoradio-Beispiel einseitig gewählt.

Thomas Mann lobt an Herman Melville beides: »Kundigkeit, genaue, *sachlich* mindestens so exakte, wie *seelische*.«

Sachliches und Seelisches – Produktbezogenes und Verbraucherbezogenes: genau damit hat es die Werbung zu tun. Bei einem Schlankheitsmittel ist für den Verbraucher das Psychologische gewiß entscheidender als bei einem Autoradio. Der Texter bewies höchste »seelische Kundigkeit«, als er unter das Bikini-Mädchen schrieb: »Das ist es, was Ihre Konkurrenz im nächsten Sommer tragen wird.«

Seelische Kundigkeit zeichnet sich – genau wie sachliche Kundigkeit dadurch aus, daß sie niemals allgemein, sondern stets konkret ist.

Ein Texter, der psychologisch richtig vorgehen will, muß das Allgemeine meiden und das Besondere suchen. Anderenfalls bliebe er im Un-psychologischen, im Un-menschlichen stecken.

Einige Schlagzeilen-Gegenüberstellungen verdeutlichen das:

Unpsychologisch:	Psychologisch:
»Pickel verschwinden im Nu!«	»Tschüß, ihr dummen Pickel!«
»Jeder sollte Englisch sprechen können!«	»Do you speak English?« »Nö.«
»Der Duft, mit dem Sie ihm gefallen ...«	»Want him to be more of a man? Try being more of a woman.«
»Ein gehaltvolles Fertiggemüse, das Ihrem Mann schmeckt!«	»Your husband shouldn't be eating his vegetables just because they're good for him.«
»Wenn's um zukunftssichere Geldanlage geht: mit Edwards & Hanly sprechen!«	(Joe-Louis-Foto) »Edwards & Hanly – where were you when I needed you?«
»Fotokopien sauber und perfekt. Rank Xerox.«	»Ich freu mich aufs Büro! Rank Xerox.«
»Wir beraten Sie in allen Modefragen.«	»Margot machte gern jede Mode mit. Aber dabei griff sie oft daneben.«
»Lesen Sie die neue Artikelserie über die Aids-Gefahren.«	»If your son is old enough to shave, he's old enough to get Aids.«
(Bild: Betonbrücke) »Beton – darauf ist Verlaß.«	(Bild: Zwei Zweizentnermänner auf einer Betonbank) »Hoffentlich ist es Beton.«

Ein Texter, der schreibt »Radiowellen prallen an Berghängen ab, werden reflektiert – einmal oder mehrmals«, kennt sein Produkt. Ein Texter, der schreibt »If your son is old enough to shave, he's old enough to get Aids«, kennt seine Mitmenschen. Produktkenntnis und Menschenkenntnis sind Grundvoraussetzungen des Textens. Beides muß der Texter sich aneignen. Menschenkenntnis ist nicht nur Intuition, sondern auch ein gut Stück zu erlernender Psychologie. Produktkenntnis ist immer Sache des Lernens. Das ist oft mühsam. Es erfordert: hundert Dinge zu wissen, um über zehn etwas sagen zu können.

Adjektivismus   Manche Texter scheuen diese Mühe. Es gibt da einige Tricks, ihr aus dem Wege zu gehen. Einer der beliebtesten ist die Flucht in den Adjektivismus. Das erspart Kundigkeit. Statt dessen kann man »wundervoll« zu Beiwörtern greifen: »wundervoll«, »einzigartig«, »erlesen«, »köstlich«, »fruchtig«, »herzhaft«, »aromatisch«, »unvergleichlich«. Manche Werbungtreibende freuen sich sogar, wenn der Texter so schöne, wohlklingende Worte über ihr Produkt macht.

»Diese wundervoll milde Schönheitsseife – die vollendete Pflege für zarten Teint.«

Kein Drogist würde mit diesen Worten seiner Kundin ein Stück Seife anbieten, es sei denn, er will sich lächerlich machen. Warum macht der Texter sich lächerlich?

In jedem Stilkundebuch wird vor der lähmenden Wirkung gängiger Adjektive gewarnt. Dennoch grassiert der Adjektivismus in der Werbung und paralysiert sie. Gewarnt wird vor den »zusammengefrorenen Verbindungen«, wie Ludwig Reiners sagt. Sie kehren immer wieder, sie kommunizieren nicht, niemand empfindet noch irgend etwas dabei: »Die brennende Frage«, »die vollendete Tatsache«, »die unausbleibliche Folge«, »die konstante Bosheit«, »die unliebsame Störung«, »der bittere Ernst«, »die leere Phrase«.

Phrasen genau dieser Kategorie sind in der Werbung besonders verbreitet, obwohl es doch gerade in der Werbung – mehr noch als in der Literatur – darauf ankäme, mit Sprache etwas zu bewirken. Deshalb sollte endlich Schluß gemacht werden mit all diesen lust- und gedankenlosen Beiwort-Hauptwort-Verwachsungen, sie wirken auch auf den Verbraucher nicht anders als gedankenlos. Hier ein Dutzend dieser Dutzendware: *Textliche Dutzendware*

»Der herzhafte Genuß«
»Die fruchtige Frische«
»Das köstliche Aroma«
»Die makellose Sauberkeit«
»Der strahlende Glanz«
»Der bezaubernde Duft«
»Der modische Chic«
»Der moderne Komfort«
»Die gediegene Eleganz«
»Die erstklassige Verarbeitung«
»Die perfekte Technik«
»Das formschöne Gehäuse«.

Solche Formulierungen gehören nicht in Werbetexte, sondern auf den Index einer nichtssagenden, nichtsnutzigen Ausdrucksweise.

Es mag manchem Texter hart ankommen, künftig auf solche Wortverwachsungen zu verzichten, gehörten sie doch bisher zu seiner ganz normalen Schreibe. Wenn er sich selbst aber einmal fragt: Was bewegte denn »Der herzhafte Genuß« bei ihm? Nichts. Er kann sicher sein, auch beim Verbraucher bewegt er nichts. Wie oft aber erlebt der Verbraucher, daß ein »herzhafter Genuß« doch nicht so herzhaft, ein »strahlender Glanz« doch nicht so strahlend und eine »perfekte Technik« bei weitem nicht so perfekt ist. Wortverwachsungen sind oft genug auch unwahrhaftig. Da sie aber außerdem impotent sind, richten sie keinen weiteren Schaden beim Verbraucher an. Er nimmt sie nicht ernst. Das wiederum *ist* ein Schaden – für die Wirksamkeit und für das Ansehen der Werbung.

Hemingway, der ja auch einmal Werbetexte schrieb, bekam als junger Schriftsteller von seinem Verleger den Rat, ohne Adjektive zu schreiben. Hemingway hat diesen Rat weitgehend befolgt und führte auch darauf seinen schriftstellerischen Erfolg zurück.

Clemenceau – als er noch Schriftleiter einer Pariser Zeitung war – sagte zu einem seiner Redakteure:

»Schreiben Sie ohne Adjektive. Doch wenn Sie meinen, Sie brauchen eins, kommen Sie vorher zu mir rauf in den 7. Stock und fragen, ob es nötig ist.«

Nein, es ist nicht nötig zu schreiben:

»Hält jung und vital bis ins hohe Alter.«

Man muß sich dann allerdings etwas einfallen lassen. Zum Beispiel:

»Gestern abend kam Oma wieder erst um 11 nach Hause.«

Man sollte – genau wie Clemenceau – Texter zwingen, ohne Beiwörter zu schreiben. Sie müssen dann anschaulich schreiben – ob sie wollen oder nicht. Das ist mehr als eine Stilübung – es ist ein Weg zu besserem Inhalt.

Statt Beiwörter Beispiele   Ein guter Texter ist, wer es versteht, statt Bei-Wörter Bei-Spiele zu bringen. Er wird nicht sagen »VW, der Kletterfreudige«, sondern »Gemse«. Und nicht »Der natürlich-frische Duft«, sondern »Ich denk' ich bin im Wald«. Und nicht »Die köstlich-fruchtige Eiskrem«, sondern »Damit Vati auch gern mal was auslöffelt«.

In dem Buch mit der höchsten Auflage der Welt stehen auch die meisten und schönsten Beispiele der Welt. Es heißt dort nicht: »Meine Lehre wird aus kleinen Anfängen heraus groß und bedeutend werden«, sondern »Das Himmelreich ist gleich einem Senfkorn.« Und Matthäus berichtet: »Solches alles redete Jesus durch Gleichnisse zu dem Volk, und ohne Gleichnisse redete er nicht zu ihnen.«

Das Langweilige dramatisieren!

»Dramen erlebe ich genug auf der Bühne. Mein Geld lege ich deshalb in Pfandbriefen und Kommunalobligationen an.«

Diese Schlagzeile – eine buchstäbliche Dramatisierung – stand über einer Anzeige, die das Porträt eines bekannten »Hamlet«-Darstellers zeigt.

Pfandbriefe und Kommunalobligationen – was wäre nüchterner, undramatischer! Was läge da näher als eine nüchterne, undramatische Formulierung:

»Pfandbriefe und Kommunalobligationen – die sichere Geldanlage!«

»Sicherheit« – das Stichwort, das jedem zu diesem Thema zuerst einfällt. Stichworte sind aber keine Textworte. Man muß sie »dramatisieren«. Aber wie? Welche Mittel gibt es, einen Text dem Sumpf der Langeweile zu entreißen?

Mittel der Dramatisierung

»Jede Art zu schreiben ist erlaubt, nur nicht die langweilige.« Dieses Wort stammt nicht von Hitchcock, Kishon oder Kästner, auch nicht von einem Werbetexter, sondern von Voltaire.

Wie denn – dieser eigenwillige Philosoph, dem man eine gute Portion Menschenverachtung nachsagt, macht sich Sorgen, seine Mitmenschen auch ja nicht zu langweilen? »Der Gedanke ist entscheidend, ganz gleich ob er den Leser langweilt oder nicht«, das wäre doch ein rechtes Voltaire-Wort gewesen! Hätte Voltaire es gesagt und befolgt, er wäre ein Namenloser geblieben, er wäre weder ins Gefängnis gewandert, noch an den Hof Friedrichs des Großen geladen worden.

Gedanken mit langem Atem sind immer kurzweilige Gedanken. Sie sind kurzweilig, weil sie Dramatik haben. Das trifft für gute Literatur zu – und für guten Werbetext.

Um seine Mitmenschen nicht zu langweilen, muß man anders schreiben als ein durchschnittlich schreibender Mitmensch. Das hat nichts damit zu tun, daß ein guter Schriftsteller, Journalist oder Texter nicht mit normalen, für jedermann verständlichen Worten schriebe. Doch Jedermann-Schreibe mit Jedermann-Gedanken regen Herrn Jedermann nicht weiter auf. Nicht auf die Worte kommt es an, sondern wie man mit ihnen umgeht. Das heißt nichts anderes, als aus üblichen Worten unübliche Gedanken zu formen. Darin liegt die dramaturgische Leistung des guten Schreibens und Textens.

Negativ werben? Das zu Anfang zitierte positive Beispiel hat eine Besonderheit: es ist negativ. Es wird nicht über Sicherheit, sondern über Unsicherheit gesprochen: »Dramen erlebe ich genug auf der Bühne.«

Im Gegensatz zum Leben passiert in der Werbung sehr selten mal etwas Negatives. Mancher Texter fühlt sich fast als Avantgardist, wenn er auch die negative Seite eines Themas anspricht. Allerdings: nicht alles, was negativ ist, ist schon eine Dramatisierung. Man kann auf höchst langweilige Weise negativ sein:

> »Pfandbriefe und Kommunalobligationen – damit Sie keine Verluste erleiden!«

Erst ein Beispiel schafft hier die Dramatisierung: »Dramen auf der Bühne.«

Es gibt Verfechter des Positivismus in der Werbung. Sie behaupten, schon das Erwähnen eines negativen Gedankens erinnere den Verbraucher an Unangenehmes und sei daher zu vermeiden. Das Wort Dramen sei »negativ besetzt«, heißt es da bei den Werbeschlaumeiern. Also schon das Wort »Dramen« ist ein Fehler. Das könne so wirken, als sei das Geldanlegen in Pfandbriefen und Kommunalobligationen ein einziges Drama. Gefährlich, gefährlich!

Solche Theorien klingen gut und werden gern geglaubt. Wieso aber sollte der Leser etwas herauslesen, was im Text gar nicht drinsteht? Sollte man nicht einfach mal davon ausgehen, daß der Leser lesen gelernt hat und eine Schlagzeile so liest, wie sie da steht, und nicht so, wie man sie gern bedeutsam deutet?

Nirgendwo sind negative Formulierungen so gefahrlos wie in der Werbung. Im Gegensatz zur Literatur und zum Journalismus erwartet der Verbraucher von der Werbung nur Positives. Er weiß, die Werbung wird ihre Produkte nie schlecht machen. Nicht einmal der flüchtigste Leser käme auf die Idee, die Pfandbriefleute wollten ausdrücken, Geldanlegen führe bei ihnen zu einem Drama. Eine solche Unterstellung würde man gewiß keinem Geldinstitut zutrauen – wohl aber mag das ein guter Grund gewesen sein, auch einmal die negative Seite anzusprechen.

Eine der negativsten und eindrucksvollsten Anzeigen erschien vor Jahren in den USA:

Bild: Ein Mann mit Weihnachtspaketen liegt angefahren auf einer verschneiten Fahrbahn.
Text: »Santa Claus is dead.«

Eine Anzeige für »Mobil Oil«. Aber nicht für den Kraftstoff, sondern für
ein nicht minder wichtiges Produkt: Image. Im weiteren Text werden Hinweise gegeben, wie man sich als Autofahrer im Winter verhalten soll, wie
man Unfälle vermeidet.

Die Positivisten in Deutschland würden diese Anzeige am liebsten als Beispiel präsentieren, wie man's *nicht* machen soll. Sie verstößt gegen einen alt-
germanischen Werbeleitsatz, der da lautet: »Be positive!« Und so lautet's immer noch sehr vernehmlich – obwohl dieser Leitsatz in den USA schon vor
mindestens 30 Jahren in aller Stille zu Grabe getragen wurde.

Natürlich hätte man die Santa-Claus-Anzeige auch positiv gestalten können:

Bild: Ein Mann mit Weihnachtspaketen geht fröhlich über die Straße,
während alle Autos halten.
Text: »Santa Claus kommt heil nach Haus!«

Das geht nicht in die Tiefe, sondern schwimmt obenauf. Hier war aber
Tiefgang notwendig. Es sind die negativen Ereignisse, die Menschen wach-
rütteln: nicht das fröhliche Kind am Brunnen, sondern das hineingefallene.

Nicht nur ernste Themen – Straßenverkehr, Geldanlage – eignen sich für
negative Dramatisierungen. Selbst bei einem so relativ fröhlichen Thema wie
Damenunterwäsche geht das. Das Ganze wird dadurch sogar richtig
menschlich. Doch zunächst die unfröhliche, positive Formulierung:

»Perfekter Sitz, angenehm zu tragen!«

So kennt man's tausendfach. Eines Tages aber erschien diese Schlagzeile:

»Laßt Euch von keinem mehr kneifen! BH von Huit. Höschen auch.«

»Schon verdächtig!«, sagt hier der Positivist, »wenn's jemand schon nötig
hat zu sagen, es kneift nicht, wird der Verbraucher vermuten, daß es gerade
kneift.«

In der Werbung wurde schon viel Verwirrung gestiftet von Leuten, die einfach nicht mehr geradeaus denken können, die hinter allem Hintergründiges
suchen. Wenn ein hübsches junges Mädchen ins Zimmer kommt, schauen
sie nicht das Mädchen an, sondern die Männer, die auf das Mädchen schau-

en. Und sie können sich schon gar nicht mehr vorstellen, daß der Verbraucher ein »kneift nicht«, »tropft nicht«, »knittert nicht« so hinnimmt, wie es gesagt ist, selbst wenn er gelegentlich mal enttäuscht wird.

Wenn wirklich nur das Positive kommuniziert, dürften Zeitungen und Zeitschriften keine negativen Schlagzeilen und keine negativen Themen mehr bringen. Selbst »Reader's Digest«, der angeblich nur die schöne heile Welt verkündet, bringt fast in jedem Heft geradezu schockierend negative Themen:

> »Letzte Warnung: Raucherhusten.«
> »Kinder, die zu Trinkern werden.«
> »Ist der Wohlfahrtsstaat am Ende?«
> »Geprügelt und geschunden: Kinder mitten unter uns.«
> »Sie spielen mit dem Tod.«
> »Was jeder über Aids wissen sollte.«
> »Mit High-Tech gegen Kriminelle.«

Es gibt Werbeleute, die über den (angeblichen) Positivismus des »Reader's Digest« die Nase rümpfen, in ihren Werbekampagnen aber bei jedem negativen Wort Allergien bekommen. Diese doppelte Moral wird mit der Erklärung gerechtfertigt, Werbung soll gar nicht dem Leben entsprechen, sie soll den Verbraucher bewußt in eine Traumwelt versetzen.

Unglaubwürdige Werbeleute können auch nur unglaubwürdige Werbung produzieren. Der einseitige Positivismus hat der Werbung schon viel geschadet. Er hat ihr den Ruf der Unglaubwürdigkeit eingebracht. Jedes negative Wort, jede negative Darstellung aus der Werbung zu verbannen ist unvernünftig. Nur wer die Welt vernünftig ansieht, den sieht sie wieder vernünftig an. Man muß deshalb nicht mit Produktnachteilen »werben«. Das Produkt soll und muß im positiven Licht erscheinen. Doch wieviel heller ist das Licht, wenn es aus dem Dunkel strahlt. Wieviel positiver ist das Positive, wenn es dem Negativen gegenübersteht.

Negativ-Positiv-Gegenüberstellung

Nur positiv:

»Das Beste, was Sie Ihrem Kind geben können, wenn es mal zwischendurch Hunger hat: Bananen – gesund und wohlschmeckend!«

»Mit dem Pegelregler immer vollen Musikgenuß!«

Positiv gegen negativ:

»Viele Sachen, die gut schmecken, sind nicht besonders gesund. Viele Sachen sind gesund, aber schmecken nicht besonders. Wissen Sie eine bessere Lösung, wenn Ihr Kind nachmittags zu Ihnen kommt und sagt: Mami, ich hab Hunger!? Chiquita-Bananen.«

»Bei Leisestellung hören Sie wirklich nur leiser – und nicht weniger.«

»Das Auto, auf das Verlaß ist!«

»Perfekte, lückenlose Geschäfts-
führung per PC«

»Unterbringung nur in erstklassigen Hotels!«

»Die neuen X-Regenreifen garantieren
höchstmögliche Sicherheit.«

»Kostenloser Rechtsschutz in allen Lebens-
lagen – durch Mitgliedschaft bei der XY-Ver-
sicherung.«

»Je seltener die Tugend Zuverlässigkeit
wird, desto mehr Leute schätzen ihn.«

»Wie Sie die Fehlerstecknadel im Daten-
heuhaufen finden – per PC.«

»Wir kennen auch billige Hotels an der Costa Brava. Aber wir empfehlen sie Ihnen
nicht!«

»Wenn es regnet, hagelt es bei uns Unfallmeldungen. Deshalb fahre ich Regenreifen
von Uniroyal.«

»Mit diesen beiden Holzmustern ging eine
Hausfrau vor Gericht. Ohne einen Pfennig
zu riskieren. Sie ist D. A. S.-Mitglied.«

»Mit diesen beiden Holzmustern ging eine Hausfrau vor Gericht ...«, *Beispiele/*
»Wenn es regnet, hagelt es bei uns Unfallmeldungen ...«, »Auf der Bühne er- *Testimonials*
lebe ich Dramen genug ...«, das sind Dramatisierungen in Form von Beispielen. Nicht der Texter schrieb sie, sondern das Leben. Was nichts damit
zu tun hat, daß der Texter sie formulierte. Das ist legitim – und zwar auch
dann, wenn es um das sogenannte »Testimonial« geht, also das Bekenntnis
eines Verbrauchers. Ein Bekenntnis wäre kommunikativ schwach, hieße es:

»Ich fahre X-Reifen, der Sicherheit wegen.«
Eugen Jung, 54, Stuttgart, Polizeibeamter.

Mit Formulierungshilfe des Texters kann daraus werden:

»Wenn es regnet, hagelt es bei uns Unfallmeldungen. Deshalb fahre ich
Regenreifen von Uniroyal.«
Eugen Jung, 54, Stuttgart, Polizeibeamter.

Das muß Herr Jung nicht wörtlich so gesagt haben. Er muß aber damit
einverstanden sein, es so zu veröffentlichen.

Das folgende kann Herr Jung sogar gesagt haben, und er kann auch damit
einverstanden sein, es zu veröffentlichen. Dennoch darf es nicht veröffentlicht werden:

»Wenn es regnet, hagelt es bei uns Unfallmeldungen. Deshalb fahre
ich Regenreifen von Uniroyal. Sie sind allen anderen deutlich überlegen.«
Eugen Jung, 54, Stuttgart, Polizeibeamter.

Unerfahrene Texter berufen sich mitunter darauf: »Das ist keine unwahre Behauptung, das hat er tatsächlich gesagt.« Das Wettbewerbsrecht wird durch Testimonials nicht aufgehoben. Unzulässige Alleinstellungen, Vergleiche und Herabsetzungen der Konkurrenz bleiben verboten.

Werber und Werbungtreibende scheuen sich oft, authentische Beispiele zu bringen. Aus einem ganz einfachen Grund: es macht Mühe. Man muß ein gutes Beispiel ausfindig machen, man muß die Beteiligten um Einwilligung zur Veröffentlichung bitten, man muß Text und Bild mit ihnen abstimmen. Doch welche Mühe wird oft für die Entwicklung und Abstimmung harmloser, langweiliger Textformulierungen aufgewandt – Formulierungen, die durch ein einziges gutes Testimonial um Längen geschlagen werden könnten.

In einer Anzeige, das ein älteres Bergbauern-Ehepaar mit seinem neuen VW zeigt, hieß es:

»It was the only thing to do after the mule died.«

Der VW wird nicht mit einem Ford, sondern mit einem Maulesel verglichen. Und das ist erlaubt – solange Maulesel keinen Einspruch erheben.

Vergleiche, Bilder Der Vergleich ist eines der klassischen Stilmittel der Literatur, eines der stärksten Mittel der Dramatisierung. Bismarck sagte:

»Preußen ist wie eine neue Wolljacke. Es kratzt ein bißchen, hält aber warm.«

Das klingt wie guter, anschaulicher Werbetext. Persil sagte mal:

»Das Kuschel-Dich-in-den-Schlaf-Persil.«

Preußen mit einer Wolljacke zu vergleichen und Persil mit »In-denSchlaf-Kuscheln« – das sind neue und treffende Bilder für altbekannte Themen. Es gibt auch abgegriffene Vergleiche. Sie dramatisieren nicht, sondern langweilen nur:

»X macht Ihre Haut frühlingsfrisch.«

Man braucht den Vergleich »Frühling« nicht gleich zu verwerfen, man muß ihn nur neu andenken, ihm das Phrasenhafte nehmen:

»Nivea wünscht Ihrer Haut einen schönen Lenz.«

Wenn abgegriffene Bilder sich häufen, wird's wirklich »dramatisch«:

202

»Der Fortschritt ist der Grundstein, auf dem die fundamentalen Neuentwicklungen unseres Unternehmens basieren.«

... Ein totgeborenes Kind, das sich im Sande verlaufen hat.

Jeder Texter, der schon einmal für Nahrungsmittel gearbeitet hat, weiß, wie schwierig es ist, über den Geschmack etwas Eigenständiges zu sagen. »Herzhaft«, »köstlich«, »aromatisch«, »deftig«, »lieblich«, »fruchtig« gehört zum Wischi-Waschi-Vokabular. In *den* Topf sollte man nicht greifen.

Es gab eine Anzeige, erschienen in England, die für ein Fertiggericht nach einem französischen Rezept warb. »Geschmack« wurde da so formuliert:

Bild: Alt-Pariser Wohnviertel mit viel Milieu. Im Vordergrund eine alte Dame mit einem Einholnetz. Darin ein Meterbrot und eine Packung des Fertiggerichtes.
Text: »We make it here, but it tastes like there.«

Hier wird Geschmack nicht einfach beschrieben, sondern bewiesen. Damit ist ein weiteres Stilmittel des Dramatisierens angesprochen: der Beweis.

Jeder Texter steht in der Gefahr, zu viel zu behaupten und zu wenig zu beweisen: *Beweise*

»Diese Margarine ist reich an hochungesättigten Fettsäuren.«
»Dieser Wagen hat einen äußerst niedrigen Kraftstoffverbrauch.«
»Diese Seife enthält umweltfreundliche Grundsubstanzen.«
»Dieser PC ist vielseitig und problemlos einsetzbar.«
»Dieser Staubsauger verfügt über erhöhte Saugkraft.«
»Dieser Nagellack gibt den Nägeln sanften Perlschimmer.«
»Dieser Koffer ist enorm robust.«

Beweisen ist schwieriger. Und manche Produktvorteile sind werblich auch gar nicht beweisbar. In Konzeptionen kommt in der Regel auf fünf Produktvorteile ein Beweis. Das spricht nicht gegen die Notwendigkeit von Produktvorteilen und schon gar nicht gegen ihren Wahrheitsgehalt. Was in Konzeptionen steht, ist meistens wahr, aber nur selten interessant. Das wiederum spricht nicht gegen Konzeptionen. Das Baumaterial, aus dem ein Haus gebaut wird, sieht selten interessant aus. Doch aus sehr »langweiligen« Bausteinen entstanden schon sehr interessante Gebäude. Nehmen wir also das Baumaterial der Konzeption und machen wir Kommunikation daraus. Wenn in einer Konzeption gesagt wird:

»Dieser Koffer ist enorm robust«,

ist das eine Behauptung ohne Beweis. Wenn gesagt wird

»Dieser Koffer hat einen stabilen Alurahmen«,

ist das zwar eine Erklärung oder eine Begründung für Robustheit, aber noch kein Beweis. Wenn aber gesagt wird – und das stand bestimmt nicht in der Konzeption – :

> »Dieser Koffer wurde aus 1500 Fuß Höhe von einem Hubschrauber abgeworfen und kam unbeschädigt unten an«,

ist das ein Beweis – und zwar ein so starker, daß man es sich beinahe schenken kann, noch auf den Alurahmen hinzuweisen. Ein mittelmäßiger Gestalter wäre bei dem Beweis »Alurahmen« stehengeblieben. Ein guter Gestalter macht aus solchen »Beweisen« erst Beweise – er dramatisiert sie. Erst das macht aus dem weitverbreiteten, »behauptenden Stil« einen zwingenden, »beweisenden Stil«.

Behauptend:	Beweisend:
»EDV-Programmierung fachkundig und verläßlich – für alle Branchen.«	»Ein kleiner Software-Fehler, der einem Großhändler DM 73.000 Schaden verursachte«
»Die hervorragenden Wintereigenschaften machen den VW zu einem beliebten Fahrzeug auch in schneereichen Gebieten.«	»Schreiben Sie dem Birnli Franz in der Schweiz. Herr Birnli fährt im Winter jeden Morgen mit seinem VW zur Arbeit. Seine Arbeit ist es, einen Schneepflug zu fahren.«
»Dieses Getränk ist so gut wie kalorienfrei.«	»Slimline hat nur 1 Kalorie pro Glas.«
»Ideal für alle, die gern Gutes essen, aber dennoch schlank bleiben wollen.«	»Selbst ein Slimline-Longdrink mit Wodka oder Gin hat weniger Kalorien als ein Glas Orangensaft.«
»Diese Hemden werden in aller Welt getragen – und zwar auch von angesehenen Persönlichkeiten.«	»Wer beschreibt meine Verblüffung, als ich auf einer Geschäftsreise durch Surilaya dieses Foto schoß: Der Minister für Handel und Fischfang im Einhorn-Hemd!«
»Dieser Film ist ungewöhnlich farbecht!«	»Damit verwaschenes Jeansblau auch verwaschen blau auf's Bild kommt ... «

Bild-Beweis –
Wort-Beweis

Viele Gestalter glauben, was man beweisen will, muß man zeigen, sonst hat's keine Beweiskraft. Der orthodoxe Glaube an die Ausschließlichkeit bildlicher Beweiskraft ist tief verwurzelt. Viele Texter unternehmen gar nicht erst den Versuch, durch das Wort – nur durch das Wort – zu beweisen.

Wer sagt aber, daß man mit dem Wort nicht bildhaft beweisen kann? Zugegeben: das ist schwieriger. Dennoch ist es möglich. Und es zwingt zu zwingenden, verkäuferischen Texten.

204

Jeder Verkäufer, der ein nicht-demonstrierbares Produkt zu verkaufen hat, muß allein mit dem Wort auskommen. Auch jenem Zigeuner, der als Straßenhändler ein Pflanzenelixier so erfolgreich verkaufte, stand nichts anderes zur Verfügung. Seinem Produkt fehlte jede Möglichkeit eines glaubwürdigen Beweises. Also mußte er die Glaubwürdigkeit seiner Person als Beweis sprechen lassen (»Was meinen Sie, wenn ich Ihnen nur ein falsches Wort sage ..., die Gewerbepolizei achtet auf uns Zigeuner besonders scharf!«).

Der Mann, der morgens auf verschneiten Wegen mit dem VW zu seinem Schneepflug fährt, war Thema eines Fernsehspots. »Als Fernsehspot wunderbar, als Anzeigentext völlig ungeeignet!« Solche voreiligen Urteile werden oft gefällt, wenn es um die Übertragbarkeit guter Fernseh-Demonstrationen in gedruckten Medien geht. Deshalb bleiben sie oft unübertragen.

Es kommt überhaupt nicht darauf an, ob ein Beweis mit Bild vielleicht noch besser ist als ohne Bild – oder mit bewegtem Bild vielleicht noch besser ist als mit gedrucktem Bild.

Nur ein Ignorant käme auf die Idee, die Geschichte mit dem Schneepflugfahrer aus dem Anzeigentext wieder rauszunehmen, weil sie im Fernsehen vielleicht noch besser wirkt. Doch schon mancher Ignorant brachte es fertig, solche Geschichten gar nicht erst in Anzeigentexte hineinzunehmen, weil er meinte, das sei »eine typische Fernseh-Idee«.

Gute Beweise – ob mit oder ohne Bild – werden im Zeitalter des kritischen Verbrauchers immer notwendiger. Doch woher nehmen?

Manche Gestalter meinen, alles, was es an Beweisen für ein Produkt gibt, hat der Produzent schon längst ausgekundschaftet. Das steht ohnehin alles in der Konzeption. Irrtum! Die überzeugendsten Beweise sind selten vorgegeben, sie müssen gefunden werden. Das gehört zur kreativen Arbeit des Texters.

In der Konzeption stand vermutlich nichts von einem Großhändler mit DM 73.000 Schaden. Und schon gar nichts vom Schneepflugfahrer Birnli. Es stand da auch nichts vom verwaschenen Jeansblau, nichts von einer Kalorie pro Glas und nichts vom Minister für Handel und Fischfang in Surilaya.

Verbraucher werden durch die Werbung, die sie Tag für Tag umgibt, nicht aufgeschlossener, sondern eher skeptischer. Eine amerikanische Untersuchung ergab, daß fast 80 % der Leser von 342 Anzeigen führender Unternehmen Zweifel an der Wahrhaftigkeit von Werbebehauptungen hatten. Mehr denn je braucht die Werbung Beweise, denn der Verbraucher braucht sie. Beweise machen Werbung nicht nur glaubwürdiger, sondern auch interessanter. Beweise dramatisieren. Und nicht zuletzt: der Verbraucher braucht Beweise auch als rationale Rechtfertigung für einen vielleicht emotionalen Kaufentschluß.

»Behauptung plus Beweis gleich Überzeugung« ist eine sehr seriöse Formel für Kommunikation. Sie wird in Deutschland sehr geschätzt. Das Gegenteil davon ist dementsprechend anrüchig: die Übertreibung. Damit verbindet sich bei vielen Werbeleuten – und deren Kritikern – sofort die Vorstellung von Reklamegeschrei, Irreführung, Lüge.

Das Laute ist immer übertrieben – das Übertriebene nicht immer laut.

Übertreibungen sind legitim – auch wenn manche Puristen das als »Manipulation« brandmarken möchten. Übertreibungen können ungewöhnlich stark kommunizieren – vorausgesetzt, sie werden mit Phantasie, Charme und vielleicht einem Schuß Ironie vorgetragen:

> Wenn zum Beispiel ruchbar wird, daß ein Neueinwanderer die Einfuhrgenehmigung für eine Schachtel Nähnadeln bekommen hat, verfällt der Nähnadelmarkt sofort in wilde Panik, weil eine Schachtel Nähnadeln die Bedürfnisse des Landes auf fünf Jahre hinaus deckt. In solchen Fällen werden unsere Finanzgenies – wir haben auch die, nicht nur militärische Tausendsassas – mit Sicherheit irgendeine geniale Lösung finden; etwa indem sie alle vorhandenen Nähnadelvorräte für einen Pappenstil aufkaufen, die Schachtel des Neueinwanderers ins Meer werfen und Unsummen an der Profitspanne verdienen. Es ist nicht einmal unbedingt nötig, daß in der betreffenden Schachtel auch wirklich Nähnadeln sind. Hauptsache, daß eine Schachtel, oder ein schachtelähnlicher Gegenstand, ins Meer geworfen wird.

So schreibt Ephraim Kishon. Seine »Zielgruppe« ist keine andere als die, der auch 95 % aller Werbung gilt. Kishon übertreibt wie kein anderer – und ist erfolgreich wie kaum ein anderer.

Wenn ein Werbetexter schreibt: »Eine neue Zeit bricht an – mit X, dem Waschmittel, das Weiß zum Superweiß macht!«, so hält er das nicht für Übertreibung oder Ironie, sondern – komischerweise – für Ernst. Die Werbung ist reich an ungewollten, aber arm an intelligenten Übertreibungen.

Ernst gemeint ist auch:

> »Ein Mann, der Karriere macht – natürlich mit X frisiert!«

Wie will man dem Verbraucher wohl einreden, daß seine Karriere von einer Frisiercreme abhinge? Man kann das zwar – aber nicht ernsthaft, sondern als Übertreibung. Manche Ideen werden nur als Übertreibung akzeptiert. Nicht als unfreiwillige, sondern als bewußte Übertreibung. Dann kann sogar eine nette, humorvolle kleine Geschichte à la Kishon daraus werden (frei übersetzt aus dem Amerikanischen):

> *»Ministersessel wackeln! Ich komme!*
> Meine Karriere begann ganz harmlos: Ich kaufte mir eine Tube X-Frisiercreme. Hinfort hatte mein Haar Halt. Und das gab mir Halt. Meine

schlapperigen Pullover schienen mir nicht mehr zu meinem neuen Kopf zu passen. Ich kaufte mir ein paar schicke Anzüge. Und Krawatten. Was ich mir inzwischen leisten konnte, denn auch beruflich ging's jetzt aufwärts. Doch nicht zuletzt: Auch meine Langumworbene fand Gefallen an mir. Wir heirateten. Übrigens: Sie kam nicht ganz ohne Mittel und ein paar guten Beziehungen in die Ehe.

Nachdem ich also ein paar Jährchen als Direktor in der eisenschaffenden Industrie tätig war, sagte mir ein einflußreicher Freund: »Ein Mann wie Du muß in die Politik!« Ich ging: Aber nicht die Ochsentour, sondern auf meine Tour – als Senkrechtstarter. Schließlich meinte man, ich hätte das Format fürs Weiße Haus und schob mich nach vorn. Nun gut, wenn schon, denn schon als Minister. Welches Ressort? Da bin ich noch am Überlegen. Auf jeden Fall aber: Ministersessel wackeln! Ich komme! Eigentlich erstaunlich, daß das alles mal mit einer simplen Tube X-Frisiercreme begann ...«

(Produktaussage)

Mit diesem Text geschieht etwas, das bei Werbetexten leider noch nicht oft genug vorkommt: er wird gelesen. Kein Mensch käme auf die Idee, den Lesewert eines solchen Textes zu testen. Lesewert zu testen ist immer überflüssig. Wenn ein Product-Manager oder Creative-Director oder wer auch immer das Gefühl hat, ein Text sei vielleicht ein bißchen zu unattraktiv, um gelesen zu werden, und man sollte ihn sicherheitshalber mal testen ... dann ist er schon getestet.

Der zitierte Frisiercreme-Text ist nie getestet worden. Auch der folgende hat seinen Lesewert *praktisch* bewiesen:

>»Wieviel Personal braucht der Mensch, um wie ein Mensch leben zu können? Das Porträt eines standesgemäß geführten Hauses.«

Eine Schlagzeile aus einer Schweppes-Kampagne. In jener Anzeige werden unter anderem zehn verschiedene Bedienstete aufgeführt – vom »Valet« über den »Footman« bis zur »Nursery Maid«. Schließlich wird noch ein stolzer Hengst gezeigt, mit der Bildunterschrift: »Wenn Sie beabsichtigen, Ihrem Gestüt frisches Blut zuzufügen, steht Alto Volante zur Verfügung. Anfragen an ...« (es folgt eine vollständige englische Adresse).

Was soll dieser schrullige Unsinn, könnte hier ein Humorloser fragen, die ganze Geschichte kann man doch in einem einzigen Satz zusammenfassen: »Leute von Welt trinken Schweppes!« Und wer von unserer Zielgruppe hat schon zehn Bedienstete und ein Gestüt?

Es gehört zum werblichen Primitivdenken, die Personen, die als Zielgruppe gemeint sind, stets zeigen zu müssen. Wenn dem so wäre, dürfte manches auflagenstarke Wochenblatt keine Königsfamilien, sondern nur noch ältere Hausfrauen der sogenannten C-Schicht abbilden. Es kommt nicht darauf an, die Zielgruppen zu zeigen, sondern das, was sie interessiert. Und das ist oft etwas ganz anderes als das, womit man sich identifiziert. Zum Beispiel beim Werbeklassiker After Eight:

In einer der Anzeigen wird ein Ballonfahrer gezeigt, der sich kurz vor dem Abflug von seinem Butler »After Eight« reichen läßt. Dazu der Limerick:

> »Sir Oswald beschloß in die Lüfte zu wollen
> nach London, Paris!
> Doch es hat nicht sein sollen.
> Von After Eight ganz entzückt,
> blieb zurück er – entrückt,
> Welch Glück! Der Ballon ist seither verschollen.«

Die penetrante
Übertreibung

Schweppes und After Eight sind sehr erfolgreiche Produkte. Und sie werben schon seit Jahren mit ihren humorvoll getexteten Werbekampagnen voller amüsanter Übertreibungen. Ob es nicht ganz vernünftig wäre, in der Werbung öfter mal unvernünftig zu sein? Nicht des Spaßes, sondern des Erfolges wegen?

Es gibt zwei Arten von Übertreibungen: die amüsanten und die penetranten. Letztere sehen so aus:

> »Unerreicht in Qualität und Preis!«
> »Es gibt keinen besseren!«
> »Tiefstpreise!«
> »Kenner schwören darauf!«
> »Vollendet in Form und Technik!«
> »Der Inbegriff der Wohnkultur!«
> »Noch sauberer geht's nicht!«.

Dramatisieren wird oft mit Schreien verwechselt. Streng genommen wären die meisten dieser Formulierungen sogar unzulässig. Dennoch läßt der Gesetzgeber sie durchgehen – obwohl Deutschland das schärfste Wettbewerbsrecht der Welt hat. Aber sie fallen halt unter die Kategorie der »nicht ernst zu nehmenden werblichen Übertreibungen«. Das zeigt, wie »ernst« sie zu nehmen sind – im Gegensatz zu werblichen *Unter*treibungen: Statt »Unerreicht in der Leistung« – »We are only No. 2«, statt »Die zeitlose schöne Form« – »It's ugly, but it gets you there«.

Untertreibung

In der Werbung wirkt eine normale Sprache oft schon wie eine Untertreibung:

> *Ein Kopf kann erst frei denken, wenn er nicht mehr alle Hände voll zu tun hat.*
> Und deshalb verschaffen wir Millionen Frauen jeden Tag ein bißchen

mehr Freiheit und ein bißchen mehr Freizeit. Denn die schönsten emanzipatorischen Theorien nützen nichts, wenn sie bereits an der Küchentür scheitern. Am täglichen Abwasch, am unerledigten Hausputz, am vollen Wäschekorb.

Nur die Frau, die sich davon befreien kann, findet den Weg heraus aus der Küche. Hin zur Denkpause und zur Alternative.

Viele Frauen haben sie schon gefunden. In der Weiterbildung, im sozialen und politischen Engagement. Wir sind davon überzeugt, daß die zunehmende Selbständigkeit der Frauen wichtig für unsere Gesellschaft ist. Und deshalb helfen wir, wo es geht, ihnen die Freiheit zu geben, die sie dazu brauchen.

Denn Fortschritt nennen wir erst Fortschritt, wenn er praktische Hilfe für den Menschen bedeutet. Mit unseren Produkten – den wichtigen und den weniger wichtigen – helfen wir mit, diesen Fortschritt menschenfreundlicher zu machen.

Henkel

Selbst wenn man ein Loblied auf das eigene Unternehmen zu singen hat, muß das nicht im ständigen Fortissimo geschehen. Die leisen Töne, die kleinen Untertreibungen und Einschränkungen stehen gerade einem großen Unternehmen gut an:

Nicht: »Wir haben die Befreiung der Frau von Küche und Haushalt vorangetrieben!«

Sondern: »Ein Kopf kann erst frei denken, wenn er nicht mehr alle Hände voll zu tun hat!«

Nicht: »Noch mehr Freiheit, noch mehr Freizeit!«

Sondern: »Ein bißchen mehr Freiheit, ein bißchen mehr Freizeit.«

Nicht: »Die Frauen haben ihre Ketten gesprengt, der gesellschaftliche Fortschritt ist unaufhaltsam.«

Sondern: »Die zunehmende Selbständigkeit der Frauen ist wichtig für unsere Gesellschaft.«

Nicht: »Unsere Produktion – Bannerträger des Fortschritts!«

Sondern: »Unsere Produkte – die wichtigen und weniger wichtigen – helfen mit.«

Untertreibung bedeutet nicht Unterkühlung, sondern Vermenschlichung. Wer weder liebenswert zu untertreiben, noch humorvoll zu übertreiben versteht, wer die Mittel der Veranschaulichung und Vertiefung eines Gedankens nicht zu nutzen weiß, dem fließt nur Trockenes aus der Feder:

»Preiswerte Bus-Reisen nach Dalmatien.
Jeden Dienstag ab Berlin.«

Eine Schlagzeile aus einem Reiseprospekt von heute. Es folgt eine nüchterne Aufzählung der Orte, die der Bus anläuft, und deren Sehenswürdigkeiten.

Im Jahre 1910 erschien schon einmal ein »Reiseprospekt« über Dalmatien – allerdings nicht von einem professionellen Reiseprospektschreiber, sondern von einem Schriftsteller: Hermann Bahr. Er hatte Dalmatien besucht und wollte seine Landsleute ebenfalls für dieses Land begeistern.

Hier einige Sätze aus seinem Bericht:

> *»Warum kommen die Berliner nicht?*
> Nämlich nach Dalmatien!
> Wird nicht die Landschaft der Bocche mit den weißen Bergen am blauen Golf nordischen Fjorden verglichen? Lockt Lakromas verwunschener Hain nicht weicher als Korfu? Haben wir in Salona, kaum eine halbe Stunde von Diokletians verwittertem Palast, nicht unser Pompeji? Uralte Sitten, aus griechischer Zeit noch, walten im Land. Der Orient greift herein, aber schon wühlen westliche Gedanken, Hoffnungen aus dem Norden das Volk auf. Und dies alles wird von dem ahnungslosen österreichischen Militär bewacht. Hier könnt ihr ein Land erwachen sehen! Es ist ein ganz einziger Augenblick. Warum kommen keine Fremden? Warum kommen die Berliner nicht?«*

Eine Schilderung, die nicht aus dem Geographiebuch, sondern aus dem Herzen kommt. Ein begeisterter Erzähler ist immer ein guter Erzähler. Ludwig Reiners schreibt, er sei sofort nach Dalmatien gefahren, als er Bahrs Bericht gelesen habe.

Bahrs Schilderung entspricht vielleicht nicht in allem unserem heutigen Sprachstil. Das ist nicht entscheidend. Entscheidend ist das dramaturgische Mittel, dessen er sich bedient – ein Stilmittel, dessen man sich eigentlich gar nicht »bedienen« kann, sondern das man besitzen muß. Es führt den Schreibenden mit traumwandlerischer Sicherheit zum Herzen seiner Leser: Begeisterung. Heart-selling statt hard-selling.

Wer begeistert ist, wird nie ins eintönige Aufzählen und bloße Beschreiben verfallen. Nicht aufzählen, sondern erzählen, nicht beschreiben, sondern schreiben schafft zwingende Texte.

Was tun viele Werbetexter heute? Dasselbe, was jeder mittelmäßige Aufsatzschreiber tut, der seinem Thema nichts abzugewinnen weiß: aufzählen und beschreiben.

Emotion ist der beste Stilist. Selbst Leute, die sonst nur einen mäßigen Stil schreiben, schufen schon kleine literarische Meisterwerke – mit ihren ersten Liebesbriefen. Auch Kampfschriften sind immer gut geschrieben. Nicht, weil man ungewöhnlich gute Stilisten dafür engagierte, sondern weil die Verfasser von Emotion beflügelt waren.

Wer mit Emotion schreibt, neigt weit weniger zu sinnlosen Übertreibungen, als ängstliche Logiker vielleicht befürchten. Niemand wird einen Menschen, den er liebt, oder eine Sache, für die er sich begeistert, ins Lächerliche ziehen. Wenn Liebe und Begeisterung fehlen, ist der Griff zur Übertreibung viel bedenkenloser. Es fehlt die feinfühligste Kontrolle, die ein Schreibender sich wünschen kann: die des Herzens.

Es ist eine ganz normale und gar nicht paradoxe Beobachtung: Ein Texter, der rein verstandesmäßig vorgeht, übertreibt weit eher als ein Texter, der mit Emotion schreibt. Ein Texter braucht Emotion. Nur ein engagierter Texter ist ein guter Texter.

Wenn es einem Texter an Emotion fehlt, versucht er manchmal, sie künstlich zu erzeugen. Er konstruiert sie mit dem Verstand, er »macht in Emotion«. Das spiegelt sich wider in werblichen Übertreibungen, die ein wirklich Engagierter nie hätte durchgehen lassen.

Konstruierte Emotion:	Echte Emotion:
»Jetzt heißt es zugreifen! Ab 1.6. Preiserhöhung!«	»Noch lacht der alte Preis!«
»Sein oder Nicht-sein – es geht um Ihre Sicherheit! Z – das Sicherheitsauto!«	(Foto: schwangere Frau) »Einer der schönsten Gründe, ein sicheres Auto zu fahren.« (Volvo)
»Die ideale Lösung für die Frau von heute!«	»Eine 14jährige nahm sich das Leben, weil sie mit dem ersten Problem als Frau nicht fertig wurde.« (Mimosept)
»Der perfekte Treppenlift! Damit schaffen Sie's – mühelos!«	»Ich sah mich schon im Altersheim. Dann hatte meine Tochter die Idee mit dem Lifta-Treppenlift.«
(Foto: Baby) »Garant für die Zukunft Ihres Kindes: ein Sparvertrag bei der Y-Bank.«	(Foto: Baby) »Wir verhelfen ihm zu einem fünfstelligen Bankkonto, noch bevor es das 1 x 1 kann.« (Commerzbank)
»X-Margarine – der ideale Brotaufstrich für die ganze Familie!«	»Wenn doch alles, was wir täglich aufs Brot streichen, so gesund wäre.«

Humor

Es gibt zwei Typen von Menschen, die uns nie langweilen: die Begeisterten – und die Humorvollen.

Gegen den Humor, der leichtesten Stil- und Spielart der Kommunikation, werden oft die schwersten Geschütze aufgefahren. Die deutsche Werbung mißtraut ihm – mit wenigen Ausnahmen.

211

Humor findet man beispielsweise in der Werbung für Hundefutter. Das liegt oft mehr an der Possierlichkeit der Tierchen als an der Heiterkeit der Texte. Allerdings: selbst bei diesem von Natur aus so heiteren Thema lassen sich sehr ernsthafte Gründe gegen den Humor vorbringen. Hundefutter-Werbung – das ist, wenn man so will, werblich als auch gesellschaftspolitisch eine tierisch-ernste Sache.

Zunächst zum Gesellschaftspolitischen. Da gibt es Kritiker, die fragen: »Geht es denn an, daß bei uns für Hundefutter geworben wird, während Millionen Menschen in der Welt noch wie Hunde leben? Statt solche unnützen Dinge zu produzieren und auch noch zu bewerben, sollte man lieber mehr Entwicklungshilfe leisten, mehr Sozialwohnungen bauen und im Nahverkehr endlich den Nulltarif einführen!«

Welchem Werber würde bei solchen »Argumenten« der Humor nicht vergehen? Sie zeugen von keinerlei Kenntnis wirtschaftlicher Zusammenhänge.

Nun zum werblichen Aspekt der Hundefutter-Werbung. Er ist fast noch humorloser. Mancher Werbeakademiker würde ihn vielleicht so formulieren: »Die Liebe unserer Zielgruppe zu ihrem Haustier kann gar nicht ernst genug genommen werden. Das ist etwas, das tief ins Psychologische geht. Irgendwelche Späßchen sind da völlig unangebracht, zumal man Haustierhaltern ohnehin den Vorwurf macht, sie übertreiben ihre Beziehungen zum Tier, sie vermenschlichen es. Also bitte, lassen wir den Humor draußen, nehmen wir die Tierliebe unserer Zielgruppe ernst!«

Hätte es solche Einwände gegeben, wäre dieser Anzeigentext nie geschrieben worden – einer der besten, die je für Tiernahrung erschienen:

>»Read this ad to your dog.
Dear (Dog's name). Good news. The next time I go shopping, I am going to take this coupon (tear off coupon and show to dog) and buy you a great taste treat.

>You know that nice Ken-I Ration Burger you like so much. Well, now you have a choice. (Show dog picture of food in ad.) This is Ken-I Ration Burger with Liver Flavoured Chunks. (Point to liver flavoured chunks shown above.) See those dark brown chunks. That's the liver taste. (Look dog directly into eyes.)
And it's actually better for you than fresh liver. Because it gives you all the protein, vitamines and minerals you need. (If dog is wagging his tail, take coupon and go directly to store. If dog pretends to be nonchalant, redeem coupon on your next shopping trip. Pat dog and say: »You're a good dog, (Dog's name). And (Your name) loves you.«

Dieser Text macht sich sogar ein wenig lustig über die Zielgruppe – aber auf sehr liebenswerte Weise. Fast noch sympathischer ist es, wenn jemand sich über sich selbst lustig machen kann. Er hat damit die höchste Stufe des Humors erreicht – und verliert keineswegs sein »Gesicht«, sondern beweist Format. So in einem Anzeigentext, der für die österreichische Fremdenverkehrswerbung erschien:

> »Was machen die vielen Österreicher, die nicht Sängerknaben oder Walzerkomponisten werden? Sie halten sich im gebirgigen Teil Österreichs auf und werden Skilehrer. Die besten, braungebranntesten, unwiderstehlichsten Skilehrer der Welt, versteht sich.«

Diese etwas selbstironische Form des Humors ist weit entfernt von vordergründiger Witzigkeit. Witze zu zitieren – besonders wenn das unentwegt geschieht – ist noch kein Beweis für Humor. Humor kann man nicht zitieren, man muß ihn haben. Mit dem Humor in der Werbung ist das nicht anders. *Witz*

Witzige Aufhänger wirken meistens komisch, nie humorvoll. Der beste Aufhänger ist die Sache selbst – und nicht ein Witz. Witz muß »Ankommer« sein, nicht »Aufhänger«.

Jeder Werbetexter mokiert sich – mit Recht – über das alte, vielzitierte Beispiel aus den zwanziger Jahren: Unter der dicken Schlagzeile »Hingerichtet« heißt es weiter im Fließtext: »... sind alle Augen auf unser neues Hühneraugenmittel XY.« Doch nichts anderes als die »Hingerichtet«-Masche ist es, wenn einem heutzutage in einer Anzeige ein großes Auge entgegenblinzelt, und dazu heißt es dann:

> »Wenn Sie eine Neuanschaffung im Auge haben ...«

Solche Art »Dramatisierung« ist weder witzig noch humorvoll, sondern bestenfalls komisch.

Während der Humor eine geistige Grundhaltung widerspiegelt, lebt der Witz vom treffenden Wort- und Gedankenspiel. Er ist daher in der Werbung – wo es nicht unbedingt immer auf »geistige Tiefe« ankommt – ein wirksames Stilmittel, vorausgesetzt, es kommt aus der Sache selbst und nicht aus dem »Rezeptbuch für lustige Werbegags«.

Mit Witz können altbackene Formulierungen in neue, taufrische Gedanken verwandelt werden:

Konstruierter Witz:

»Diese Jeans sind dauerhaft und robust.«

Echter Witz:

»Die kaufen Sie so schnell nicht wieder!«

213

»Auch für ungeübte Heimwerker ist diese Maschine problemlos.«	»Wenn man schon zwei linke Hände hat, muß wenigstens die Heimwerkermaschine was Rechtes sein.«
»Der frische, ozonreiche Duft!«	»Ich denk' ich bin im Wald!«
»Der zuverlässige Vergaser.«	»Wie leicht kann aus einem Vergaser ein Versager werden.«

»Vergaser – Versager«. Luther nannte die päpstlichen Dekrete »Drekke-te«. Nietzsche, einer der größten Wortspieler deutscher Zunge, will nicht beim Wort genommen werden, wenn er von »Wortspülicht« spricht.

Humor in der Werbung, das mag noch angehen. Aber Witz und Wort-spiel? In den Augen vieler Werbungtreibender zweifelhafte Stilmittel ... »Zu oberflächlich«, sagen die einen, »zu intellektuell« die anderen.

Warum zu oberflächlich? »Unsere Zielgruppe liest den Spiegel und hört das Dritte Programm.«

Warum zu intellektuell? »Unsere Zielgruppe liest die Bild-Zeitung und hört Radio Luxemburg.«

Wortspiel

Es soll darauf verzichtet werden, jetzt seitenlang Formulierungen aus den genannten Medien zu zitieren, die Witz, Wortspiel und Ironie geradezu genüßlich verbreiten und das sehr intelligent tun. Selbst die »Bild-Zeitung« erblödet sich da nicht. Warum sollten diese Stilmittel ausgerechnet in der Werbung nicht mehr ansprechen?

»Tragbare Möbel zu niedrigen Preisen«,

sagte ein Hersteller von Abhol-Möbeln. Sein Konkurrent war gewitzter:

»Nicht nur unsere Möbel, auch unsere Preise sind tragbar.«

Warum dem Leser nicht die kleine Freude solcher – themenbezogen! – Wortspiele gönnen?
Ein Sprachinstitut sagt:

»Wählen Sie die Sprachmethode, die Ihnen am besten zusagt.«

Die Konkurrenz war sprachgewandter:

»Wenn unsere Y-Methode nicht das Richtige für Sie ist: Wir haben noch andere Möglichkeiten, Sie zum Reden zu bringen.«

Ob Witz, Wortspiel oder Ironie: diese Stilmittel sind in der Werbung min-destens eben so wirksam wie im Journalismus und in der Literatur. Richtig

214

eingesetzt – und das beweisen die Beispiele – geht es dabei nicht um die *Mache*, sondern um die *Sache*. Und damit sind wir beim Reim.

Auch der schönste Reim muß nicht immer fröhlich sein (das kann manchmal falsch sein). Die Fröhlichkeit aber ist es, die ihm oft vorgeworfen wird: »Nicht ernsthaft genug für unseren Kampagnen-Gedanken!«

Reim

Nicht ernsthaft genug? Wenn dem so wäre, hätte Goethes »Faust« nie in Reimform erscheinen dürfen. Wenn aber einem Texter – im Gegensatz zu Goethe – nichts Rechtes einfällt, um einen lahmen Text zu dramatisieren: der Reim, wenn er gut gemacht ist, gibt selbst einem matten Text neuen Glanz. Ein Lebensmittel-Einzelhändler kann sein Rumgrog-Sortiment so oder so anbieten:

> »Jetzt, während des wechselhaften Aprilwetters tut ein Rumgrog so richtig gut.«

> »Der Wettergott, er spielt verrückt und faucht, doch Hansen hat, was jetzt der Mensch so braucht.«

Wann soll man reimen, wann Prosa schreiben? Schiller, der in Reimen denken konnte, hätte umgekehrt gefragt. Die meisten Menschen – auch heute – hören Reime gern, doch gehören Reime nicht zur täglichen Umgangssprache. Sie sollten auch in der Werbung nicht alltäglich sein. Was nicht bedeutet, daß man nicht langfristige Werbekampagnen in Reimform fassen kann. Vor allem dann, wenn es wenig Möglichkeiten gibt, sich gegenüber der Konkurrenz-Werbung zu profilieren.

Reimen ist schwieriger als Prosa, glauben die meisten. Man fürchtet, mit guten Reimen nicht durchzuhalten, das sei zu aufwendig. Für den Talentierten trifft das nicht zu. »Meine Prosa hat mich stets mehr Zeit gekostet als meine Verse«, sagte Theodor Storm.

Die Stilmittel des Dramatisierens – von der Negativ-Formulierung bis zum fröhlichen Reim – sind ein reiches Sprach-Arsenal für bessere Texte. Schon eines dieser Mittel – etwa ein gutes Beispiel – kann helfen, hinzuhören, weiterzulesen.

Wann soll man welches Stilmittel einsetzen? Stilmittel kann man nicht wie Putzmittel anwenden: Lappen gut anfeuchten, einmal kräftig darüberwischen, und alles ist blank. Die »Gebrauchsanleitung« ist immer wieder eine andere: Das ist zu langweilig, könnte man's mit einem Beispiel auflockern? Oder kommt es hier auf einen Beweis an? Was gibt es zu beweisen? Nur sagen, was das Produkt tut, die Vorteile nennen, die es hat? Warum nicht auch Nachteile, die es nicht hat? Könnte man das sogar mit Humor sagen – zumal die Konkurrenz immer so ernst ist?

... Fragen, die der Texter vor jeder Aufgabe selbst entscheiden muß. Er sollte es sich dabei nicht schwerer machen als nötig. Dramatisieren hat nichts mit künstlich hochspielen zu tun. Die Stilmittel des Dramatisierens sind keine wissenschaftlichen Errungenschaften einer hochentwickelten Werbesprache, sondern einfache Mittel der täglichen Umgangssprache. Sie werden dort ganz selbstverständlich, ganz unwillkürlich angewandt. Der Texter tut das bewußter, gezielter. Aber er tut nichts anderes. Kein normal sprechender Mensch reiht nur Aussagesätze aneinander, sondern belebt sie unwillkürlich durch all das, was wir »Stilmittel des Dramatisierens« nennen – und vieles davon ist als Redewendung in die Umgangssprache eingegangen (allerdings zumeist auch schon abgegriffen):

»Geld macht nicht glücklich, aber es beruhigt.«
(Negativ-Positiv-Gegenüberstellung)
»Wir haben gekämpft wie die Löwen.« (Beispiel)
»Neue Besen kehren gut.« (Beweis)
»Wer zu spät kommt, den bestraft das Leben.« (Schlußfolgerung)
»Das hat mich ein Vermögen gekostet.« (Übertreibung)
»Nicht der Rede wert.« (Untertreibung)
»Ich könnte die ganze Welt umarmen.« (Emotion)
»Morgenstunde ist aller Laster Anfang.« (Witz/Ironie)
»Wer sich auf ihn verläßt, ist verlassen«. (Wortspiel)
»Man hört nur Gutes über ihn.« (Testimonial)
»Grüß Gott, tritt ein, bring Glück herein.« (Reim)

Soll man so schreiben, wie man spricht? Um der Diskussion ein für allemal kein Ende zu machen: Ja, man soll. Mit einer Einschränkung: ohne die Fehler und Unzulänglichkeiten, die sich beim Sprechen einschleichen. Ohne sie ist Spreche noch genau so natürliche Spreche – auch wenn sie Schreibe ist. Wenn Texter schreiben, wie Menschen sprechen, bliebe dem Leser manches Unaussprechliche erspart:

»Die Marke Ihres Vertrauens.«
»Im Dienste der Hausfrau.«
»Die Wahl der Vernunft.«
»Feinschmecker schwören darauf.«
»Kenner wissen, warum.«
»Führend in Form und Technik.«
»Qualität ist unsere Devise.«

Die Alltagssprache kennt keine Phrasen dieser Art, wohl aber Veranschaulichungen, Dramatisierungen. Auch wenn sie nicht immer die stärksten und treffendsten Ausdrücke zur Hand hat, nimmt ihr das nichts von ihrer

216

Vorbildlichkeit für die Werbesprache – die es im Grunde genommen gar nicht gibt. Texter sollten keine zwei Sprachen sprechen: eine, die sie mit ihrer Frau sprechen – eine andere, mit der sie Verbraucher ansprechen. Gute Werbesprache ist zugespitzte Alltagssprache. Damit ist sie menschliche Sprache und keine »Verbrauchersprache«.

Wer kommunizieren will, muß den Weg zum Menschen suchen, nicht zum Verbraucher.

Das Weitschweifige komprimieren!

Auf einer Party wurde ein Schriftsteller gebeten, eine kurze Ansprache zu halten. »Tut mir leid«, sagte er, »wenn ich zehn Minuten sprechen soll, muß ich das drei Wochen vorher wissen.« Der Gastgeber fragte erstaunt: »Und wie lange Vorbereitung brauchen Sie, wenn Sie eine Stunde sprechen sollen?« – »Drei Tage.« »Und wenn Sie drei Stunden sprechen sollen?« – »Dann kann ich sofort beginnen.«

Es ist beim Reden wie beim Schreiben: Je weitschweifiger, desto müheloser, je knapper, desto schwieriger. Ludwig Thoma sagt, man dürfe als Schriftsteller von zehn beabsichtigten Worten nur eines schreiben und nicht elf. (Als Werbetexter rechnet man zwanzig zu eins.)

Die teuerste Sprache der Welt

Beim Werbetext ist Kürze aus verschiedenen Gründen notwendig. Um mit dem unwichtigsten zu beginnen: die Kosten. Die Werbesprache ist die teuerste Sprache der Welt. Und das liegt nicht an den hohen Textergehältern, sondern an den nicht geringen Einschaltkosten. Eine ganzseitige Farbanzeige in der »Hörzu« kostet heute DM 120.000.–. Von den TV-Einschaltpreisen und anderen Mediakosten gar nicht zu reden. Und wer will, kann sich ausrechnen, was ein einziges »Wir stellen die Weichen« da kostet.

Es geht nicht nur darum, preiswert zu kommunizieren, sondern überhaupt zu kommunizieren. Mit Phrasen und Weitschweifigkeiten geht das nicht. Wohl aber – unter anderem – mit Kürze. Leser und Hörer lieben Kürze und hassen Länge. Was nichts mit kurzen oder langen Texten zu tun hat, wohl aber mit knappen oder weitschweifigen. Aber welcher Texter schreibt schon weitschweifig? Keiner. Texter sind geschult, knappe Texte zu schreiben. Etwa so:

»Der Kaffee für den empfindlichen Magen.«

Geht's noch kürzer?

»Kürzer kann man das nicht ausdrücken, da ist kein Wort zu viel«, sagte der Texter, der das geschrieben hatte. Daß da kein Wort zu viel ist, stimmt. Daß man es nicht kürzer ausdrücken könnte, stimmt nicht. Das bewies der Texter, der schrieb:

»Den dürfen Sie!«

Das ist so kurz, kürzer geht's nicht! Wenn nicht jemand geschrieben hätte:

»Schonkaffee.«

Begriffe statt Wörter! Solches Verkürzen ist alles andere als ein amüsantes Texter-Quiz. Und mehr als Einsparen von Wörtern. Vielmehr geht es um bessere Kommunikation durch neue, einfache und treffende Begriffe anstelle altbekannter, harmloser Werbesätze. So auch hier:

Weitschweifend:	**Knapp:**
»Ein wirtschaftliches Fahrzeug.«	»Das Sparzeug.«
»Die Waschmaschine aus dem Hause Bosch.«	»Der Wasch-Bosch.«
»Das Mittel, das die Füße frisch macht.«	»Fuß-Fit.«
»Versteckte Fehler im Computer.«	»Computerviren.«
»Vitamine, die für die kalte Jahreszeit wichtig sind.«	»Winter-Vitamine.«
»Günstiger Nachttarif.«	»Mondscheintarif.«
»IBM stellt Schreibmaschinen her.«	»SchreIBMaschinen.«

Kompression erhöht den Druck. Das ist mit der sprachlichen Kompression nicht anders. Komprimierte Sprache kommuniziert druckvoller. Das beweisen die Beispiele der rechten Spalte. Sie stehen prall und druckvoll da – während die unkomprimierte Form schlaff und drucklos herunterhängt.

Solche Komprimierungen haben einen einzigartigen Vorteil: Einzigartigkeit! »Ein wirtschaftliches Fahrzeug« kann jeder sagen, »Das Sparzeug« nicht. Das wäre schon ein Plagiat.

»Das Sparzeug«, »Fuß-Fit«, »Mondscheintarif« und ähnlich eigenständige Begriffe können sogar juristische Schutzrechte für sich beanspruchen, wenn sie die nötige Verkehrsgeltung besitzen. So kann ein Werbetexter einem Unternehmen juristischen Besitzzustand schaffen! Und »Mondscheintarif« steht heute sogar im Duden. Kaum jemandem ist noch bewußt, daß die Werbung diesen Begriff kreierte. Doch Sinn solcher Komprimierungen ist ja auch nicht, in den Duden zu kommen, wohl aber bei seinen Umworbenen gut anzukommen.

Es wäre natürlich Unsinn, alles und jedes auf einen Begriff zusammenzu-
kürzen. Texte können sogar lang und wortreich sein, ohne auch nur ein
Wort zuviel zu sagen. Genaugenommen dürfte man nicht von »kurz« oder
»lang«, sondern nur von »knapp« oder »weitschweifig« sprechen. Ein kurzer
Text ist schon zu lang, wenn er langweilt. Da genügen schon drei Worte:
»Ein wirtschaftliches Fahrzeug«. Ein langer Text kann dennoch knapp sein.
Schillers »Don Carlos« mit seinen 5000 Versen ist eines der längsten Dramen der Weltliteratur. Aber eines der am knappsten geschriebenen. Dabei
hat sich noch kein Mensch gelangweilt.

Auch beim folgenden Text hat sich noch kein Leser gelangweilt. Es ist einer der längsten Anzeigentexte, die je für ein Touristik-Unternehmen erschienen – für ein Land, das der Leser sogar noch erraten muß:

Warum sich Rommels beste Männer so oft von der Truppe entfernten.
Gerade Rommels Streitmacht war ein Vorbild an Disziplin und Pflicht-
erfüllung.
Aber nur wenige Kilometer vom wüstenheißen Standort lockte schon
damals unser Traumstrand: blütenweiß, gestreichelt von milder, afrika-
nischer Sonne, palmenüberrauscht. In weißen, maurisch anheimelnden
Häuschen stand unser weltberühmter Rosé bereit, umweht von den
köstlichen Düften unserer einheimischen französischen Küche. Wun-
dert es Sie da noch, daß es so manche Nacht gab, in der man Major
Mohr vergeblich rief?
Schauen Sie sich doch heute mal bei uns um. Es ist noch schöner, noch
verlockender geworden. Und das können Sie glauben oder nicht.
Französisch ist für unsere Küche eine ihrer leichtesten Übungen.
Über die Franzosen sind unsere Landsleute etwas geteilter Meinung.
Aber was die Rezepte, Zubereitungsarten, Lebens- und Essensfreuden
betrifft – an denen auch unsere einheimischen Köche nicht ganz un-
schuldig sind –, bon appétit!
Jeder Drink minus 50 %!
Kürzlich hat unser Parlament viele Hoteliers und Barbesitzer den Trä-
nen nahe gebracht. Und hat – auf Initiative unseres Staatspräsidenten –
per Gesetz Hochprozentiges um handfeste 50 % billiger gemacht.
Auf Ihr Wohl.
Wir verstehen die deutsche Nationalhymne (1. Strophe) wie Hoffmann
von Fallersleben.
Wenn die andere Welt damals Ihre Zeile »Deutschland, Deutschland
über alles« mißverstanden hat – wir nicht. Noch heute sind die Deutschen unsere liebsten Gäste. Darum kommen Sie zu uns – nicht nur als
Gast. Als Freund.
An unseren Stränden finden Sie alles. Außer der Ölpest, Autoreifen, Fä-
kalien, rostigen Nägeln usw.
Nur noch ganz wenige Mittelmeerländer sind von den Übeln einer allzu
sorglos-eifrigen Industrialisierung verschont geblieben. Wir besitzen so
gut wie keine der heute so begehrten Ölquellen. Vielleicht bedauerlich.

220

Aber so gibt es für ölschimmernde Tanker auch keinen Grund, sich unseren unberührten Stränden weniger als 50 Seemeilen zu nähern. Und so können wir uns rühmen, die wohl schönsten Strände auf der anderen Seite des Mittelmeeres zu haben.

Wir heißen Sie willkommen – unter anderem in:
Hammamet – üppige Gärten, einer der schönsten Strände.
Sousse – morgenländische Gastfreundlichkeit, europäisches Flair, moderne Hotels.
Monastir – vereinigte afrikanische, arabische, europäische Einflüsse mit Luxus.
Djerba – eine Insel, die ein Palmenhain ist. Ein bißchen Südsee.
Zarzis – Gärten und Palmen bis zum Strand, begrenzt von goldfarbenen Dünen.
Die Sahara – machen Sie eine Rundreise: inmitten der endlosen Wüste tauchen palmenüberschattete Paradiesgärten auf. Oasen! Gafsa, Gabes, Tozeur, Nefta, Douz und Kebili sind zauberhafte Welten für sich. Unvergeßlich!
Wir möchten gern 20 ungläubige Deutsche von uns überzeugen.
Darum verlosen wir unter den Coupon-Einsendern zehn zweiwöchige Reisen für zwei Personen in unser Land. Unsere Airline bringt Sie in modernen Linien-Jets hin. Schreiben Sie bitte nur den Namen unseres Landes in den Coupon. (Keine Bedingung für die Teilnahme an der Verlosung!) Absender nicht vergessen! Denn ob Sie gewinnen oder nicht, einen kleinen Gruß aus unserem Land möchten wir Ihnen in jedem Falle zusenden.
Alle großen Reiseveranstalter haben uns in ihrem Programm. Sie können sich in Ihrem Reisebüro davon überzeugen.
Denn wir sind das wohl faszinierendste, exotischste, schönste, sauberste, abwechslungsreichste Urlaubsland auf der anderen Seite des Mittelmeeres. Und nur 140 Flugminuten nah.
Uns gibt es. Das können Sie glauben oder nicht.

Coupon

- Ich kenne mich aus in der Welt. Klarer Fall, Sie meinen ...
- Ich komme einfach nicht drauf. Können Sie sich bitte mal klar ausdrücken.
An der Verlosung nehme ich natürlich auch teil.

Dieser Text hat 623 Wörter. Aber keins zu viel. Wollte man ihn kürzen, würde er verlieren. Oft ist das Gegenteil der Fall.

Das Vorurteil, lange Texte werden nicht gelesen, ist weit verbreitet. Werbetexter versuchen zwar immer wieder, es auszuräumen – doch immer wieder bekommen sie es zu hören. Es ist schwer, gegen Vorurteile keine Vorurteile zu haben. »Zu lang« wäre kein Argument. »Zu langatmig« wäre eins. Die

Höflichkeit verbietet möglicherweise, letzteres auszusprechen – zumal Texter oft sehr sensible Leute sind.

Ein Texter bekam von seinem Chef einmal den Rat, seinen offenbar zu langen Text doch einfach mal seiner Frau vorzulegen, ob sie ihn lesen würde. Der Texter fragte also: »Liebling, würdest du das lesen?« – »Aber natürlich, Schatz!« – »Und warum?« – »Weil ich dich liebe!«

Es gehört schon eine gute Portion Selbstkritik dazu, den Lesewert eigener Texte zu beurteilen. Im eigenen Urteil erscheinen Texte selten zu lang. Was erst einmal niedergeschrieben ist, wirkt immer alles ganz unentbehrlich. Mancher Text hätte viel gewonnen, wenn er an Worten verlöre. Zwangsweise gelang das schon oft: Die »gekürzte Fassung« für die halbseitige Anzeige ist meistens besser als die »Originalfassung« für die ganzseitige.

Was reizt zum Weiterlesen?

Ob ein Text gelesen wird, ist zunächst nicht eine Frage der Länge oder Kürze, sondern der Schlagzeile. Ein langer, aber guter Text wird bestimmt nicht gelesen, wenn er unter einer langweiligen Schlagzeile steht. Einen kurzen, aber schwachen Text reißt selbst die beste Schlagzeile nicht raus.

Werbeagenturchef David Ogilvy, selbst einer der besten amerikanischen Werbetexter, rief eines Tages alle seine Texter zu einer »wichtigen Konferenz« zusammen. Dann ergriff er das Wort und gab folgende Erklärung ab:

»Meine Damen und Herren,
Untersuchungen haben ergeben: Ob ein Werbetext gelesen wird oder nicht, hängt zu 75% von der Schlagzeile ab. Das bedeutet: Mit Ihrer Schlagzeile haben Sie 75% des Geldes unserer Kunden ausgegeben. Ich bitte Sie, sich dieser Verantwortung bewußt zu sein. Vielen Dank. Und nun gehen Sie bitte wieder an Ihre Arbeit.«

Es ist erstaunlich, welche Mühe Texter, Creative-Directors, Kontakter, Kontakt-Gruppenleiter, Werbeleiter, Product-Manager, Marketing-Manager und andere Sach- und Fachleute aufwenden, um über Texte zu entscheiden, bei denen von vornherein feststeht, daß sie nie gelesen werden. Sie stehen unter Schlagzeilen, die nicht den geringsten Anlaß zum Weiterlesen geben. All die Probleme, die man dem Leser gern nahebringen möchte, sind in der Schlagzeile schon gelöst, in »komprimierten« Sätzen, die alles – und nichts – sagen.

»Weiterlesen? Lohnt nicht!«	»Halt! Darüber möchte ich mehr wissen ...«
»Strahlend weiße und gesunde Zähne für die ganze Familie.«	»If both parents brush with Crest, will the baby have strong teeth?«

222

»Jung und fit auch im Alter.«

»Gestern abend kam Oma wieder erst um 11 nach Hause.«

»Lassen Sie Ihr Geld arbeiten – mit dem XY-Anlagenfonds.«

»Diese 5 Anlagetips gibt Ihnen kein Bankier«

»Unterstützen Sie die Deutsche Schlaganfall Stiftung«

»Du träumst davon hundert zu werden. Und mit einem Schlag bist Du wieder drei.«

Was links steht, ist Teig, was rechts steht, Kuchen. Es ist kein Zeichen von knappem Stil, die Backmasse einer ganzen Werbekonzeption in einer Schlagzeile unterzubringen. Die Teigmenge ist meistens weniger als die Kuchenmenge – doch wem schmeckt schon Teig? Wichtiger als die geringere Wortmenge ist der höhere Lesewert.

Ogilvy sagt: »Machen Sie sich keine Sorgen wegen der Länge der Überschrift. Überschriften mit sechs bis zwölf Worten erzielen die meisten Coupon- Antworten. Besser eine lange Überschrift, die ankommt, als eine kurze, die schwach und nichtssagend ist.« Doch man braucht sich auch keine Sorgen wegen der Kürze der Überschrift zu machen. Sehr erfolgreiche Titel waren und sind oft sehr kurze Titel: »Wallenstein«, »Nora«, »Die Weber«, »Das Kapital«, »Vom Winde verweht«, »Cats«.

Wie lang darf die Überschrift sein?

Einer der längsten und erfolgreichsten Anzeigentexte, die je in der deutschen Presse erschienen, stand unter der lapidaren Schlagzeile »Ihre Strategie ist falsch!« (EKS-Erfolgssystem). Nicht minder eindrucksvoll das schlichte, aber ermunternde »Ich freu' mich aufs Büro!« (Rank-Xerox-Kopierer).

Das sind kurze, knappe, aber wirksame Schlagzeilen – Schlagzeilen, die etwas erwarten lassen. Doch kein Leser erwartet etwas unter einer nichtssagenden Schlagzeile – ob kurz oder lang, und ob der dann folgende Fließtext noch so interessant sei.

Komprimieren heißt nicht kürzen, sondern verdichten. Das ist keine Frage der Wortmenge, sondern der Denkweise – eine Frage des »think big«. Das Gegenteil davon ist Verallgemeinerung und Weitschweifigkeit.

Zu allgemein:

»Das Telefon – die weltweite Verbindung.«

Zu weitschweifig:

»Wenn Sie mal nach New York telefonieren wollen: Nur 8 Mark 23 für ein einminütiges Gespräch! Na, ist das nicht billig?«

223

Komprimiert:

»New York hin und zurück 8 Mark 23.«

Was kann man weglassen? »Think big« heißt weglassen. Was kann man weglassen? Dreierlei:

Alles, was der Leser sich selbst sagt.
Alles, was ihm das Bild sagt.
Alles, was ihm nichts sagt.

»Das Telefon – die weltweite Verbindung« sagt ihm nichts. »Na, ist das nicht billig«, sagt er sich selbst. »8 Mark 23 für ein einminütiges Gespräch«? Daß das nicht pro Stunde sein kann, weiß er auch.

Die kürzeste Kurzgeschichte, die je erschien, ist diese:

»Mr. Sullivan ging in die Garage, zündete ein Streichholz an und schaute in den Tank, ob Benzin darin wäre. Es war ...«

Es gibt Kreative, die sagen, man müsse dem Leser jede Denkarbeit abnehmen. Warum gönnen sie ihren Lesern nicht das kleine kreative Vergnügen, auch selbst einmal einen Schluß ziehen zu können? »Das Geheimnis zu langweilen«, sagt Voltaire, »besteht darin, alles zu sagen.«

»Dem Leser die Denkarbeit abnehmen ...«
»Den Verbraucher bei der Hand nehmen ...«
»Die Gedanken des Lesers vorwegnehmen ...«

das sind gern zitierte und mißverstandene Thesen, mit denen auch der langatmigste und weitschweifigste Text noch als »logisch« und »schlüssig« gerechtfertigt werden kann. So entstehen Texte von so infantiler Betulichkeit, als seien sie für Kinderbücher, nicht aber für Zeitungen, Zeitschriften, Rundfunk und Fernsehen gemacht. Dem Leser wird nicht die geringste Möglichkeit gegeben, selbst eine Folgerung ziehen zu können.

Infantiler Stil:	Erwachsenen-Stil:
(Werbung der »Lobby für Wohnungslose und Arme«): »Erst wer sich selbst einmal hineinversetzt, was es heißt, bei Wind und Wetter draußen zu kampieren, kann nachempfinden, wie denen zumute sein muß, die dergleichen auf sich zu nehmen haben.«	(Text-Großflächenplakat an einer zugigen Bus-Halte-Stelle:) »Nehmen Sie einen Winter lang hier Platz, und fühlen Sie sich wie Zuhause.«
(Leser-Folgerung: keine)	(Leser-Folgerung: »Erst wenn man das wirklich mal täte, könnte man nachempfinden, was das heißt.«)

»Wenn Ihr Mann kein Freund von Gemüse ist, dann servieren Sie mal X-Gemüse. X-Gemüse ist nicht nur gesund, es schmeckt auch prima!« (Leser-Folgerung: keine)	»Your husband shouldn't be eating his vegetables just because they're good for him.« (Leser-Folgerung: »Aber natürlich nicht – es soll ihm ja auch schmecken!«)
»Diese Jeans sind so strapazierfähig, daß Sie jahrelang drin gehen können.« (Leser-Folgerung: keine)	»Die kaufen Sie so schnell nicht wieder!« (Leser-Folgerung: »Aha, weil die nicht kaputtzukriegen sind.«)
(Abbildung: Ein Mercedes-Taxi) »Nicht ohne Grund sind die meisten Taxis Mercedes-Wagen. Denn bei Taxis ist Verläßlichkeit besonders wichtig« (Leser-Folgerung: keine)	(Abbildung: Taxi-Schild auf einem Autodach) »An welche Automarke denken Sie bei diesem Schild?« (Leser-Folgerung: »Klar, das ist ein Mercedes!«)

Texte für Erwachsene haben die Schrittlänge von Erwachsenen. Wie ermüdend, wenn der Texter uns zwingt, immer zwei Schritte zu machen, wo wir mit einem auskämen!

Ebenso falsch wäre es, einen Schritt zu machen, wo zwei vonnöten sind – oder die Schritte in die falsche Richtung zu lenken. Dann werden keine Verdichtungen, sondern Rätsel daraus:

Verdichten – keine Rätsel aufgeben!

> Bild: Auf einem Teppich sitzt ein Fuchs.
> Text: »Ausgefuchste Teppiche.«

Was bedeutet das? Ganz »einfach«: der Inhaber des Teppichhauses heißt Fuchs.
Eine treffende Verdichtung, die sofort verstanden wird:

> Bild: Die verschiedenen Funktionen eines sehr praktischen Arbeitstisches werden gezeigt.
> Text: »Prak-Tisch.«

Ein Weitschweif hätte darunter geschrieben: »Der praktische Arbeitstisch mit den vielen Möglichkeiten.« Nicht sagen, was der Leser sich selbst sagt – nicht sagen, was ihm das Bild schon sagt! Bild: die Mondlandefähre auf dem Mond. Text: »It's ugly, but it gets you there.« Wie hätte der Text denn ausgesehen, wenn deutsche Gründlichkeit und Akkuratesse zu Werke gegangen wären? So:

»Die Mondlandefähre: Symbol für Zuverlässigkeit und Zweckmäßigkeit, zuverlässig und zweckmäßig wie der VW.«

Bildsymbole sollen Worte sparen. Symbole zu erklären heißt das Salz salzen. Damit auch ja alle alles verstehen, hat der Texter das Symbol mit doppelbuchhalterischer Genauigkeit nochmal erklärt.

Man kann diesen letzten Mondfähren-Text getrost auf Verständlichkeit prüfen – sogar ohne Bild. Er wird von allen 100 Testpersonen sofort 100prozentig verstanden.

Man kann die Originalfassung testen – und es kann passieren, daß von 100 Testpersonen zehn sie vielleicht nicht verstehen. Was dann passiert, versteht sich.

Wieviel besser, wenn Werbungtreibende sich für eine Lösung entscheiden, die 90 % aller Leser fesselt, als für eine, die 100 % aller Leser langweilt. Verständlichkeit allein tut's nicht. Die Rede des Herrn Vorsitzenden mag noch so verständlich sein – was nützt es, wenn ich dabei mein Nickerchen mache.

Dem Leser nicht sagen, was das Bild schon sagt! Wie sehen vielsagende Bilder aus? Vielsagende Bilder sind nicht geschwätzig. Was braucht man, um eine vielsagende Werbung für leckere Kartoffelpuffer zu gestalten?

Die fröhlich schmausende Familie rund um den Tisch?
Weglassen!
Den achtarmigen Leuchter über dem Tisch?
Weglassen!
Das Hutschenreuther, die roten und die blonden Tulpen auf dem Tisch?
Weglassen!
Den schwanzwedelnden Waldi unter dem Tisch?
Weglassen!
Im Hintergrund das echte Chippendale-Buffet? Und die China-Vase darauf? Und den Chagall darüber?
Weglassen!

Was bleibt, wenn man das alles wegläßt? Es bleibt die beste Kartoffelpuffer-Werbung, die denkbar ist: ein großer, knuspriger, goldbrauner Kartoffelpuffer. Der lacht uns an und sagt: beiß rein! »Think big« – laß weg! Der »big-thinker«, der diese Kartoffelpuffer-Werbung gestaltete, ließ sogar den Teller weg, auf dem der Puffer lag. Der große, knusprige, goldbraune Kartoffelpuffer einfach vor weißem Hintergrund. Schlagzeile: »Haut mich in die Pfanne!« Mitunter kann man sogar den Text weglassen. Das berühmte Bierplakat mit dem Glas Bier als Fata Morgana in der Wüste brauchte keine Worte. Es zeugt von feinem Sprachgefühl, zur rechten Zeit nichts zu sagen.

In diesem Sinne hat Werbung doch etwas mit Kunst zu tun: mit der Kunst des Weglassens. Die wiederum hat nichts mit der Kunst des Telegrammstils zu tun:

Kein Telegrammstil!

> »X-After Shave. Das neue. Männlich. Herb. Exklusiv. Nach jeder Rasur: X. Nun kann er kommen. Der Tag. Erfolgreicher Tag. Flair des Erfolges: X. X für Männer. Richtige Männer. Die wissen, worauf's ankommt. Im Beruf. Bei Frauen. Im Leben. X-After Shave. Ihr After Shave. Ab heute.«

Ein Geschäftsreisender, dessen Telefon in seinem neuen Haus noch nicht angeschlossen war, hatte sein Flugzeug verpaßt. Er schickte seiner Frau ein Telegramm nach Hause, um ihr die Verspätung mitzuteilen. Er achtete darauf, mit möglichst wenig Worten auszukommen. Das Dame am Postschalter las den Text durch und fragte dann: »Ist die Dame Ihre Frau?« – »Ja, warum?« – »Dann sollten Sie doch lieber ein herzlichst hinzufügen. Das kostet nicht viel mehr, macht sich aber bestimmt bezahlt.«

Bei allem Kürzen darf die Menschlichkeit nicht zu kurz kommen. Der knappe Stil ist ein menschlicher Stil, der Telegrammstil ein unmenschlicher. Guter Werbetext ist etwas knapper als Umgangssprache. Er übernimmt nicht die gelegentlichen Weitschweifigkeiten des Alltagsdeutsch, doch er reduziert es nicht bis zum sprachlichen Knochengerüst. Guter Werbetext hat kein Gramm Fett zuviel, er ist aber auch nicht dürr, sondern schlank. Selbst dort, wo er aufs äußerste verknappt ist, zeigt er Fleisch und Blut – genau wie guter literarischer Text.

> »Ich kam – sah – und siegte.«
> »Er läuft – und läuft – und läuft.«

Knapper Text ist Sache des knappen Denkens – aber auch des Wörterweglassens. Das gilt vor allem für die Bindewörter: »denn«, »deshalb«, »darum«, »weil«, »also« und andere. Solche Klammern sind nicht immer entbehrlich, aber öfter als viele Texter glauben. Leser können und wollen selbst Zusammenhänge herstellen, die das Bindewort – oft überlogisch – überdeutlich machen will:

Entbehrliche Wörter

> »Y-Orangensaft ist sehr gesund, weil er nur aus vollreifen Orangen gewonnen wird, also keine Zusätze enthält. Deshalb hat er auch die naturgegebenen Vitamine. Und darum sollten Sie ihn jeden Morgen trinken, denn er gibt Ihnen alles, was vollreife Orangen enthalten.«

Läßt man die überlogisierenden Bindewörter weg, gewinnt der Text sofort:

> »Y-Orangensaft ist sehr gesund. Er wird nur aus vollreifen Orangen gewonnen, ohne jeden Zusatz, mit allen naturgegebenen Vitaminen. Trinken Sie ihn jeden Morgen. Er gibt Ihnen alles, was vollreife Orangen enthalten.«

Ebenso oft wie die Bindewörter sind auch die Füllwörter entbehrlich. Sie lähmen den Text, nehmen ihm die Prägnanz, verwaschen den klaren Gedanken. Der Texter sollte sich jedesmal überlegen, ob er (wirklich) ein »wirklich«, »gänzlich«, »voll und ganz«, »durchaus«, »eigentlich«, »jedenfalls«, »natürlich«, »selbstverständlich« oder ähnliche Füllsel braucht.

Auf Füll- und Bindewörter zu verzichten heißt nicht, auf Natürlichkeit und Lebendigkeit der Sprache zu verzichten. Das gilt nicht nur für die deutsche Sprache. Am meisten bewundern deutsche Texter den knappen Stil amerikanischen Werbetextes. Das klassische Beispiel eines langen Textes, bei dem nicht ein Wort zuviel gesagt wird – auch kein Füll- und Bindewort zuviel:

> »How to tell your son the facts of drinking.
> He's almost old enough now. And as a parent, you know he's going to be tempted. If you seem anxious or overly concerned when you talk to him, he might think you're trying to keep him from something he should know about.
> It's quite a responsibility for you. Because what you tell him, and how you tell him, will be with him for the rest of his life.
> Tell him first that you love him and trust him.
> Then tell him that, in a sense, you've been teaching him about drinking all his life. Because you've been teaching him the idea of moderation in everything. Including the products we sell. And you've been doing the most important job of all: showing him moderation by your example.
> And also tell him that the legal drinking age is a law that's there to be obeyed. After all, whiskey is a pleasure that should be reserved for people who are old enough to enjoy it sensibly.
> Tell him that. So if and when he chooses to drink, he'll do it when he's old enough to enjoy it sensibly, moderately and maturely.
> Tell him all that. Because if you don't, somebody else might not.
> A Father's Day message from
> Seagram / distillers since 1857«

Abgesehen vom großartigen Inhalt der Anzeige: Man kann diesen Text fast wörtlich ins Deutsche übersetzen, ohne daß er an Knappheit und Eindringlichkeit verliert. Nicht die Sprache, sondern der Sprecher macht den Text.

Weitschweifigkeit als Stilmittel

Das Weitschweifige komprimieren ... Entspricht folgender Text der Forderung?

> »Also Wolfgang, wirklich, das ist ein schönes Auto, dieser Alfa Süd ...
> Sud? Meinetwegen – schön leise ist dieser Alfa Süd, da kann man sich endlich auch einmal *während* der Fahrt richtig unterhalten. Wolfgang, hörst du mir auch zu? ... Wenn wir bei Tante Klara sind, dann werd' ich

sie mitten ins Gesicht fragen, ob das wirklich stimmt, daß die Monika diesen italienischen Koch heiraten muß, weil sie im fünften ist. Ich finde das unerhört, auch noch im Jahr der Frau! Wolfgang, Du hörst mir gar nicht zu! Sag doch auch mal was, jetzt wo wir uns so schön unterhalten können ... bitte, erinnere mich daran, daß ich Heini die Taschentücher gebe, die dir Bodo an Weihnachten geschenkt hat. Ja? Also, ich muß immer wieder an das arme Kind denken, so ein armes Kind, deutsch und italienisch alles durcheinander, ich weiß nicht. Ich würde das nicht mitmachen, wenn ich das Baby wär. Wirklich nicht. Wolfgang! Wolfgang! Guck doch mal die Kaninchen ... Jetzt sind sie weg! Das ist wirklich schön, daß du mitkommen konntest, weil du ja heute langen Samstag hättest, dann lernst du auch mal die Frau von Frank kennen. Den Frank kennst du doch, das ist der mit den Locken. Nein, nicht den Fred. Der hat nur Dauerwellen. Stell Dir vor, ein Mann mit Dauerwellen. Also ich weiß nicht, ob ich das mitmachen würde, wenn du morgen mit Dauerwellen kämst. Hihihihi. Also wirklich, diese Edith muß Nerven haben ... wo war ich stehengeblieben?
Ach ja, die Frau von Frank, also ich find' sie ja reizend. Die gefällt dir bestimmt, obwohl sie einen schweren Stand in der Familie haben soll. Aber so war das bei dir auch, und du hast dich ja auch durchgesetzt...«

Thomas Mann läßt seine Buddenbrooks in einem unmöglichen Stil sprechen: weitschweifig und gekünstelt. Er beschreibt sie auch in diesem Stil, weil sie so sind!

Weitschweifigkeit als Stilmittel. Genau das ist auch beim »Alfasud«-Text der Fall. Er erschien als Sprechblasentext, der aus einem fahrenden Auto herauskommt. Schlagzeile: »Ohren auf beim Autokauf.« Gelungene Werbung für einen geräuscharmen Wagen.

Weitschweifigkeit ist häufiger Fehlleistung als Stilmittel. Sie wird dann oft mit »Stilmittel« entschuldigt (»Wir müssen das dem Verbraucher ganz genau sagen«).

»Der Redner behandelte sein Thema erschöpfend, zahlreiche Zuhörer schliefen ein.«

Nicht alles sagen!

Ein guter Texter widersteht – genau wie ein guter Redner – der Versuchung, alles über sein Thema sagen zu wollen. Komprimieren heißt auch Konzentrieren – auf wesentliche Inhalte. In der Werbung: auf *einen* wesentlichen Inhalt.

Wäre umfassender Inhalt werbewirksam, müßten die Parteien nur noch mit ihren Parteiprogrammen werben. Bekanntlich ist das das Letzte, was sie tun. Sie beschränken sich – und das haben sie nicht erst von den Werbeagenturen gelernt – auf wenige entscheidende Punkte. Waschmittel interessieren die Menschen weit weniger als Politik: Eine Werbekampagne ist dann wirksam – und das gilt nicht nur für Waschmittel –, wenn der Verbraucher ihren Inhalt in einem Satz wiedergeben kann. Gute Kampagnen zeichnen sich durch Konzentration auf einen Hauptgedanken aus, den es herauszustellen gilt. Nebengedanken mögen dann folgen – oder auch nicht. Hauptgedanke:

- die Geräuscharmut des Wagens – nicht auch seine Geräumigkeit und Geschwindigkeit,

- »the facts of drinking« – nicht auch der Geschmack und Lagerzeit des Produktes,

- die Appetitlichkeit des Kartoffelpuffers – nicht auch die schnelle Zubereitung und Beliebtheit bei der ganzen Familie.

Was bleibt oft als Quintessenz einer langen Sonntagspredigt?

Ein Bäuerlein kam von der Kirche heim und wurde von der Bäuerin, die inzwischen das Mittagessen bereitet hatte, gefragt: »Worüber hat denn der Herr Pastor gesprochen?« – »Über die Sünde.« – »Über die Sünde, über die Sünde – was hat er denn darüber gesagt?« – »Er war dagegen.«

Kein Verbraucher ist bereit, »Lernprozesse« durchzumachen. Obwohl viele Werber sich das wünschen. Das Wesentliche in knapper Form gesagt – das mag er lernen, wenn es interessant genug gesagt wird. Möglich, daß dann sogar etwas mehr hängenbleibt als bei unserem Bäuerlein, das aus der Kirche kam.

»Gerade, wenn wir ganz sichergehen wollen,
schaffen wir eine Welt voller Unsicherheit.«
Dag Hammarskjöld

Kann man wissen,
ob Werbung wirkt?

Als der Umsatz zurückging, meinte der Firmenchef zu seinem Werbeberater: »Daran ist nicht mein Produkt schuld, auch nicht meine Verkaufsorganisation, sondern nur Ihre Werbung.« Als der Umsatz stieg: »Das liegt nicht an Ihrer Werbung, sondern nur an meinem Produkt und meiner Verkaufsorganisation.«

Es gibt mehr als einen Grund, warum ein Unternehmen im Markt Erfolg hat – oder einen Flop produziert: Produktqualität, Preispolitik, Verpackung, Vertrieb, Handel, Konkurrenz, Verbrauchergewohnheiten – und vermutlich auch die Werbung. Es ist also all das, was im Kapitel »Die 100 Dinge, die man wissen muß, um über 10 etwas zu sagen« genannt wurde – in der Checkliste »Situationsanalyse«. Kurz: das Marketing-Mix.

Marketingziele und Werbeziele

Die Werbung ist heute kaum noch irgendwo alleinverantwortlich für den Umsatz – nicht einmal im Versandgeschäft. Auch Versandhaus-Kampagnen können durch mancherlei beeinflußt werden: Sonderangebots-Aktionen der Kaufhäuser, Witterungseinflüsse, Aktivitäten der Supermärkte, Aktivitäten – oder Passivitäten – der eigenen Sammelbesteller oder die der Konkurrenz und anderes mehr.

Doch schließlich – wenn auch nicht ausschließlich – muß Werbung dem Umsatz zugute kommen. Deshalb sagen manche Werbungtreibende, wenn man sie nach dem Werbeziel fragt, schlicht: »Umsatzsteigerung« oder weniger schlicht: »Umsatzsteigerung von wenigstens 15 % in diesem Jahr.« Marketing-Experten weisen zu Recht darauf hin, daß Umsatzsteigerung kein Werbeziel, sondern Marketingziel ist – ein Ziel also, das nicht von der Werbung allein, sondern nur vom Marketing-Mix erreicht werden kann.

Was aber ist ein Werbeziel? Zum Beispiel: daß innerhalb von zwölf Monaten 50 % aller Autofahrer in der Bundesrepublik wissen, die X-Schonbezüge aus Lammfell fusseln nicht, und es gibt sie passend für alle Automodelle. Oder: daß innerhalb von sechs Monaten alle Hausfrauen im Testgebiet Saarland wissen, das neue Feinwaschmittel Y macht die Wäsche weich und gibt ihr zarten Fliederduft. Oder: daß mit der neuen Frühjahrs-Werbekampagne 70 % aller Gartenbesitzer in Baden-Württemberg wissen, der neue Rosendünger Z läßt alle Rosensorten üppiger blühen.

Werbeziele sind nicht Umsatzziele, sondern Kommunikationsziele. Ob die

Werbung sie im Einzelfall erreicht hat, ist mit Werbeforschung feststellbar. Wenn das Kommunikationsziel erreicht wurde, kann unterstellt werden, daß auch das Umsatzziel davon profitierte. In welchem Maße, läßt sich durch keine Werbeforschung der Welt aus dem Marketing-Mix herausfiltern.

Hat die Kampagne Verkäufe bewirkt?

Kann man im Einzelfall herausfinden, ob Werbung kaufauslösend gewirkt hat? Kann man damit zu generalisierenden Erkenntnissen kommen? Beweis für die umsatzschaffende Kraft der Werbung ist ein Experiment, das nie durchgeführt wurde: In jeder werbeintensiven Branche erklärt sich ein Unternehmen bereit, für zwei Jahre auf jede Werbung zu verzichten, während die Konkurrenten wie bisher weiterwerben. Nach Ablauf der zwei Jahre sind die Umsatzeinbußen der nichtwerbenden Unternehmen genau festzustellen.

Festzustellen ist leider nichts – denn welches Unternehmen wäre schon bereit, dieses Experiment einzugehen? Es bedarf dieses Experimentes nicht, denn es wäre eins. Schon damit ist die Frage nach der Verkaufskraft von Werbung generalisierend beantwortet.

Es gibt aber ein Experiment, das schon viele Male *unfreiwillig* durchgeführt wurde. Man könnte es so beschreiben:

Ein Bauer hatte eine Kuh, die nicht mehr viel Milch gab. Der Bauer wollte die Kuh deshalb nicht gleich schlachten, aber ein bestimmtes, kostspieliges Kraftfutter einsparen. Die Kuh würde dann zwar noch weniger Milch geben, aber der Bauer wollte sich damit begnügen.

Im Marketing nennt man das »milking policy«. Das Produkt bleibt zwar noch im Markt, das Kraftfutter »Werbung« fehlt aber. Das Ergebnis ist fast immer eine weiter verringerte »Milchleistung« des Produktes, die bewußt in Kauf genommen wird, um die Werbung zu sparen.

Gibt es auch *freiwillige* Experimente, den Verkaufserfolg von Werbung nachzuweisen? In den USA hat man das Kabelfernsehen dafür genutzt. Für bestimmte Produkte wurde ausschließlich mit Fernsehspots geworben. Die Einkäufe der dem Test angeschlossenen Personen wurden kontrolliert. Man konnte feststellen, ob die beworbenen Produkte verstärkt gekauft wurden. Vielleicht eine Methode mit Zukunft. Es gibt eine mit Vergangenheit: den Schwerin-Test, so benannt nach dem amerikanischen Testinstitut, das ihn durchführte. Der Test fand in Kinotheatern statt und begann mit einer Verlosung. Die Testpersonen müssen angeben, welche Marke einer bestimmten Produktgruppe sie gern gewinnen möchten. Dann wird ein Unterhaltungsfilm vorgeführt, in den verschiedene Werbespots eingeblendet sind. Außerdem werden Anzeigen vorgelegt.

Danach wird wiederum abgefragt, welche Marken die Testperson gern gewinnen möchte. Die Veränderungen gegenüber der ersten Befragung werden

234

auf die Wirkung der Werbespots und Anzeigen zurückgeführt. Und Veränderungen gibt es, die Methode funktioniert. Aber sie ist umstritten. Es bleibt das Mißtrauen, ob das, was in einem Kinosaal bei einer Tasse Kaffee per Zettelankreuzen und Gratisgewinnen geschieht, das gleiche ist, was die Hausfrau mit dem SB-Korb in der Hand beim Einkauf entscheidet.

Es bleibt die Frage nach der Qualität und Menge der Werbung. Selbst wenn man davon ausgeht, eine stark kommunizierende Kampagne zu haben: Wie oft muß ich sie schalten, um den optimalen Verkaufserfolg zu haben? Ist mehr wirklich mehr? Weniger wirklich weniger? Der berühmte Ausspruch »Ich gebe die Hälfte meines Werbeetats umsonst aus, ich weiß nur nicht, welche Hälfte« ist vielen Werbungtreibenden so aus dem Herzen gesprochen, daß heute kein Mensch mehr weiß, von wem er wirklich stammt.

Aufwand und Erfolg

Für Erfolgsstrategen alter Schule war das alles offenbar wenig gravierend. C. Vanderbilt sagte: »Hast du einen Dollar in ein Unternehmen gesteckt, so halte sofort einen zweiten bereit, um dieses Unternehmen bekannt zu machen.« J. Beecham, ein bekannter englischer Abführpillen-Fabrikant, machte kurz vor seinem Tode (1907) folgende Rechnung über sein Geschäft auf: Jahresumsatz 150 000 Pfund, Zinsen usw. 25 000 Pfund, Propaganda 100 000 Pfund, Gewinn 25 000 Pfund.

Vielleicht brauchte Mr. Beecham tatsächlich einen Werbeetat von 75 %, um einen Gewinn von 17 % zu erwirtschaften. Wenn jemand sein Haus zum Verkauf anbietet, mit einer ganzseitigen Anzeige in einer überregionalen Tageszeitung, wird dieser Aufwand in keinem Verhältnis zu dem Nutzen stehen, den auch eine einspaltige 30-mm-Anzeige gebracht hätte. Schwieriger ist schon die Entscheidung, ob er lieber 50 statt 30 mm oder lieber zweimal statt einmal einschalten sollte. Bedeutet mehr Geld mehr Erfolg?

Historisches Beispiel: In den 60er Jahren wurde in den USA mit 53 Fernseh-Kampagnen eine Untersuchung durchgeführt. Es ging um die Frage: Welchen Einfluß hat eine Erhöhung oder Verringerung des Werbeetats auf den Verkaufserfolg? Für etwa ein Drittel der beteiligten Kampagnen wurde wesentlich mehr Geld ausgegeben als im Vorjahr, für ein Drittel etwa genau so viel, für ein Drittel wesentlich weniger. Die Skala reichte von zwei Drittel mehr bis zu drei Fünfteln weniger.

Die größte Überraschung ergab sich bei den 16 Kampagnen mit höherem Werbeeinsatz. Nur sechs davon hatten auch höhere Umsätze, sieben hatten sogar Umsatzrückgänge, drei blieben ohne wesentliche Veränderungen. So blieb denn die simple Erkenntnis: Mehr Geld bedeutet nicht zwangsläufig mehr Erfolg. Diese Erkenntnis ist eher beunruhigend als beruhigend. Sie fordert die kreative Unruhe heraus. Das Gewicht des Geldes wiegt nicht immer – wohl aber das Gewicht der Ideen.

In dem Untersuchungsbericht heißt es zusammenfassend:
»Erstens: Ein größerer Werbeaufwand allein erhöht nicht den Absatz.
Zweitens: Durch eine gut gestaltete Werbung werden fast immer Absatzsteigerungen erzielt.«

Was lohnt den Test?

Wenn dem so ist, gäbe es nichts Vernünftigeres, als Tests zum Zwecke der guten Werbe*gestaltung* einzusetzen – und zwar rechtzeitig. Es gibt Werbeagenturen, die in Zusammenarbeit mit Testinstituten sogenannte »kreative Schnelltests« durchführen. Schon während der Gestaltungsphase wird der Kommunikationswert von Werbung ermittelt. Als Testmaterial genügen Anzeigenlayouts oder Workshop-Spots. Innerhalb von zwei, drei Tagen hat der Gestalter das Ergebnis auf dem Tisch – und kann mit größerer Sicherheit weiterarbeiten. Die Tatsache, daß relativ »grobes« Testmaterial verwendet wird, ist dabei eher ein Vorteil als ein Nachteil. Es ist sichergestellt, daß deutliche Unterschiede getestet werden und keine Feinheiten aus Fein- oder Reinzeichnungen.

Nichts verführt mehr zu Testeritis als eine Reihe sich ähnelnder Reinzeichnungen. Weil man durch Tests alles herausbekommen kann, meint man manchmal, das alles müsse auch irgend eine praktische Bedeutung haben. Für den Fotografen oder Grafiker mag es ungemein wichtig sein, ob ein appetitliches Fertiggericht auf einem Teller mit Hutschenreuther- oder Rosenthal-Motiven liegt – oder ob im Hintergrund ein Glas Rotwein oder eine Kerze oder ein Rosenbukett steht – oder alles drei. Für den Verbraucher ist das auch wichtig – wenn man ihn danach fragt, wenn man also etwas tut, was von Fachleuten mit Recht als sinnlos bezeichnet wird: ihn zum Richter über Werbegestaltung zu machen. Er wird diese Rolle sehr souverän spielen. Er wird's den Werbefritzen schon sagen, wie man's machen muß. Man braucht ihn nur nach seiner Meinung zu fragen, er wird eine haben. Er wird genau wissen, warum ein Rotweinglas im Hintergrund besser ist als eine Kerze – oder umgekehrt. Er wird genau begründen können, warum ein »herzhaft-pikant« in der Schlagzeile besser ist als ein »deftig-kräftig« – oder umgekehrt. Man wird bei solchen Befragungen Unterschiede herausbekommen – Unterschiede, deren Bedeutung gleich Null ist, wenn so eine Anzeige erst einmal in einer Illustrierten erscheint.

Zwischen 200 anderen Anzeigen, zwischen Reportagen über die Fußball-Bundesliga, Mordprozesse, Krebsheilungen, Kanzler-Interviews ist es ohne Belang, ob da mal in einem Test ein Rotweinglas oder ein »deftig« als »Sieger« hervorging. Nur starke Signale zu testen lohnt die Testkosten. Zum Beispiel: Soll unter dem appetitlichen Fertiggericht stehen »Diese französische Spezialität bringen Sie in 7 Minuten auf den Tisch«, oder soll man das Gericht gar nicht zeigen, sondern jene Pariser Milieuszene mit der netten alten Dame, die im Einholnetz ihre Fertiggerichtpackung nach Hause trägt (»We

236

make it here, but it tastes like there«). Das sind Fragen, die für die Kommunikation entscheidend sind – vor allem dann, wenn zuvor das *Was* geklärt wurde: Was will der Verbraucher? Wie weit ist er an französischen Fertiggerichten interessiert? Das herauszubekommen sollte nicht allzu schwer sein, möchte man meinen. Man braucht ja nur zu fragen.

Die »Saturday Evening Post« fand durch Befragung heraus, daß 10 392 000 ihrer Leser wenigstens einmal im Jahr die Oper besuchen. Das jährliche Fassungsvermögen aller Opern im Lande beträgt nicht einmal ein Viertel dieser Zahl.

Eine Automobilfirma fand durch Befragung heraus, wie das ideale Automobil beschaffen sein müsse. Es wurde genau nach den Befragungsergebnissen gebaut – ein grandioser Mißerfolg.

Es gibt aber auch »einfachere« Fragen: »Was ist Ihnen bei einer Margarine wichtiger: der Gesundheitswert oder der Geschmack?« – »Natürlich der Gesundheitswert«, sagen die meisten Hausfrauen. So natürlich ist das gar nicht – aber verständlich: es wirkt vernünftiger und macht einen besseren Eindruck auf den Interviewer, sich zum Gesundheitswert zu bekennen.

Versierte Werbeforscher kennen die Problematik von Befragungen. Sie haben Methoden entwickelt, den wahren Motiven auf die Spur zu kommen. Man kann herausfinden, welche Produkteigenschaften für welche Verbrauchergruppen kaufentscheidend sind – ob es ein besonders schnelles oder ein besonders sicheres Auto ist, besonders bequeme oder besonders formschöne Polstermöbel, ein besonders vielseitiger oder ein besonders leicht zu bedienender PC.

Kaufentscheidende Produkteigenschaften als solche entscheiden aber zunächst überhaupt nichts. Man kann sie nicht einfach – nicht so einfach – in die Werbung übernehmen:

»X– das sichere Auto.«
»Y– der bequeme Sessel.«
»Z– der leicht zu bedienende PC.«

Das ist richtige, aber keine gute Werbung. Im Test wurde die Kommunikation erzwungen. Dem Befragten wurden Texte, Bilder, Werbemittel vorgelegt. Er wurde aufgefordert, sich dazu zu äußern. Dergleichen passiert in der rauhen Werbewirklichkeit nie. Da hat jedermann das Recht, nicht hinzuhören, nicht hinzusehen. Und von diesem Recht macht der Verbraucher Gebrauch – sehr ausgiebig.

Eine Anzeige zeigt eine Frau im Mieder. Schlagzeile: »Ihre Traumfigur – im X-Mieder.« In einem Test kann man über diese Anzeige natürlich alles mögliche herausbekommen. In einer Illustrierten würde sie kaum Beachtung finden.

Eine amerikanische Werbeagentur entwickelte für eine Miederfirma eine Werbekampagne. Darin werden Frauen gezeigt, die nur mit Mieder bekleidet durch die belebtesten Großstadtstraßen gehen. Schlagzeile:

»Ich träumte, ich ginge nur mit meinem X-Mieder bekleidet durch New York.« Die Kampagne wurde vor der Einschaltung getestet. Das Ergebnis: katastrophal. Die befragten Frauen waren schockiert, sie lehnten solche Werbung entschieden ab.

Damit hätte die Kampagne zu den Akten gelegt werden können. Sie wurde es aber nicht. Die Agentur meinte, das sei genau das Testergebnis, das sie angestrebt habe. Man entschloß sich, die Kampagne einzuschalten – eine der erfolgreichsten der Branche.

Entscheidungshilfe – nicht Entscheidung

Tests sind nicht Entscheidungen, sondern Entscheidungs*hilfen*. Wäre es anders, brauchten wir keine Unternehmer, kein Management. Einen Testauftrag erteilen und das Ergebnis ablesen kann jeder mittelmäßig begabte kaufmännische Azubi. Schlußfolgerungen daraus zu ziehen (auch ohne das Attribut »logisch«) ist eine andere Sache – nämlich eine unternehmerische, eine kreative Aufgabe, ein Abwägen zwischen Risiko und Verantwortung. Verantwortung heißt nicht: volle Deckung hinter Testergebnissen – Vernunft nicht: Ausschaltung jedes Risikos.

Vernünftigerweise hätte die Kampagne mit den miederbekleideten Frauen, die durch New York laufen, nie gebracht werden dürfen.

Vernünftigerweise hätte eine Schlagzeile nie heißen dürfen »Ihre Strategie ist falsch!« (Die erfolgreichste aller Schlagzeilen für Methoden der Unternehmensführung.)

Vernünftigerweise hätte man über ein Auto nie sagen dürfen, es sei »ugly«.

Vernünftigerweise hätte auch diese Anzeige nie erscheinen dürfen:

> Foto: Zwei elegante Damen in einem Alfa Romeo.
> Schlagzeile: »Ich pfeife auf Vatis Alfa Romeo, wenn er mir keine After Eight ins Handschuhfach legt.«
> Klein unten rechts: After-Eight-Packung.
> Kleine Abschlußzeile: »Hauchdünne Pfefferminzplättchen in Zartbitter-Schokolade.«

Mit Anzeigen wie dieser startete After Eight seinen Siegeszug in Deutschland, sie fanden auf Anhieb ungewöhnliche Beachtung, After Eight war teilweise ausverkauft. Obwohl bei dieser Anzeige alles falsch gemacht wurde. Und das läßt sich leicht nachweisen. Wie also mache ich alles falsch und habe Erfolg?

1. Das Bild ist völlig falsch. Die Damen fahren Auto, statt sich mit dem Produkt zu befassen.

2. Die Schlagzeile ist viel zu lang.
3. Was soll das mit dem Alfa Romeo? Will man mit der Anzeige Autos verkaufen?
4. Die Packung ist viel zu klein. Bei einem neuen Produkt muß dem Verbraucher die Packung groß vorgestellt werden.
5. Es wird nicht »neu« gesagt.
6. Der Produktnutzen steht kaum wahrnehmbar am Fuß der Anzeige. Der muß groß in die Schlagzeile und nicht dieser Alfa Romeo.
7. Die Zielgruppe ist völlig falsch. Da werden hochgestochene Damen gezeigt, während das Produkt für breiteste Verbraucherschichten gedacht ist.

Natürlich lassen sich – vor allem hinterher – gegen all diese Einwände Gegeneinwände bringen. Mit der gleichen »Logik«, wie man einen Mißerfolg voraussagen kann, kann man den Erfolg hernach erklären. Werbung hat aber wenig mit Logik, sondern viel mit Emotion, Assoziation, Imagination zu tun – lauter unkontrollierbares Zeug also. Und dafür soll der Werbungtreibende Millionen ausgeben?

Ein Geschäftsmann kann sein Geld zum Teil in Gebäuden, zum Teil in Maschinen, zum Teil in Rohstoffen, zum Teil in Werbung investieren. Absolute Sicherheit wird ihm bei keiner Investition garantiert – und absolute Logik führte selten zu großen geschäftlichen Erfolgen. Er kann die Konjunkturforschung heranziehen – und die Werbeforschung. Letztere hat mitgeholfen, das Wagnis Werbung sicherer zu machen. Sie kann aber nicht mehr Sicherheit geben, als jener Bauer hatte, der ein Huhn und einen Hahn kaufte. Die vermehrten sich fleißig. Doch eines Tages kam eine große Flut
... Enten hätte man kaufen sollen!

Es gibt zwei Gründe, neue Werbe-Ideen abzulehnen:
»Die Konkurrenz würde das nie so machen.«
»Die Konkurrenz macht das auch so.«

Ideen, um Ideen zu finden

A: Also – der Anteil an den mehrfach ungesättigten Fettsäuren wurde bei unserer Margarine auf 35 % erhöht. Wie kann man den Nutzen deutlich machen, den der Verbraucher davon hat?

B: ›Mehrfach ungesättigte Fettsäuren‹ versteht kein Mensch!

C: Die Amerikaner sagen ›polyunsaturated fats‹ – wir haben 'ne Abkürzung daraus gemacht: Pufas.

D: Wie die Dinger heißen, ist vielleicht nicht so wichtig. Aber was tun sie?

A: Sie sorgen für einen gesunden Fettstoffwechsel, sie senken den Cholesterinspiegel im Blut, der zu Ablagerungen in den Arterien führt.

E: Pufas reinigen also die Arterien.

B: Wie Straßenkehrer.

A: Wie kann man das anschaulich machen mit den Ablagerungen? Wo gibt es ähnliches im Bereich der Hausfrau, des Haushaltes?

E: Ich denk' da an Kesselstein in Wasserkesseln.

C: ›Kein Kesselstein in Ihren Blutgefäßen!‹

D: Mal aus dem Bereich der Natur: ein Korallenriff. Das bildet sich durch milliardenfachen Tod kleiner Meerestierchen. Eine Verkalkung.

B: Ja, so wie die Verkalkung in den Blutgefäßen durch zu viele gesättigte Fettsäuren, also zu viele tote Fette.

A: Gibt es Vergleiche aus dem Bereich der Technik?

C: Diese Verkalkungen in den Arterien – das ist doch wie 'ne Fahrbahnverengung bei einer Baustelle.

E: Wenn man's positiv sieht: ein Schild ›Freie Fahrt!‹

D: ›Freie Fahrt für Ihren Blutkreislauf!‹

B: ›Grüne Welle für rotes Blut!‹

E: Weil wir gerade beim Auto sind: Da gibt's doch den Ölwechsel.

B: ›Sie machen Ölwechsel bei Ihrem Auto, machen Sie auch mal Ölwechsel für Ihren Körper!‹

A: Richtig, mit den cholesterinfreien Pflanzenölen, aus denen unsere Margarine besteht.

C: Die setzen sich nicht ab, bilden keinen Rost.

D: ›Wer das Fett im Körper rasten läßt, der rostet.‹

C: ›Rastende Fette – rostende Gesundheit!‹

A: Sieht man das auch äußerlich?

B: Ja, vor allem bei den Frauen, an den Hüften.

E: Hüftspeck.

D: Von den Pufas kann man sagen: Fett, das sich nicht als Hüftspeck niederläßt.

A: Aber kommen wir nochmal aufs Innerliche. Man müßte da mal reinschauen können in so eine Arterie.

C: Ein Fremdenführer müßte da eine Gruppe drin rumführen.

E: ›Und hier, meine Herrschaften, sehen Sie das Cholesterin-Gebirge!‹

D: Und dann kommt ein Schild: ›Achtung, Steinschlag!‹

A: Haha, das wär' vielleicht ein Zeichentrickfilm.

B: Die gesättigten Fette mit ihren Cholesterinen sind doch im Grunde Schmarotzer.

C: Gammler.

D: Penner.

B: ›Haben Sie Gammler im Blut?‹

E: ›Haben Sie Penner im Kreislauf?‹

D: Die Pufas fahren mit dem Wasserschlauch dazwischen.

B: Pufas sind wie eine Aderndusche.

A: Ja, wenn man die richtigen Fette ißt, verhindert man Ablagerungen, die Adern bleiben geschmeidig.

C: Geschmeidig – wie nach einer Massage.

E: ›Massieren Sie Ihren Kreislauf!‹

D: ›Pufas – das Massageöl für den gesunden Kreislauf!‹

B: Man sagt doch, wenn man ein Löwenherz ißt, bekommt man den Mut eines Löwen. Man könnte also auch sagen: Wenn man schlanke Fette ißt, bekommt man einen schlanken Körper.

D: Bleib-jung-Fette.

A: Wir haben jetzt allerhand Veranschaulichungen, wie die Pufas wirken. Gibt es auch eine Möglichkeit zu beweisen, daß sie drin sind in unserer Margarine? Ein Anhaltspunkt: je mehr Pufas, desto geschmeidiger ist eine Margarine.

C: Läßt sich besser streichen.

A: Ja, sie ist eine Soft-Margarine.

B: Besser streichen – bringen wir ein Streichkonzert! Im Rhythmus der Musik wild Brot gestrichen.

E: Ganz dünnes Brot, das bei der Streicherei nicht bricht.

D: Es gibt da ganz dünne Oblaten. Nennt sich ›das dünnste Brot der Welt‹.

B: Oder man holt mit einem Kartoffelchip einen Klacks Margarine aus dem Becher heraus – und siehe da: Der Chip zerbricht nicht.

C: Wie ist das, wenn die aus dem Kühlschrank kommt, da ist sie ja nicht fester geworden, sondern blieb geschmeidig.

B: Vielleicht kann man zu einem Test auffordern: Tun Sie sie eine Woche

244

lang ins Tiefkühlfach – und wenn Sie sie dann rausholen, ist sie so geschmeidig wie zuvor – wegen der gesunden Pufas.

E: Oder man läßt sie einfrieren – in einem See – und pickelt sie dann raus.

C: Man kann den Becher auch in einen Eisblock einfrieren – so wie die Brauereien sie früher hatten.

D: Wie wär' denn dieser Test: Während der kältesten Nacht des Jahres, vom 12. auf den 13. Januar, stand sie bei minus 23 Grad draußen auf dem Fenstersims.

A: Das sind gute Demonstrationen. Aber nochmal zurück zu dem, was die Pufas tun. Ich meine nicht in den Arterien, sondern mehr das Sich-fit-Fühlen. Kann man das irgendwie veranschaulichen?

C: Die richtigen Fette, also die schlanken Fette zu essen, das wirkt wie 'ne Fastenkur.

E: ›Fasten your Seatbelt!‹

B: Pufas sind sportliche Fette.

C: Man bekommt die Figur eines Sportlers.

B: Vielleicht ißt Franz Beckenbauer unsere Margarine.

E: Wir könnten ja bekannte Sportler interviewen, die sie essen.

D: Oder unbekannte, Trimm-Dich-Leute.

C: Was nützt der schönste Waldlauf, wenn man hinterher die falschen Fette ißt!

A: Aber die richtigen Fette allein tun's wohl auch nicht.

C: Klar – man muß beides tun. Die richtigen Fette *und* Waldlauf.

B: Und schwimmen.

D: Und radfahren.

C: Und Morgengymnastik.

A: Da kann man 'ne ganze Kampagne drauf aufbauen.

Soweit das – gekürzte – Protokoll eines Brainstormings, das in einer führenden deutschen Werbeagentur (Lintas) für die Entwicklung einer bekannten Margarine-Kampagne (Flora) durchgeführt wurde.

Werbekampagnen durch Brainstorming

Es war ein Werbefachmann, Alex Osborn, der in den dreißiger Jahren das Brainstorming erfand. Um so erstaunlicher, daß Brainstorming zwar für die Entwicklung von Raumfahrtanzügen, Dosenöffnern und Kinderspielzeugen angewandt wird, doch noch allzu wenig für die Entwicklung von Werbekampagnen – jedenfalls in Deutschland. Osborns Brainstorming wurde inzwischen weiterentwickelt. Von Synectics, Bionics bis zur morphologischen Synthese gibt es hervorragende Methoden und hervorragende Literatur darüber. Worin sich alle Methoden gleichen, ist dieses:

1. Zu einem vorgegebenen Thema werden von einer Gruppe in freier Phantasie Ideen entwickelt – ohne negative Kritik, ohne Rivalität.
2. Die Ideen werden ergänzt und abgewandelt, es werden neue Ideen daraus entwickelt (Kettenreaktion).
3. Die Ideenfindung geschieht durch assoziatives Denken – auch in scheinbar artfremden Bereichen.

Mitunter wird gesagt: »Wir können uns Brainstormings nicht oft leisten, das blockiert uns zu viele Mitarbeiter.« Tatsächlich werden aber weniger Mitarbeiter als Ideen blockiert. Zumindest lohnt es sich, die Brainstorming-Techniken den einzelnen Mitarbeitern bewußt zu machen – denn: Brainstorming ist auch solo anwendbar. Nichts anderes als Solo-Brainstorming war es, was Gillette die Rasierklinge erfinden ließ, Biro den Kugelschreiber, Goodyear die Vulkanisation und Zuse den Computer.

Es gibt zahlreiche Beispiele eindrucksvoller Einzel- und Gruppenleistungen des Brainstormings. Auch Werbeagenturen erwarben sich dabei Verdienste. Einige Werbeagenturen offerieren diesen Service als »Produktideen-Entwicklung«. Schon für manchen Agenturkunden lohnte es sich, das kreative Potential seiner Agentur mit diesem Service zu nutzen. Auf diese Weise entstanden neue Eiskremprodukte, neue Verpackungsformen, neue Markennamen – durch Brainstorming. Nur selten hört man etwas vom Brainstorming bei der Uraufgabe jeder Agentur: der Entwicklung neuer Werbekampagnen. Wenn Brainstorming beim Service »Produktideen-Entwicklung« eingesetzt wird, warum nicht erst recht beim Service »Kampagnenideen-Entwicklung«?

Das anfangs zitierte Protokoll beweist, wie erfolgreich das sein kann. Innerhalb von zwei Stunden entstand eine Werbekampagne, die schon seit vielen Jahren läuft. Dabei wurde weder gemalt, noch geschrieben, sondern nur gedacht. Die Kampagne stand, bevor auch nur ein einziges Layout an der Wand hing. Das kam später – und war fast nur noch Routine.

70 % aller Werbekampagnen – wenn nicht mehr – entstehen heute wie vor 50 Jahren: Der Grafiker malt, der Texter textet – und sei es mit Hilfe des PC. Sie betrachten das als ihre Hauptaufgabe. Mit Recht, denn dafür sind sie ja »erzogen« worden – in Kunstschulen, in Werbefachschulen und nicht zuletzt in den Werbeagenturen selbst. Wird zuviel gemalt, zuviel getextet? Das stellt sich in den Entscheidungsmeetings schnell heraus. »Judgement« nennt man solche Meetings. Sie ähneln manchmal eher Standgerichten. Die schönsten mehrfarbigen Layouts, in die der Grafiker viele Stunden Mühe und Arbeit investierte, sind da in weniger als fünf Sekunden »abgeschossen«, die ausgeklügeltsten Schlagzeilen, über die der Texter tagelang nachdachte, in weniger als einer Zigarettenlänge ausdiskutiert. Schuld der Grafiker, der Texter? Keineswegs. Im Gegenteil: Es verdient höchste Bewunderung, mit welcher Ge-

lassenheit sie solches Judgement immer wieder hinnehmen, mit wieviel Liebe und Elan sie immer wieder an die Arbeit gehen – statt vors Arbeitsgericht, wie jeder Schlossergeselle das täte, dessen Arbeit – gute Arbeit – fortwährend für nicht verwendbar erklärt wird.

Nicht einmal den Entscheidungsbevollmächtigten ist hier ein Vorwurf zu machen. Das Ganze ist branchenüblich – »systemimmanent«, wie Ideologen sagen würden.

Die Systemveränderungen werden kommen – ganz von selbst. Die Werbeagenturen werden es sich einfach nicht mehr leisten können und leisten wollen, daß die Kosten einer Kampagnen-Entwicklung etwa dem Wert eines Einfamilienhauses entsprechen.

Wie arbeitet der Werbegestalter im Jahre 2000 – oder etwas später? Eine nicht sehr gewagte Prognose sei hier gewagt:

Wie arbeitet der Werbegestalter im Jahr 2000?

Der Grafiker des 21. Jahrhunderts sitzt nicht mehr am Zeichentisch, sondern am Schreibtisch. Und da steht ein Computer darauf. Zeichenblock und Buntstifte braucht er nicht – er betreibt Grafik lediglich als entspannende Feierabendbeschäftigung. Auf seinem Schreibtisch liegt außerdem ein Terminkalender. Darin sind die Termine für die Brainstormings der laufenden Woche eingetragen. Und dann liegt da ein großer Stapel Fachliteratur – diesmal über Schwimmhallen-Entfeuchtung. Das nächste Brainstorming dient nämlich der Entwicklung einer Werbekampagne für die zwei Millionen Privatschwimmhallen-Besitzer in Deutschland. Vor ihm liegt ein Notizblock. Auf dem sind schon einige Stichworte für das Brainstorming notiert. Unser Grafiker arbeitet nicht in einem bestimmten Team. Die Teams werden immer wieder neu zusammengestellt. Auch Nicht-Agenturleute nehmen daran teil. Bei dem Luftentfeuchter-Brainstorming zum Beispiel zwei Schwimmbad-Besitzer. Unser Grafiker malt nicht. Er hat keine Kunstschule besucht. Er ist Absolvent einer Kreativitätsschule. Natürlich werden die Ideen, die im Brainstorming anfallen, zu Papier gebracht oder in einen Computer eingegeben. Aber nicht vom Grafiker, sondern von der Protokollführerin. Unser Grafiker arbeitet ohne Frustration. Kein Brainstorming-Vorschlag wird kritisiert oder gar »abgeschossen«. Das widerspräche dem mehr als 80 Jahre alten Gesetz des Brainstormings. Man würde die Kreativität des Grafikers – die hoch dotiert ist – nur unnütz drosseln.

Das Brainstorming-Protokoll wird später von einem Entscheidungsgremium ausgewertet. Die ausgewerteten Vorschläge gehen in Form von Protokoll-Auszügen an das Art-Studio der Agentur. Unser Grafiker hat mit diesen Ausführungsarbeiten nichts zu tun, das macht das Art-Studio. Er selbst sitzt bereits im nächsten Brainstorming. Diesmal geht es um ein neues, umweltfreundliches Waschmittel. Selbstverständlich nehmen auch Hausfrauen daran teil.

Natürlich gibt es auch künftig »richtige« Grafiker. Doch die sitzen nicht in den Gestaltungsgruppen (denn dort wird gestaltet und keine Layouts gemalt), sondern im Art-Studio der Agentur. Es sind hervorragende Spezialisten. Sie wissen sofort, welches Bildmaterial für die Darstellung einer bestimmten Idee notwendig ist. Sie arbeiten mit Bild-Verlagen zusammen. Die Bild-Verlage liefern Fotos und Grafik aus aller Welt, aus allen Zeitungen und Zeitschriften. Durch Computer-Einfütterungen werden die Bilder nach den Vorgaben des Art-Spezialisten abgerufen und ihm – in der gewünschten Größe fotokopiert, auch farbig – zur Verfügung gestellt. Aus diesem Bildmaterial fertigt er dann die präsentationsreifen Layouts.

Warum arbeitet man nicht schon heute so?

Welcher Agentur-Boss nimmt seinen Grafikern schon die Buntstifte weg und setzt sie in Brainstormings? Warum beraubt man Grafiker ihres Denkvermögens, indem man sie Layouts malen läßt? Was kann denn schon ein Grafiker denken, solange er malt: »Ob ich lieber das dunkle oder das hellere Grün nehme? Die Schlagzeile könnte ich eigentlich über das Bild setzen, statt darunter. Ob die Packung noch ein wenig mehr im Vordergrund stehen sollte? Ob ich den Slogan der Packung zuordne oder vielleicht lieber als Abschlußzeile bringe? Das Bild muß ich wohl doch ein bißchen kleiner halten, sonst ist der Raum für den Text zu klein.«

Das ist dekoratives Denken, kein kreatives Denken.

Warum protestieren die Kreativen nicht dagegen? Warum lassen sie es sich gefallen, zu 70 % Dekorateur zu sein? Warum weigern sie sich nicht, zum Beispiel »Stände« für die Reinzeichnung machen zu müssen, wie das in manchen Agenturen von ihnen verlangt wird? Und warum gehen die Reinzeichnungsgrafiker nicht dagegen auf die Barrikaden? Sind sie nicht selbst geschulte Leute, die wissen, wo man ein Bild am besten beschneidet, wie groß eine Schlagzeile abgesetzt sein muß, wie Bild und Text am besten zueinander stehen? Es gibt Kreative, die behaupten, das könne man den Reinzeichnern nicht überlassen, man hätte »die schlimmsten Erfahrungen« damit gemacht. Recht haben sie. Wenn ich jemanden, obwohl er einen Führerschein hat, nie ans Lenkrad lasse, wird er das Fahren schnell verlernt haben.

Die Ideen-Bremse lösen!

Manche Agenturen fahren mit angezogener Ideen-Bremse. Zum Beispiel, indem sie ihren Kundenberatern einbläuen, ja nicht zu gestalten. Mancher Kundenberater kann sich's dennoch nicht verkneifen, gelegentlich mit einem Gestaltungsvorschlag herauszurücken. Er beginnt dann immer mit dem Satz: »Ich will jetzt nicht gestalten ...«. Das ist schon recht sonderbar. Ein Gestalter sagt zum Agenturkunden ja auch nicht: »Ich will jetzt nicht beraten ...«

Wie kann man die Ideen-Bremse lösen? In Werbekonferenzen nie, bei Brainstormings immer. In den meisten Werbeagenturen werden aber weit

248

mehr Werbekonferenzen abgehalten als Brainstormings. Werbekonferenzen befassen sich mit dem, was an der Wand hängt, nicht mit dem, was vielleicht noch in dem einen oder anderen Gehirn schwelt. Und da wird selten ein Feuer daraus. Erstens, weil »das hier die drei Richtungen sind, für die wir uns entschieden haben« (bloß keine Unruhe da reinbringen!), und zweitens, weil der Chef dabei ist (wenn der meinen Vorschlag hier vor versammelter Mannschaft abschießt ...).

Brainstormings sind das genaue Gegenteil von Werbekonferenzen. Da geht es nicht um Vorhandenes, sondern um noch nie Dagewesenes. Da werden absurde Vorschläge nicht abgeschossen, sondern herausgefordert. »Wenn ich einen Volkswagen sehe, muß ich an die Mondfähre denken!« Gibt es etwas Absurderes? Es wurde die Anzeige des Jahrhunderts daraus!

»Wir entwickeln nicht ständig große Kampagnen, meistens sind es Einzelaktionen, mit denen wir uns zu befassen haben, da lohnen Brainstormings nicht.« Ist dieser Einwand berechtigt?

Charles H. Clark berichtet in seinem Buch »Brainstorming«, wie die Fluggesellschaft TWA ihren Flugplan-Prospekt neu auflegte. In einem zweistündigen Brainstorming mit 14 Teilnehmern wurden 152 Verbesserungsvorschläge entwickelt, von denen 62 in die engere Wahl kamen. Aus dem Prospekt wurde ein schlagkräftiges Verkaufsinstrument. Die zwei Stunden Brainstorming hatten sich mehr als gelohnt.

Man braucht zu einem Brainstorming nicht unbedingt 14 Leute. Auch nicht unbedingt zehn, fünf oder drei. Brainstorming ist eine Denkmethode, die jeder für sich anwenden kann – als Single-Storming. Dazu ein Beispiel:

Ein Texter suchte eine Schlagzeile für eine Zahncreme. Ohne Brainstorming hätte er geschrieben: »Wenn Sie Ihren Kindern gesunde Zähne wünschen – X-Zahncreme.« Mit Brainstorming wurde daraus: »If both parents brush with Crest, will the baby have strong teeth?«

Brainstorming heißt assoziativ denken. Also: ein altes Problem unter einem neuen Blickwinkel sehen. Zum Beispiel das alte Problem des Zähneputzens unter dem neuen Blickwinkel der Vererbungslehre. Kritisch gesehen hätte der Texter diesen Gedanken sofort wieder verwerfen müssen. »Wenn gesunde Zähne erblich sind, ist Zahncreme nicht mehr wichtig, da steckt werblich nichts drin«, wäre der Einwand in jeder Werbekonferenz gewesen. Nicht im Brainstorming. Dort ist negative Kritik unzulässig. Auch negative Selbstkritik im Single-Storming ist unzulässig. Gedanken nicht verwerfen, sondern aufbauen, abwandeln. Hätte unser Texter nicht nach diesem Brainstorming-Prinzip verfahren, wäre nie die verblüffende Wendung »If both parents brush with Crest ...« entstanden.

Einfälle müssen nicht Zufälle sein. Ob man's nun »Brainstorming«, »Synectics« oder wie auch immer nennt: assoziatives Denken läßt sich mit System betreiben. Auf die Werbung angewandt, heißt das: Wie mache ich mein Thema kommunizierbar? In welchen Lebensbereichen finde ich Analogien, Veranschaulichungen?

Ich kann mir eine Liste der verschiedenen Lebensbereiche anfertigen und sie systematisch durchgehen: Kann meine Idee vielleicht im Bereich der Vererbungslehre liegen (Crest)? Oder im Bereich der Raumfahrttechnik (Mondfähre – VW)? Oder im Bereich der Botanik (Margeritenfeld – HÖRZU)? Oder im Bereich der Anatomie (»Als wär's ein Stück von Dir« – Huit)?

Wer nur kontemplativ denkt, hört auf zu denken, sobald er »Sitzt wie angegossen« gefunden hat. Wer assoziativ denkt, geht ein Stückchen weiter – die letzten hundert Meter bis zum Gipfel, die bekanntlich die schwersten (aber auch die schönsten!) sind.

Die letzten hundert Meter entscheiden

Ausgangspunkt	Mittellage	Die letzten hundert Meter
»Der ideale BH.«	»Sitzt wie angegossen.«	»Als wär's ein Stück von dir.« (Huit)
»Die Zahncreme für die ganze Familie.«	»Vorbeugen ist besser als heilen.«	(Junges Ehepaar, sie schwanger) »If both parents brush with Crest, will the baby have strong teeth?«
»Zuverlässig und zweckmäßig – VW.«	»Er läßt Sie nicht im Stich.«	(Mondfähre) »It's ugly, but it gets you there.« (VW)
»13 Millionen Leser mit jeder Ausgabe.«	»13 Millionen Leser warten auf Ihre Anzeige.«	(Margeritenfeld) »13 Millionen Leser – das muß man sich mal vorstellen. Drum pflücken, wo die Blumen blühen.« (HÖRZU)
»Rank und schlank in den Sommer!«	»Damit Sie wieder Freude an Ihrem Bikini haben.«	(Mädchen im Häkelbikini) »Das ist es, was Ihre Konkurrenz diesen Sommer tragen wird ...« (Shape-Schlankheitsmittel)

Ausgangspunkt	Mittellage	Die letzten hundert Meter
»Pfandbriefe – die sichere Geldanlage.«	»Pfandbriefe – damit Sie ruhig schlafen können.«	(Hamlet Darsteller) »Dramen erlebe ich genug auf der Bühne. Ich lege mein Geld in Pfandbriefen an.«
»Mehr EDV-Kenntnisse für Wirtschaftsprüfer!«	»Achtung, Wirtschaftsprüfer! Sie brauchen EDV-Knowhow!«	»Die EDV ungeprüft? Na, dann Adieu, Herr Wirtschaftsprüfer!«
»Gasheizung – schnell und bequem.«	»Mühelos mollige Wärme – mit Gasheizung«	(Schwarzer mit strahlendem Gesicht) »Und dann sagt meine Wirtin immer: Sonny, dreh am Heizungsknöpfchen, dann fühlst du dich gleich wie bei Muttern.«
»Bier – der ideale Durstlöscher.«	»Ein kühles Blondes nach einem heißen Tag.«	(Darstellung eines Glases Bier als Fata Morgana in der Wüste.)
»Der perfekt arbeitende Kopierer.«	»Mit dem zu arbeiten macht Freude.«	»Ich freu' mich auf's Büro« (Rank Xerox)
»Damit's im Badezimmer immer frisch riecht.«	»Wenn's so frisch duftet, fühlt man sich wohl im Bad.«	(Cartoon: Reh schaut durchs offene Badezimmerfenster) »Ich denk' ich bin im Wald.« (Vim)
»Wolle, die nicht einläuft.«	»Waschen Sie ihn ohne Bedenken.«	(Junges Mädchen streift sich den Pullover über und zieht dort, wo er endet, mit Lippenstift eine Linie auf die Haut. Nach dem Waschen geht der Pullover wieder genau bis an die Linie.)
»After Eight – die erlesene Erfrischung.«	»After Eight im Handschuhfach beweisen Niveau.«	(Zwei elegante junge Damen im Auto) Ich pfeife auf Vatis Alfa, wenn er mir keine After Eight ins Handschuhfach legt.«

251

Ausgangspunkt	Mittellage	Die letzten hundert Meter
»Lassen Sie sich verjüngen!«	»Wir machen mehr aus Ihrem Typ.«	»Bis 30 war ich eine graue Maus.«
»VW – der Bergfreudige.«	»Er bewältigt jeden Paß.«	(VW auf schlechter, steiler Gebirgsstraße) »Gemse.«
»Der brillante Farbfilm.«	»Zeigt die Farben, wie sie sind«	»Damit verwaschenes Jeansblau auch verwaschen blau aufs Bild kommt.« (Kodak)
»Die köstliche Erfrischung zu Hause.« (Eiscreme im Hausbecher)	»Der krönende Abschluß jeder Mahlzeit.«	»Damit Vati auch gern mal was auslöffelt.« (Langnese)
»Der unverwüstliche Koffer.«	(Koffer wird auf Gepäckwagen geworfen) »Der verträgt's.«	(Koffer wird aus 1500 Fuß Höhe aus dem Hubschrauber abgeworfen und kommt unbeschädigt unten an.) (American Tourister)
»Der neueste Mercedes – preiswert zu mieten bei Sixt.«	»Wollen Sie den neuesten Mercedes fahren? Preiswert bei Sixt.«	»Kunden mit wenig Geld schickt Sixt wieder weg. Im neuesten Mercedes.«
»Grüne Klöße – mühelos zubereitet.«	»So einfach ist es jetzt, leckere grüne Klöße zu machen ...«	»Omas grüne Klöße ohne Omas Anstrengung«

Das Mario-Erlebnis

Mario, ein dreizehnjähriger venezianischer Junge, verdient sich während der Sommerferien ein hübsches Taschengeld, indem er Touristen seine Dienste als Schuhputzer anbietet. Mario ist kein gewöhnlicher Schuhputzer, er ist ein kleiner Meister seines Fachs. Wenn man glaubt, er wäre mit dem Putzen fertig, und die Schuhe wären wirklich schön sauber, legt Mario nochmal richtig los. Er haucht auf die Schuhe, nimmt einen extra weichen Wollappen und poliert sie auf Hochglanz. Hochglanz spiegelt sich auch auf seinem Gesicht, wenn er sein Werk – und seine Kunden – triumphierend ansieht, als wollte er sagen: Na, ist es nicht eine Freude, das zu sehen? Wirklich, besser kann man Schuhe nicht putzen! Wer wäre da nicht bereit, Mario noch ein paar Lire extra zu geben?

Vielen Gestaltern fehlen solche Mario-Erlebnisse. Sie lassen's mit einem »Zeigt die Farben, wie sie sind« bewenden, statt nochmal zum Wollappen zu greifen und aus einem matten einen glänzenden Gedanken zu machen: »Damit verwaschenes Jeansblau auch verwaschen blau auf's Bild kommt.«

Der kleine Mario brachte die Schuhe nicht deshalb auf Hochglanz, weil seine Kunden es partout so verlangten, sondern weil er anders keine Freude an seiner Arbeit gehabt hätte. Warum haben viele Gestalter weniger Freude an ihrer Arbeit als ein Schuhputzer? Wieviel Freude kann man schon über ein »bergfreudig« empfinden? Welche Freude hingegen für den Gestalter, als er auf die Idee »Gemse« kam!

«Wenn ein Gestalter nicht sicher ist, ob seine Anzeige, sein Fernsehspot, sein Funkspot oder sein Plakat wirklich gut ist – es gibt eine ganz einfache Testfrage, das herauszubekommen. Sie heißt: Freust du dich so über deine Idee, daß du sie am liebsten gleich deinen Kollegen, deinem Chef, deiner Frau, deiner Familie zeigen möchtest? Wenn das der Fall ist, kannst du sicher sein, eine gute Arbeit geleistet zu haben – selbst wenn sie nicht mit allem übereinstimmt, was in diesem Buch über gute Gestaltung gesagt wurde, selbst wenn nicht alle, die später über deinen Vorschlag zu befinden haben, ihn akzeptieren.

Oft hört man den Einwand: »Mit guten Ideen kommt man ja doch nicht durch.« Was aber ist besser für einen Gestalter: mit einer guten Idee nicht durchzukommen – oder mit einer mittelmäßigen durchzukommen? Gestalter sollten etwas mehr Egoismus, etwas mehr Machtbewußtsein entwickeln. Egoismus, indem sie vor allem zur eigenen Freude arbeiten. Machtbewußtsein, indem sie wissen: Das, was ich nicht mache, kann kein Kontakter der Welt verkaufen. Der Einwand, gute Sachen kämen nicht durch, ist oft auch Schutzbehauptung. Es gibt keinen Gestalter, der ständig gute Sachen macht, die ständig nicht durchkommen. Er wird nicht immer durchkommen – aber oft genug mit dem, was gut ist.

Der größte Feind des Guten ist in der deutschen Werbung nicht das Schlechte, sondern das Mittelmäßige. Es gab noch nie so wenig schlechte Werbung wie heute. Aber auch noch nie so viel mittelmäßige. Da aber das Mittelmäßige für den Verbraucher genau so wenig Attraktivität hat wie das Schlechte (und manchmal noch weniger), bewirkt es auch nicht mehr.

Was schlechte Werbung ist, erkennt man schnell. Mittelmäßige Werbung nimmt sich oft ganz gut aus. Ein »Emmentaler, der Käse mit den Löchern« wirkt solange gut, bis jemand kommt und sagt »Emmentaler – die Löcher mit Käse drumrum«. Mal andersherum denken, das Thema mal auf den Kopf stellen: mit dem Steigeisen »Brainstorming« schafft man die letzten hundert Meter bis zum Gipfel.

»Gipfel« und »Spitzenleistung« sind in der Werbung relative Begriffe. Selbst für den erfahrensten Werbegestalter gibt es kein »Es ist erreicht!«. Darin gleicht der Werbegestalter nun wirklich mal dem Künstler. In der Kunst – auch in der Kunst der Werbung – gibt es keine »gelösten« Aufgaben«, kein »nur so und nicht anders«, sondern immer neue Möglichkeiten, immer weitere Vervollkommnung.

Der berühmte spanische Cellist Pablo Casals wurde einmal gefragt, warum er denn als Achtzigjähriger immer noch täglich fünf Stunden übe. »Weil ich das Gefühl habe, ich mache Fortschritte«, erwiderte Casals.

Wie lange macht ein Werbegestalter Fortschritte?

Schaut man sich die Stellenanzeigen mancher Werbeagenturen an, endet Kreativität durchschnittlich mit 27 Jahren. Der »junge dynamische Kreative« ist aber eine Fiktion aus einer Zeit, als man noch glaubte, Kreativität sei lediglich eine Sache von Spontaneität.

Es gibt eine moderne und eine altmodische Form von Kreativität. Die altmodische setzt auf den zündenden Einfall, der sich durch gedankliches Hin- und Herspringen, durch wahlloses Herumstochern in einem Thema schon irgendwie, ganz spontan, finden wird. Die moderne Form der Kreativität arbeitet mit System. Man wendet die Methoden des Brainstormings und der Synektik an. Man klopft die verschiedensten Lebensbereiche systematisch nach Analogien und Veranschaulichungen ab. Dabei zeigt sich: je größer die Lebenserfahrung, desto größer der Einblick in die verschiedenen Lebensbereiche. Für einen Mann, der Frau und Kinder hat, der einen Hausstand gegründet, ein Haus gebaut, einen Garten gepflanzt, eine Lebensversicherung abgeschlossen und eine Krankheit überstanden hat, der sich mit Schul- und Erziehungsfragen zu befassen hat, der weiß, wie man ein Zimmer tapeziert und einen Wasserhahn repariert – für einen solchen Mann ist der Lebensbereich »Haus und Familie« um vieles inhaltsreicher als für einen Jungkreativen, der gerade von der Werbefachschule kommt. Der ältere Kreative ist daher in der modernen, systematischen Form der Ideenfindung oft erfolgreicher.

Teamwork

Es gab eine Zeit, da wurde Teamwork in der Werbung zur Ideologie erhoben. Man unterschätzte die Einzelleistung und überschätzte das Kollektiv. Man glaubte, wenn mehrere Leute an der gleichen Aufgabe säßen – zum Beispiel eine Werbekampagne zu entwickeln – müßten zwangsläufig bessere Ergebnisse herauskommen. Teamwork kommt aus der Technik, aus der Wissenschaft und ist gestalterischer Leistung im Grunde genommen fremd. Wieviele Leute komponierten an Beethovens Fünfter? Wieviele schrieben an Goethes »Faust«? Wieviele malten an Rembrandts »Nachtwache«?

Kreativität in der Werbung ist letztlich Einzelleistung. Aber es können mehrere gute Einzelleistungen zu einer guten Gesamtleistung kombiniert werden. Das ist der Sinn des Teamworks, wie es in Technik und Wissenschaft verstanden wird. Dort ist Teamwork Arbeitsteilung, Mannschaftsleistung. In einer Mannschaft gibt es nicht mehrere Rechtsaußen und mehrere linke Verteidiger, sondern jeder übernimmt seine Aufgabe. Das Kombinationsspiel – das Zusammenführen mehrerer Einzelleistungen – bringt den Mannschaftserfolg. In der Werbung wurde und wird Teamwork nicht immer so verstanden. Oft war das Team nur Unterschlupf, um schwache Ein-

254

zelleistungen in der Nestwärme des Teams zu kaschieren. Mitunter entarteten Teams zu Verschwörungen. Teamgeist hieß dann, »wie ein Mann« die Teamvorschläge gegenüber dem Entscheidungsgremium zu vertreten, und weh dem, der da vielleicht mit Selbstkritik das eigene Nest beschmutzte.

Diese Dinge sind noch nicht restlos überwunden. In der modernen Form des Teamworks, dem Brainstorming, sind sie unmöglich. Schwafler, Diskutierer und Teamgeistbeschwörer haben da keine Chance. Die kreative Einzelleistung tritt unmittelbar zutage. Ein Gedanke, von einem Mannschaftsmitglied vorgelegt, wird von einem Mitspieler aufgenommen, variiert, weitergegeben, in einen neuen Gedanken verwandelt, ein anderer bringt einen anderen Gedanken ins Spiel, der wiederum abgewandelt wird ...

Brainstorming ist eine kumulative Disziplin. Man kann sie nicht nur in der Gruppe, sondern auch als einzelner betreiben.

Es gibt kein aufregenderes Spiel als das Spiel der Gedanken – aus der Kombination alter Gedanken zu neuen Gedanken zu kommen.

Welch ein uralter Gedanke, daß ein Topf mit kochendem Wasser den Topfdeckel vibrieren läßt. Doch wieviele Topfdeckel mußten klappern, bis einem James Watt dabei die Idee der Dampfmaschine aufging ...

Wieviele Äpfel mußten zu Boden fallen, bis ein Newton daraus das Gravitationsgesetz ableitete ...

Wieviele Elektronen (Elektron = Bernstein) mußten gerieben werden, bevor ein Galvani, Volta, Hertz und andere damit die Elektronik von heute auf den Weg brachten ...

So konnte auch der größte Elektronikkonzern der Welt entstehen. Und dort entstand zugleich der Werbetext mit dem größten Werbeerfolg der Welt. Es ist ein Text, der auch zur obersten Firmenphilosophie dieses Unternehmens erhoben wurde und dort in jedem Büro, jedem Konferenzraum, jeder Entwicklungs- und Fertigungshalle als stille, freundliche Aufforderung eingerahmt an der Wand hängt.

Es ist eben nicht nur ein Werbetext, auch nicht nur eine Firmenphilosophie, sondern gleichermaßen eine unentbehrliche Grundforderung menschlichen Verhaltens. Denn es ist ein Text, der sogar Kriege vermeiden half, der Frieden möglich machte, der Not linderte, der Wohlstand schuf – aber auch ein Text, der sich im Zusammenleben mit unseren Geschäftspartnern, unseren Freunden und unserer Familie immer wieder als ungemein segensreich erweist. Es ist der zugleich kürzeste Werbetext der Welt:

Ein Wort, das die Welt veränderte

»Think!«

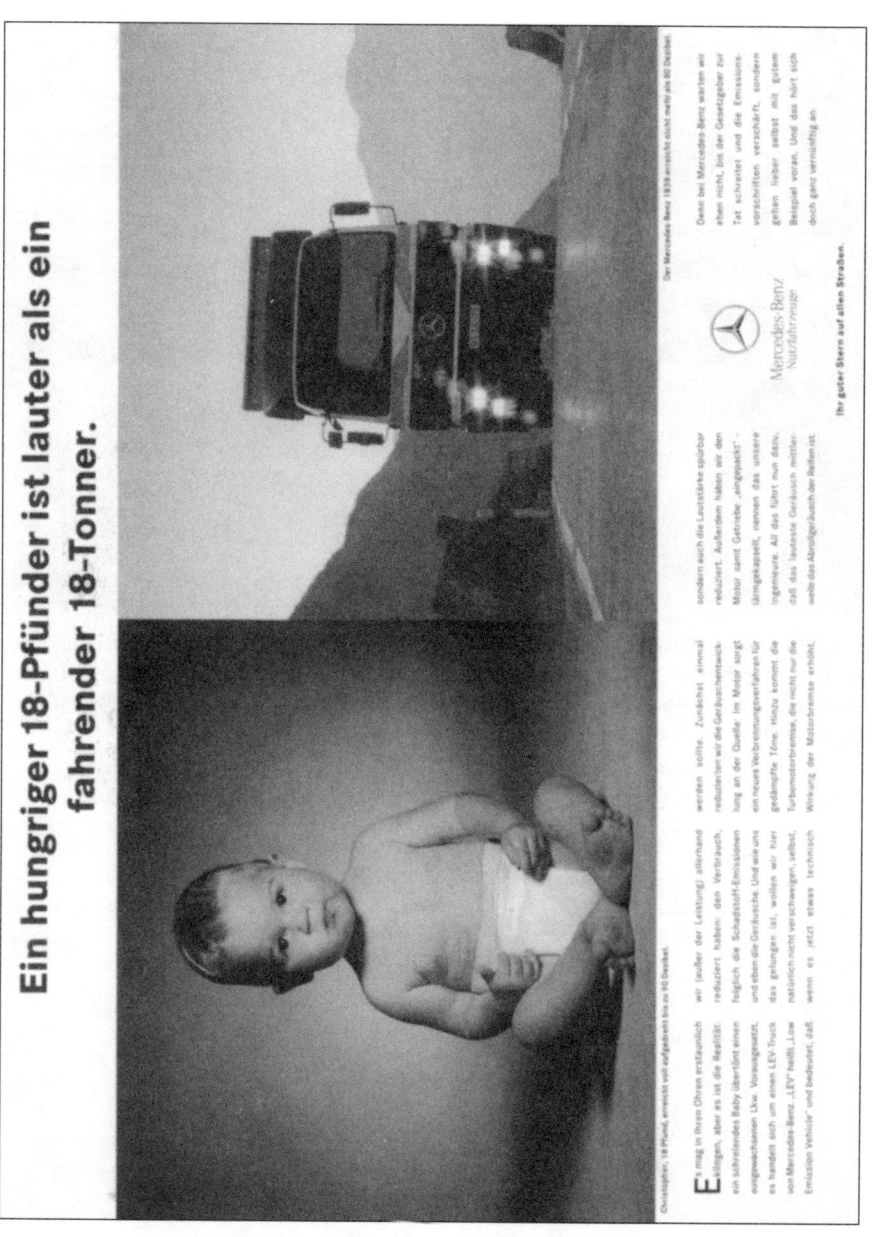

Woher nimmt man Ideen? Ogilvy schrieb für den Rolls Royce: »Das einzige Geräusch, das Sie bei 60 Meilen in der Stunde hören, ist das Ticken der elektrischen Uhr«. Treffende Vergleiche sind besser als simple Feststellungen (»ruhig laufender Motor«).

Mit so verblüffenden oder auch aggressiven Werbeauftritten wurde Sixt
zum Marktführer. Nicht nur ideelich, auch typografisch dominieren die
Schlagzeilen (wie z.B. »Neid und Mißgunst für 99 Mark« oder »Mercedes
zum Golftarif« usw.)

Ein Plakat, das in Gastwirtschaften aufgestellt wurde. Es ist so präpariert, daß es bei einem überhöhten Alkoholpegel des Hauchenden tatsächlich umfällt. (Eine Good-will-Aktion von Mercedes für Taxiunternehmen).

So verkauft Hebel sein Massivdach an Wirtschaftsunternehmen. Statt des
naheliegenden und schon »ausgekochten« Themas Wärmeschutz: überzeugender Hinweis auf Schallschutz! Die Form der rhetorischen Frage
macht's besonders eindringlich.

260

Ein Beispiel aus einer ganzen Serie ungewöhnlicher Betonbelastungen. Auf klischeehafte Motive – wie Betonbrücke, Betonhochhaus usw. – wurde bewußt verzichtet (es sei denn, die Betonbrücke ist gleichermaßen Kanalbett und ein Kahn fährt darauf).

»Nimm' Urlaub vom Auto, fahr mit der Bahn!«, hieß es früher. Aber es geht auch ohne Slogan, sondern mit intelligenter Text-Bild-Spannung. Werbung, die ankommt!

6 Monate Strom für eine Familie.

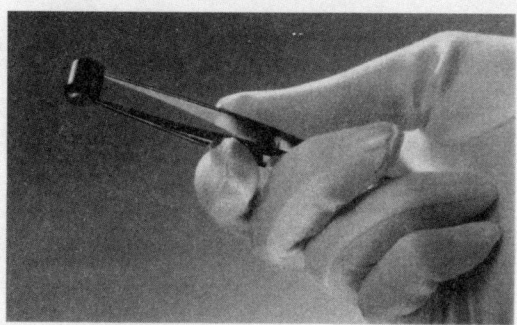

Diese Brennstofftablette aus Uran, ganze 7,5 Gramm schwer, liefert etwa 2 000 Kilowattstunden Strom. Genug, um eine Familie 6 Monate lang mit Elektrizität zu versorgen. Um die gleiche Menge Strom aus fossilen Brennstoffen zu erzeugen, müßte man entweder 2 Tonnen Braunkohle, 0,6 Tonnen Steinkohle oder eine halbe Tonne Erdöl verfeuern.

Dieser Vergleich macht deutlich, warum wir mehr als 30 Prozent unseres Stroms aus der Kernkraft herstellen: Wir schonen die Rohstoffvorräte der Erde und vermindert die Umweltbelastung. Denn durch die Nutzung der Kernenergie vermeiden wir auch die Freisetzung von Kohlendioxid: Jährlich 140 Millionen Tonnen gelangen deshalb allein in Deutschland nicht in die Atmosphäre. Außerdem: Kernkraft ist eine preiswerte Energiequelle.

Wir, die deutschen Stromversorger, erfüllen den Auftrag, unser Land ständig und umweltverträglich mit ausreichend Strom zu versorgen, verantwortungsbewußt und mit einem überzeugenden Konzept. Wenn Sie dazu Fragen haben, dann schreiben Sie uns bitte. Oder schicken Sie uns den Coupon. Nur wer gut informiert ist, der kann auch sachlich mitreden.

Ihre Stromversorger

COUPON

An den Info-Service STROM, Postf. 19 06 24, 5308 Rheinbach. Ich bin an ausführlichen Informationen zum Thema Kernenergie interessiert. Senden Sie mir bitte kostenlos das Buch „Kernenergie: Fragen und Antworten" von Jürgen Seidel.

Name

Straße

PLZ/Ort

Badenwerk Karlsruhe · Bayernwerk München · Elektromark Hagen · EVS Stuttgart · Isar-Amperwerke München
Neckarwerke Esslingen · PreussenElektra Hannover · RWE Energie Essen · TWS Stuttgart · VEW Dortmund

Man mag zur Kernenergie stehen wie man will – hier eine Nutzen-Demonstration, die zumindest nachdenklich macht. Das gilt auch für die Zahlen und Fakten, die im Fließtext genannt werden (Empfehlung für Texter: erst recherchieren – dann schreiben!).

263

Aktuell und involvierend! Der flüchtige Leser könnte allerdings den Eindruck einer Umweltwerbung als solcher haben. Es geht aber um umweltfreundliche Heizsysteme. Wäre das auf Anhieb deutlich geworden, wär's eine *noch* bessere Lösung!

264

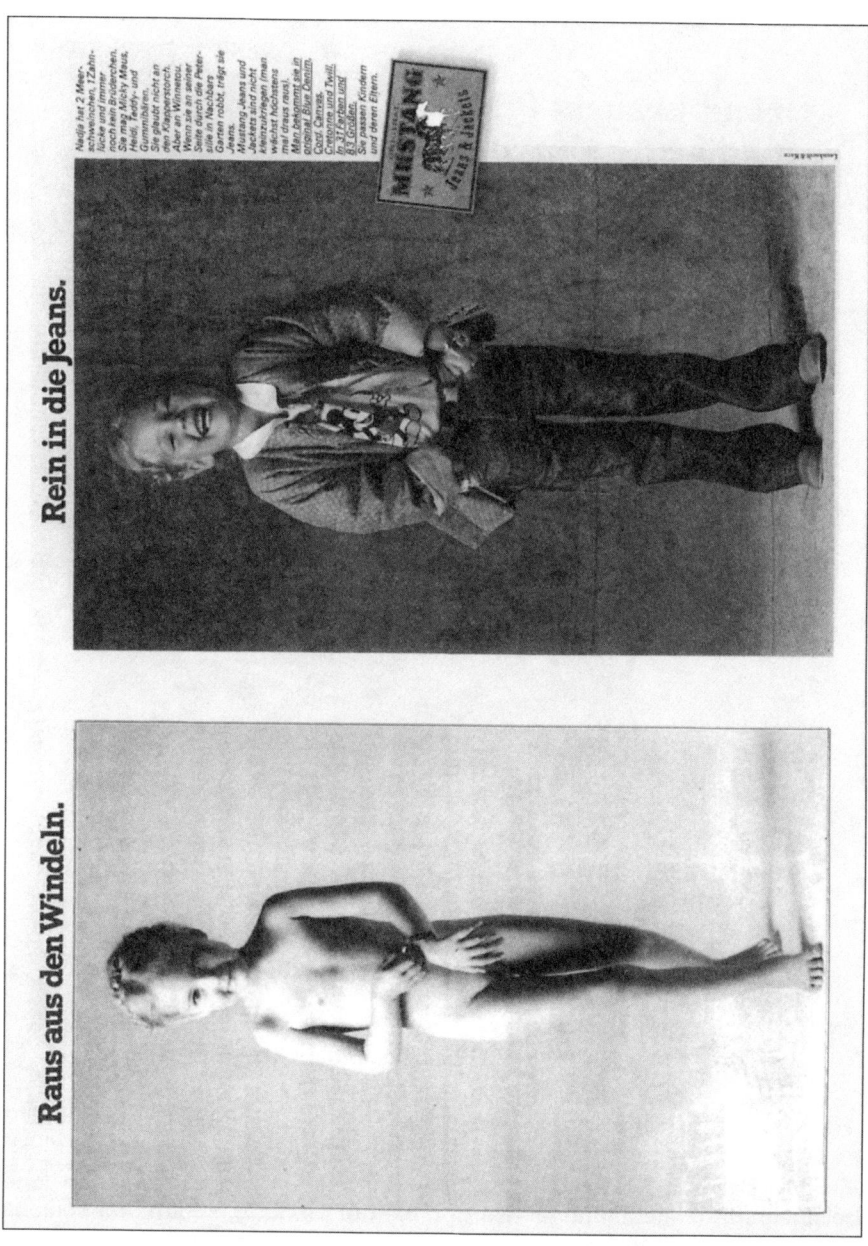

Seit »Die kaufen Sie so schnell nicht wieder!« (zur Abbildung einer stramm
sitzenden Jeanshose) wurde es Selbstverpflichtung der Branche, sympathische, pfiffige Werbung zu machen. Das ist nicht nur Werbung für Jeans,
das ist Werbung für die Werbung.

Eine Probearbeit junger Werbeschülerinnen – für ältere Menschen (und beispielhaft für »gestandene« Werber, die nur auf jung, schön und schlank setzen)! Überzeugend auch die Schlagzeile in der Form von These – Antithese.

266

Fruit. The healthy snack.

HEALTH EDUCATION BOARD FOR SCOTLAND

Ein Plakat des »Health education board of scotland«. »Eßt mehr Obst, und ihr bleibt gesund!«, hieß es früher einmal bei uns (zu einem Obstkorb) – war lediglich illustrativ gemacht. Hier wurde demonstrativ gedacht!

Also nicht »Treppenlaufen ist gesund« oder ähnlich, sondern der Treppe eine Interpretation gegeben! Eine erfreuliche Ausnahme zu den üblichen Bild-Text-Parallellen und Gesundheits-Phrasen.

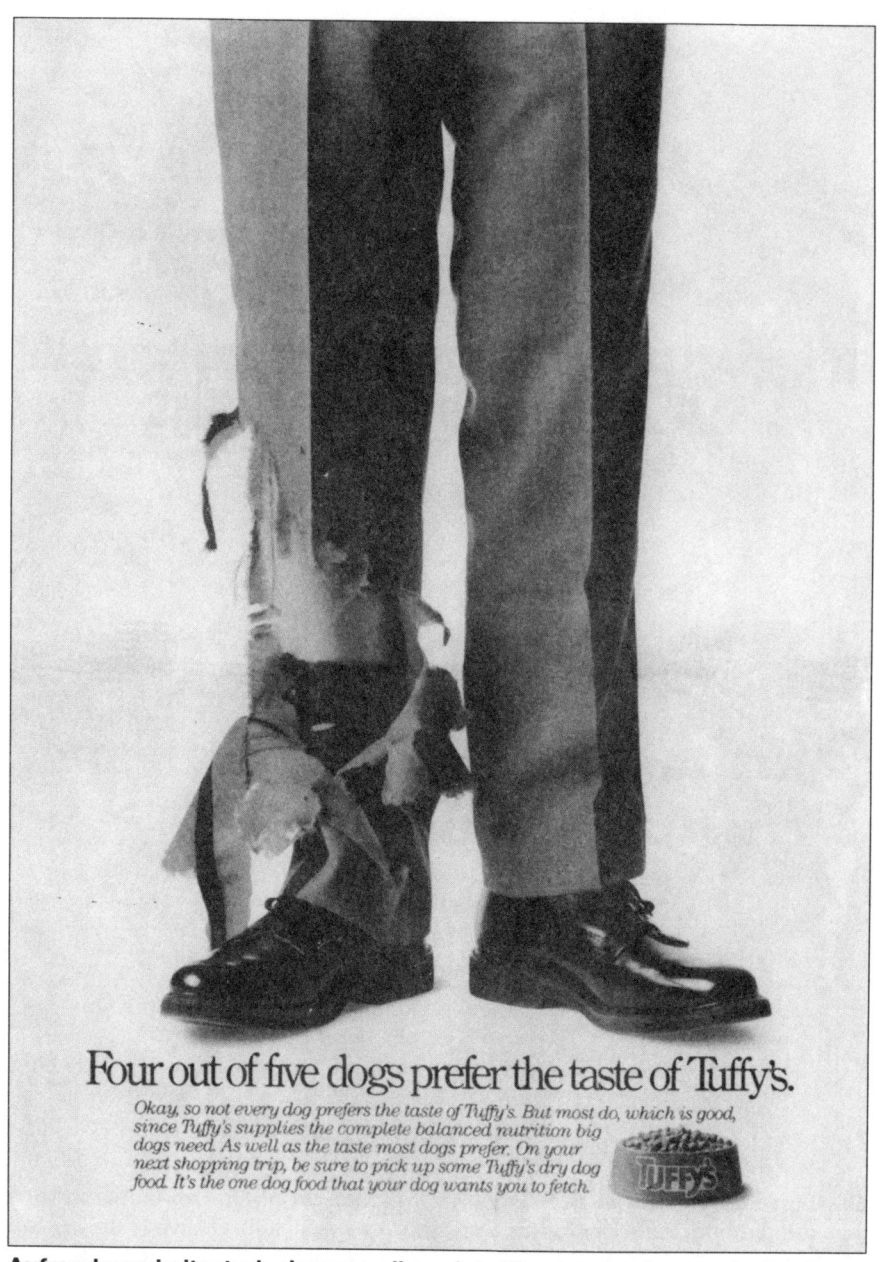

Aufmerksamkeitsstark, humorvoll und treffend – auch wenn's in dieser krassen Form nicht der alltägliche Normalfall ist (in Deutschland hätte man vermutlich den fröhlich ans Hosenbein springenden Hund gezeigt).

Warum denn immer Wolfgang, Herr Bundeskanzler?

zu wagen und Ihre nächsten Ferien doch an den Gestaden eines Bündner Sees zu verbringen.

Da es davon allerdings 615 verschiedene gibt, möchten wir Sie höflich bitten, uns schnellstmöglich Bescheid zu geben, damit wir schon für Ihren kommenden Urlaub den passenden See für Sie aussuchen können.

Falls Sie sich sommers aber partout nicht vom Wolfgangsee abbringen lassen wollen, haben wir immerhin noch die Hoffnung, Sie für den nächsten Winter zu einem Abstecher in eines unserer Skigebiete bewegen zu können. Ist es doch bei uns oben in den Bergen sicher viel lustiger, mit jemandem Schlitten zu fahren, als in Bonn.

Es würde uns ganz aufrichtig freuen, Sie, ob im Sommer oder im Winter, in Graubünden begrüßen zu dürfen. Rufen Sie doch einfach an, oder schreiben Sie uns. Verkehrsverein Graubünden, Alexanderstraße 24, CH-7001 Chur, Telefon 0041/85/9 61 00.

Sehr geehrter Herr Bundeskanzler.

Daß Sie und Ihre Gemahlin Ihre Ferien stets am Wolfgangsee verbringen, erzählt man sich auch bei uns in Graubünden.

Nun fragen wir uns und natürlich Sie: Warum eigentlich stets?

Auch Sie, verehrter Herr Bundeskanzler, lieben doch im tiefsten Inneren die Abwechslung. So tragen Sie unübersehbar von Fernsehauftritt zu Fernsehauftritt völlig unterschiedliche Krawatten.

Aus dieser Feststellung heraus möchten wir, der Verkehrsverein Graubünden, Sie, verehrter Herr Bundeskanzler, herzlich einladen, auch in Ihren Feriengewohnheiten eine Wende

Bleibt uns nur noch, Ihnen in Ihrer Funktion als Urlauber einen Wahlspruch ins Gästebuch zu schreiben: Auf zu neuen Ufern.

Es grüßt Sie hochachtungsvoll die Direktion des Verkehrsvereins Graubünden.

Die Ferienschweiz.

Arosa, Bergell, Bergün, Breil/Brigels–Waltensburg/Andiast, Celerina, Chur, Davos, Disentis-Sedrun, Flims, Klosters, Laax-Falera, Lenzerheide-Valbella, Maloja, Parpan, Pontresina, St. Moritz, Samedan, Samnaun, Savognin, Scuol-Tarasp-Vulpera, Sils/Engadin, Silvaplana, Thusis, Zuoz, Rhätische Bahn.

Eine Anzeige, die in der Schweiz eher möglich ist als in Deutschland (davon ausgehend, daß der deutsche Kanzler wohl keine Einwände hätte). Aber wie wär's denn mal mit einer Reisewerbung, die das Thema »Gewohnheitstier« ansprächte ...?

270

Lange nicht mehr so viel Platz gehabt. Der Transit.

Einen längeren Blick auf den Transit zu werfen lohnt sich immer. Denn er bietet einen **Komfort**, wie Sie ihn wohl lange nicht mehr erlebt haben. Da ist zum Beispiel sein Fahrwerk, das jede noch so lange Fahrt zu einem kurzweiligen Vergnügen macht. Der Transit verfügt über eine **Einzelradaufhängung vorn**, was ein ausgezeichnetes Fahrverhalten garantiert. Während sein **langer Radstand** für besonders gute Fahrstabilität sorgt, verwöhnt sein höhenverstellbarer Innenraum Fahrer und Passagiere.

Die **bis zu neun Komfortsitze** haben lange Sitzpolster, hohe Rückenlehnen und verstellbare, gepolsterte Kopfstützen. Doch nicht nur die Passagiere können sich freuen, auch der Fahrer kann es: Von dem **höhenverstellbaren Fahrersitz** aus hat er alles optimal im Blick – so auch das gut überschaubare Armaturenbrett. Freuen Sie sich jetzt schon auf eine **lange Testfahrt** bei Ihrem Ford-Händler.

Der Transit. Unser neues Wirtschaftswunder.

(Ford logo)

Auf die Frage »Wie können wir das Fassungsvermögen unseres Wagens mal anders zeigen als gewohnt (Menschen und Ladegut im Wagen)?«, fand man diese Antwort! Und die ist auf- und augenfälliger. Aber erst mal heißt's, mit dem gewohnten unzufrieden zu sein und nach einer originellen Veranschaulichung zu suchen..

Seit eine Wirtschaftszeitung vor Jahren mit so aufrüttelnden Schlagzeilen zu werben begann, gibt es auch »Wollen Sie die Karriereleiter nur halten oder selbst aufsteigen?« oder »Manche Unternehmensentscheidung kostet den Kopf« usw. Und die Auflagen wachsen.

272

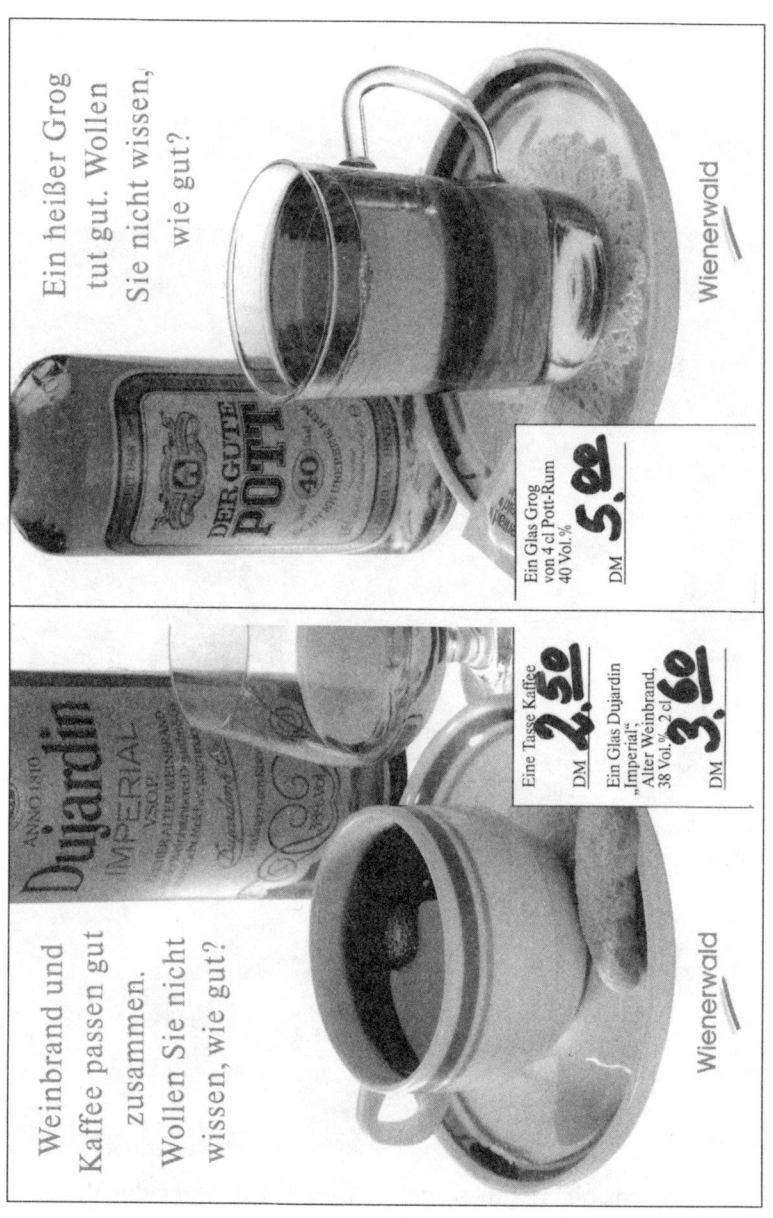

Zwei Tischaufsteller, weitaus sympathischer und stimulierender als das übliche »Und zum Kaffee einen Weinbrand!« usw. Wiener-wald-Restaurants berichten über gute Erfolge mit diesen Aufstellern. Es lohnt, auch solche »Drittwerbung« erstklassig zu gestalten.

Ich wünschte, ich wär' meine Frau.

Normalerweise spricht der Händler über sein Angebot. Oder der Verwender sagt etwas darüber. Hier ist's mal keiner von beiden, sondern der, der sich als Schenkender in die Situation des Beschenkten hineinversetzt. Wirklich Du-Standpunkt!

274

Wir wahren die Form. Bis zum Schluß.

Über die Form des Käfers gab es keine Diskussion. Sie war vernünftig. Sie war praktisch. Sie war verblüffend einfach. Und sie verkörperte eine einmalige Idee.

Natürlich haben wir am Käfer im Laufe der Zeit fast alle Äußerlichkeiten korrigiert. Weil wir das Auto immer weiter verbessern wollten, weil's der Zeitgeschmack so mit sich brachte.

Die Grundform jedoch haben wir bis heute erhalten. Alles blieb glatt und rund an diesem Wagen. Fast 21 Millionen Käfer-Käufer auf der ganzen Welt fanden das 50 Jahre lang auch völlig in Ordnung.

Vor kurzem hat sie ihren Abschied genommen, die erfolgreichste Automobilform aller Zeiten. Formvollendet, wie's zu erwarten war.

Und in der Erfolgsspur des Käfers läuft längst ein anderer Volkswagen: der Golf. Inzwischen schon über 7millionenmal verkauft. Das meistgekaufte Auto der Nation. Formvollendet und allseits beliebt. Eine neue Form von Volkswagen.

Da weiß man, was man hat.

Ich weiß noch nicht, wie der genaue Inhalt meines neuen Werbefachbuches sein wird. Nur eines weiß ich: Diesen unvergleichlichen Werbeklassiker (mit dem Vorläufer »Es gibt Formen, die man nicht verbessern kann«) werde ich auch dort als Schlußmotiv wählen.

Stichwortverzeichnis